Elogios a *Reconecte-se à Fonte*

"Baseado nos temas de unicidade e unidade na ciência e psicologia modernas, e fermentado por profundas lições espirituais que fazem parte do legado humano, abre-se caminho para um futuro brilhante e positivo para a humanidade. É difícil imaginar uma mensagem mais importante no tempo em que vivemos."

— LARRY DOSSEY, MÉDICO, AUTOR DE *ONE MIND: HOW OUR INDIVIDUAL MIND IS PART OF A GREATER CONSCIOUSNESS AND WHY IT MATTERS*

"Em *Reconecte-se à Fonte*, Ervin Laszlo nos dá um caminho convincente, de fato o único caminho possível, a seguir em meio à confusão e ao caos das crises crescentes do século XXI. Leia este livro precioso com atenção e compartilhe com seus amigos. Eles agradecerão, e seus netos também."

— CHRISTOPHER BACHE, PhD, AUTOR DE *LSD AND THE MIND OF THE UNIVERSE* E *DARK NIGHT, EARLY DAWN*

"Laszlo escreveu um livro extremamente importante que nos permite entender que, por meio da experiência espiritual, nos percebemos parte do mundo, e através dessa percepção, evitamos desastres e podemos construir um mundo melhor."

— PIER MARIO BIAVA, MÉDICO, AUTOR DE *INFORMATION MEDICINE: REVOLUTIONARY CELL-REPROGRAMMING DISCOVERY THAT REVERSES CANCER AND DEGENERATIVE DISEASES*

"Uma leitura esclarecedora… A impressionante compilação de Ervin Laszlo nos ajuda a navegar por uma nova e necessária Jornada do Herói; a da Individualidade como parte da Imensidão — e uma verdadeira Fonte de maravilhas."

— ALISON GOLDWYN, FUNDADORA E DIRETORA CRIATIVA DO *SYNCHRONISTORY* (EVENTO TELEVISIONADO)

"Reconecte-se à Fonte, de Ervin Laszlo, é leitura obrigatória para qualquer pessoa curiosa quanto à natureza da realidade. O livro combina ciência emergente com estudos de caso fascinantes e demonstra por que as experiências místicas precisam ser vistas como lentes que dão acesso ao todo interconectado do qual fazemos parte. O Dr. Laszlo defende que, no mundo conturbado de hoje, reconectar-se à Fonte não é apenas uma opção, mas uma necessidade urgente. Este livro é um alerta para a humanidade."

— MARK GOBER, AUTOR DE *AN END TO UPSIDE DOWN THINKING*

"Este é um livro de grande admiração e esperança, tem lugar de honra em meio aos anais que defendem uma revolução independente na física e na biologia evolutiva. Um livro que, ao mesmo tempo, tem ritmo de leitura voraz e é fonte permanente de profunda reflexão. Uma obra monumental."

— MICHAEL TOBIAS, PRESIDENTE DA FUNDAÇÃO DANCING STAR

"Reconecte-se à Fonte traz um olhar profundo sobre o futuro que criaremos quando ouvirmos nosso melhor, e Ervin Laszlo faz parte dele."

— ROGER D. NELSON, DIRETOR DO GLOBAL CONSCIOUSNESS PROJECT, UNIVERSIDADE DE PRINCETON

"Reconecte-se à Fonte é uma leitura essencial porque nos fornece uma bússola, um guia quanto aos valores e atitudes necessários para resolver as crises multifacetadas que nos desafiam como espécie e que colocam em perigo não apenas nossa própria existência, mas também grande parte da vida em si. Para tanto, será preciso nada menos do que uma revolução da consciência, e este livro pioneiro aponta o caminho para isso."

— DAVID LORIMER, DIRETOR DE PROGRAMA DA SCIENTIFIC AND MEDICAL NETWORK

"*Reconecte-se à Fonte* é um guia vital, oportuno e eminentemente prático que contribui para nossa cura e para a recordação experiencial da plenitude de nosso verdadeiro eu."

— Dr. Jude Currivan, PhD, cosmólogo, profissional da cura e autor de *THE COSMIC HOLOGRAM: INFORMATION AT THE CENTER OF CREATION*

"Ervin Laszlo mais uma vez expandiu nossa visão da vida que levamos na Terra e da que vai além dela. Ele oferece tanto caminhos antigos como novos para nos entendermos como intrinsecamente conectados e obtermos uma compreensão mais profunda dos efeitos de nossas ações sobre o todo."

— Anne-Marie Voorhoeve, diretora de estratégia do Clube de Budapeste (rede internacional)

"Quase todas as métricas científicas apontam que a humanidade está entrando em uma crise que ameaça a civilização. Precisamos mudar nosso jeito de ver o mundo, nosso papel nele. *Reconecte-se à Fonte* é um dos atalhos que nos leva até lá. Vale muito a atenção."

— Stephan A. Schwartz, autor de *THE EIGHT LAWS OF CHANGE*

"Nestas páginas inspiradoras, o filósofo e sábio Ervin Laszlo, duas vezes indicado ao Prêmio Nobel, desperta em nós a antiga verdade Hermética, 'O que está em cima é como o que está embaixo'."

— Allan Combs, membro do California Institute for Integral Studies, autor de *THE RADIANCE OF BEING AND CONSCIOUSNESS EXPLAINED BETTER*

"Unindo uma sabedoria profunda à ciência quântica e à espiritualidade, o livro seminal do Dr. Laszlo é leitura obrigatória para quem deseja se engajar na evolução da consciência, seja individual ou coletivamente. *Reconecte-se à Fonte* destaca evidências abundantes da necessidade de a humanidade se reconectar com nossa plenitude, com nossa unidade e com a verdadeira fonte de tudo: o AMOR. Este é, sem dúvida, a melhor forma de agir se quisermos gerar uma mudança global paradigmática, construindo um mundo melhor para todos nós, para o planeta Terra e para as futuras gerações."

— JEAN-LOUIS HUARD, FUNDADOR E COCRIADOR DA *PEOPLE TOGETHER*

"Os líderes empresariais de todo o mundo precisam abrir os olhos para a verdade: reconectar-se à fonte universal e aceitar a unicidade são a chave para resolver os desafios mais urgentes do mundo e garantir nossa sobrevivência. Ervin Laszlo criou uma excelente bússola para nos guiar até essa unidade e essa cura."

— TOM OLIVER, FUNDADOR DO TOM OLIVER GROUP
E AUTOR DE *NOTHING IS IMPOSSIBLE*

"Será possível que as chaves para nossa maior cura e, em última análise, para nossa sobrevivência, sejam reveladas por meio das sincronicidades da vida cotidiana? Será que as dicas sutis que vêm dos sonhos e da intuição poderiam ser o roteiro da natureza, indicando uma fonte primordial e universal de sabedoria que está sempre disponível para todos? Se for esse o caso, como fortalecemos uma conexão tão essencial em um mundo que parece ter se afastado tanto das verdades mais profundas de nossa existência?

Em Reconecte-se à Fonte, Ervin Laszlo, cientista, filósofo e futurista responde a essas perguntas e muito mais. Ele nos lança anos-luz além do pensamento convencional de autoajuda e de recuperação, conduzindo-nos ao cerne do poder pessoal e do caminho para despertá-lo em nossas vidas.

Seja você um artista ou engenheiro, dona de casa ou gestor público, este livro é sobre você, sua vida e todos os relacionamentos que terá. Não tenho dúvidas de que *Reconecte-se à Fonte* está destinado a se tornar uma pedra-guia para a cura do novo milênio.

Este livro precisa estar em todas as bibliotecas científicas e medicinais do século XXI!"

— GREGG BRADEN

OBRAS DE ERVIN LASZLO

*A Plenitude do Cosmos: A Revolução Akáshica na Ciência
e na Consciência Humana
A Ciência e o Campo Akáshico
Mente Imortal: Evidências Científicas Comprovam a
Continuidade da Consciência Além do Cérebro*

RECONECTE-SE
À FONTE

Reconecte-se à Fonte

Copyright © 2024 STARLIN ALTA EDITORA E CONSULTORIA LTDA.
Alta Life é um selo da editora Alta Books do Grupo Editorial Alta Books (Starlin Alta Editora e Consultoria LTDA).
Copyright © 2020 Ervin Laszlo.
ISBN: 978-85-508-1952-5

Translated from original Reconnecting to the source. Copyright © 2020 by Ervin Laszlo West. ISBN 978-1-250-24644-8. This translation is published and sold by St. Martin's Essentials, an imprint of St. Martin's Publishing Group, the owner of all rights to publish and sell the same. PORTUGUESE language edition published by Starlin Alta Editora e Consultoria Ltda, Copyright © 2024 by STARLIN ALTA EDITORA E CONSULTORIA LTDA.

Impresso no Brasil — 1ª Edição, 2024 — Edição revisada conforme o Acordo Ortográfico da Língua Portuguesa de 2009.

Dados Internacionais de Catalogação na Publicação (CIP) de acordo com ISBD

L349r   Laszlo, Ervin
         Reconecte-se à Fonte: A Nova Ciência da Experiência Espiritual, Como Isso Pode Mudar Você e Transformar o Mundo / Ervin Laszlo ; traduzido por Rafael Surgek. - Rio de Janeiro : Alta Books, 2024.
         272 p. ; 15,7cm x 23cm.

         Tradução de: Reconnecting to the source
         Inclui índice, anexo e apêndice.
         ISBN: 978-85-508-1952-5

         1. Autoajuda. 2. Ciência. 3. Experiência Espiritual. 4. Filosofia. I. Surgek, Rafael. II. Título.

2023-611   CDD 158.1
                                            CDU 159.947

Elaborado por Vagner Rodolfo da Silva - CRB-8/9410

Índice para catálogo sistemático:
1. Autoajuda 158.1
2. Autoajuda 159.947

Todos os direitos estão reservados e protegidos por Lei. Nenhuma parte deste livro, sem autorização prévia por escrito da editora, poderá ser reproduzida ou transmitida. A violação dos Direitos Autorais é crime estabelecido na Lei nº 9.610/98 e com punição de acordo com o artigo 184 do Código Penal.

O conteúdo desta obra fora formulado exclusivamente pelo(s) autor(es).

Marcas Registradas: Todos os termos mencionados e reconhecidos como Marca Registrada e/ou Comercial são de responsabilidade de seus proprietários. A editora informa não estar associada a nenhum produto e/ou fornecedor apresentado no livro.

Material de apoio e erratas: Se parte integrante da obra e/ou por real necessidade, no site da editora o leitor encontrará os materiais de apoio (download), errata e/ou quaisquer outros conteúdos aplicáveis à obra. Acesse o site www.altabooks.com.br e procure pelo título do livro desejado para ter acesso ao conteúdo..

Suporte Técnico: A obra é comercializada na forma em que está, sem direito a suporte técnico ou orientação pessoal/exclusiva ao leitor.

A editora não se responsabiliza pela manutenção, atualização e idioma dos sites, programas, materiais complementares ou similares referidos pelos autores nesta obra.

Alta Life é um Selo do Grupo Editorial Alta Books

Produção Editorial: Grupo Editorial Alta Books
Diretor Editorial: Anderson Vieira
Vendas Governamentais: Cristiane Mutüs
Gerência Comercial: Claudio Lima
Gerência Marketing: Andréa Guatiello

Produtor Editorial: Thales Silva
Assistente Editorial: Gabriela Paiva
Tradução: Rafael Surgek
Copidesque: Isabella Veras
Revisão: Paulo Aragão, Thamiris Leiroza
Diagramação: Cátia Soderi

Rua Viúva Cláudio, 291 — Bairro Industrial do Jacaré
CEP: 20.970-031 — Rio de Janeiro (RJ)
Tels.: (21) 3278-8069 / 3278-8419
www.altabooks.com.br — altabooks@altabooks.com.br
Ouvidoria: ouvidoria@altabooks.com.br

Editora
afiliada à:

RECONECTE-SE À FONTE

A Nova Ciência da Experiência Espiritual, Como Isso Pode **Mudar Você** e **Transformar o Mundo**

ERVIN LASZLO

ALTA BOOKS
GRUPO EDITORIAL
Rio de Janeiro, 2024

EXPERIÊNCIAS ESPIRITUAIS VIVENCIADAS E CEDIDAS POR:

Lawrence Bloom

Darla Boone

Nicolya Christi

James O'Dea

Federico Faggin

Adrienne Feller

Guido Ferrari

Jane Goodall

Jean Houston

Barbara Marx Hubbard

Christopher Laszlo

Lynne McTaggart

Frédérique Pichard

Pierre Pradervand

Dean Radin

Maria Sági

Masami Saionji

Gary Schwartz

OUTRAS CONTRIBUIÇÕES:

Frederick Chavalit Tsao
Zhi-Gang Sha
Kingsley Dennis
Shamik Desai
Mark Gober
Alexander Laszlo

SUMÁRIO

APRESENTAÇÃO   XVII

PREFÁCIO   XXI

COMENTÁRIO   XXIII

PARTE I
A CIÊNCIA QUÂNTICA E A REAVALIAÇÃO DA EXPERIÊNCIA ESPIRITUAL

O Mundo Quântico   3

A Coerência da Ordem Explícita   8

As Raízes da Ideia de In-formação pelo Cosmos   12

A Natureza da Evolução e o Significado da Experiência Espiritual   16

Os Rastros do Atrator Holotrópico na Experiência Espiritual   22

PARTE II
CONECTANDO-SE AO UNIVERSO QUÂNTICO HOLOTRÓPICO

Desenvolvimentos Holotrópicos na Sociedade   27

Desenvolvendo o Holotropismo em Nós   35

PARTE III
UM BUQUÊ DE EXPERIÊNCIAS ESPIRITUAIS

Lawrence Bloom	50
Darla Boone	55
Nicolya Christi	61
Federico Faggin	69
Adrienne Feller	75
Guido Ferrari	80
Jane Goodall	86
Jean Houston	96
Barbara Marx Hubbard	103
Christopher Laszlo	110
Lynne McTaggart	115
James O'Dea	125
Frédérique Pichard	130
Pierre Pradervand	139
Dean Radin	146
Maria Sági	150
Masami Saionji	158
Gary Schwartz	167
Adendo: Ervin Laszlo	182
Autores dos Testemunhos Espirituais	186
Experiências Espirituais: A mensagem e o Significado	192

PARTE IV
LIÇÕES ESSENCIAIS E TAREFAS FUNDAMENTAIS

Passados Três Big Bangs, Vem o Quarto: Rever o Passado para Prever o Futuro	203
O Caminho a Seguir	209

ANEXO	**211**
Reconectando-se à Fonte e Espelhando-se na Cultura Chinesa	211
A Experiência Tao da Fonte	220
APÊNDICE	**227**
AGRADECIMENTOS	**238**
ÍNDICE	**241**

APRESENTAÇÃO

ERVIN LASZLO foi incentivado a escrever este livro por uma necessidade urgente, que denomina de "necessidade de nos reconectarmos à nossa Fonte". Essa proposta nos leva à discussão dos domínios de espaço, tempo, matéria e energia. É assim que a ciência localiza a fonte física de todas as coisas, incluindo o universo e todos os seus objetos.

Mas o modelo científico carece de uma dimensão humana, que é o que Laszlo quer restaurar. É um objetivo que encontrou resistência científica — geralmente muito exaltada — por muito tempo, criando uma barreira que separa o mundo físico "lá fora" do mundo subjetivo "aqui dentro".

Para a grande maioria dos cientistas na ativa, não há razão válida para derrubar esse muro. Eles consideram ser de vital importância que a ciência trate de fatos objetivos, dados, medidas e experimentos. Nesse sentido, Einstein fez história com a teoria da relatividade geral independentemente de seus sentimentos pessoais em relação a ela, assim como Newton criou teorias sobre a gravidade e a mecânica dos corpos em movimento que foram de suma importância, mas não sua adesão pessoal a uma corrente fundamentalista do Cristianismo (Newton ter trabalhado fervorosamente para criar uma linha do tempo para a Terra tendo início na história da criação do livro de Gênesis seria uma peculiaridade de sua personalidade, não um empreendimento científico).

A ciência é o modelo de realidade mais bem-sucedido da história humana, e ter o último iPhone na mão, usar o GPS do carro ou ler sobre o telescópio

Hubble reforçam a afirmação de que, em um dado momento, o modelo científico explicará tudo. Mas todos os modelos, não importa o tamanho de seu sucesso, têm uma falha marcante: eles estão certos sobre o que incluem e errados sobre o que excluem. Ao isolar do modelo científico predominante a experiência subjetiva, ignoramos o que realmente está acontecendo na mente humana.

Houve apelos, como a mensagem deste livro, para se reconectar à Fonte do mundo subjetivo. Em todos os casos, foi a ignorância perturbadora quanto à mente humana que motivou alguns pensadores notáveis a tentar derrubar a Grande Muralha que separa o físico do mental. Uma tentativa radical foi a de Max Planck, o grande pioneiro quântico e físico alemão que de fato nomeou o quantum, quando ele deu uma entrevista ao jornal londrino *The Observer*, em 1931.

Nessa entrevista, Planck afirmou: "Considero que a consciência é fundamental e que a matéria deriva dela. Não podemos ignorar a consciência, pois tudo que abordamos, tudo que consideramos existir, a postula." Em outras palavras, a consciência é, de alguma forma, A Fonte do universo físico. Planck não foi o único que acreditava nisso; a maioria dos grandes pioneiros quânticos (com a notável exceção de Einstein, um dos teimosos resistentes à teoria quântica) acreditava que, sem a participação de um observador humano, a realidade física não existiria em sua forma atual. Ou, para simplificar ainda mais as coisas, vivemos em um "universo participativo", uma expressão de John Archibald Wheeler, grande físico estadunidense.

Não surpreende que esses insights sejam novidade, porque a física, da forma como é praticada pelos físicos atuantes, ignorou o que Planck, Wheeler e uma série de outros nomes ilustres estavam dizendo. Acabamos nos braços de um paradoxo. Todo físico aceita que a mecânica quântica é a teoria científica mais robusta de todos os tempos, e a teoria quântica demoliu a noção advinda do senso comum de que objetos físicos e sólidos são "coisas" tangíveis. Essa coisidade desaparece quando entramos no domínio quântico, onde toda a realidade pode ser reduzida a ondulações — excitações no campo gravitacional, no campo de elétrons e no de quarks são mais reais do que a matéria, que é apenas um modo de excitações quânticas.

Paradoxalmente, os mesmos físicos se recusam a acreditar que a consciência interage com o campo quântico, moldando e governando suas excitações. No entanto, os próprios teóricos que o descobriram sustentavam que a consciência devia fazer parte dele, não apenas para explicar um universo participativo, mas também para corrigir um enorme erro: a crença de que a subjetividade poderia ser excluída do trabalho da ciência. Deixar de lado metade da existência — a metade mental — parece absurdo à primeira vista. Afinal, o trabalho da ciência começa nela, pois é na mente humana que a atividade mental é gerada e percebida. O que poderia ser mais subjetivo?

Ervin Laszlo nos mergulha nesse paradoxo com o objetivo de corrigir o erro escancarado do modelo científico. Ele argumenta que a realidade deve ser vista como um todo — e um número crescente de físicos, particularmente os da geração mais jovem, concorda. Não há duas regiões de existência, mental e física, separadas pela natureza. Em vez disso, a divisão entre a mente "aqui dentro" e a matéria "lá fora" é uma construção humana. É possível mostrar, como este livro faz de forma muito convincente, que a plenitude domina a natureza, incluindo a natureza humana. Existe apenas uma realidade, e a tarefa da ciência é descrever como ela funciona.

Por outro lado, todas as teorias científicas, incluindo a que Laszlo propõe, deve passar pelo teste do "e daí?": ela precisa ser relevante para a vida cotidiana. A parte da teoria quântica que deu origem ao transistor passa no teste, assim como a teoria geral da relatividade, porque é necessário calibrar com precisão os satélites que enviam sinais de GPS de volta à Terra. Mas outros aspectos da mecânica quântica e da relatividade geral não passam nesse teste, permanecendo no reino obscuro da matemática da linguagem da física avançada. Ninguém menos que Stephen Hawking chegou, perto do fim de sua vida, à conclusão de que as teorias da física podem já não corresponder à realidade, tendo viajado para um reino de abstração que nunca será validado por evidências físicas.

A perspectiva de um universo alienado da experiência humana perturbou Hawking e perturba Laszlo ainda mais. Os argumentos radicais de Planck a favor da consciência tornariam o universo mais humano, assim como a noção de Wheeler de um universo participativo. O oposto vale para os modelos que dependem inteiramente da matemática avançada, que divorciariam totalmente a experiência humana da física, exceto pela participação da mente racional, capaz de compreender a matemática avançada.

Na visão de Laszlo, a única maneira de curar essa ruptura é mudar nosso paradigma de realidade, aceitando que a plenitude é o ponto de partida para o real. Não anteciparei seus argumentos a favor dessa mudança de paradigma. Mas isso me lembra de E. M. Forster, famoso romancista inglês, que cunhou uma frase em seu romance *Howard's End*: "É só conectar! [...] É só conectar a prosa e a paixão, e ambas serão exaltadas, e o amor humano será visto em seu auge." Para Forster, que viveu as duas guerras mundiais cataclísmicas, "conectar" era o único remédio possível para o trauma criado não apenas pela guerra, mas pela ausência de amor e pelo surgimento de máquinas na cultura moderna.

Laszlo tem a mesma preocupação e acredita no mesmo remédio. Talvez ele ressignifique "é só conectar" para "é só reconectar", expressão que reconhece que um pequeno grupo de sábios, videntes, professores e filósofos, orientais e ocidentais já compreendiam que A Fonte da realidade é a consciência. Acrescente-se ainda os artistas e poetas que defendiam a beleza, o amor e a criatividade como as mais altas realizações humanas a esse grupo heterogêneo de *outsiders*. Na visão de Laszlo, há apenas uma escolha crucial que pode curar o sofrimento humano e, no processo, curar também todo o sofrimento do planeta.

A escolha de "é só conectar" nos encara todos os dias. O grande valor deste livro não é apenas seu apelo apaixonado à melhora da vida cotidiana, nem seu argumento para vermos a realidade como ela realmente é. Ambos os objetivos são muito importantes, mas superá-los é uma revolução no significado de humanidade. Com base nisso, Laszlo chegou à salvação final de todas as pessoas do planeta, de todas as gerações que acreditam que ser humano é a principal razão da existência.

— Deepak Chopra
Autor de *Você é Sua Cura* e
O Poder da Consciência

PREFÁCIO

POR QUE DEVERÍAMOS, por que *precisamos* nos reconectar à Fonte? O que *é* A Fonte, e como nos conectamos a ela? Essas são algumas das questões urgentes e agora vitais às quais este livro é dedicado.

Tomemos primeiro a questão da necessidade e da urgência. Algumas poucas palavras já serão suficientes, pois a razão está nos noticiários, nos olhos e nas mentes de nossa família, de nossos amigos e de todas as pessoas pensantes que neste planeta falam por si só, e está alta e clara. As expectativas positivas e cheias de esperança quanto a nossas vidas e nosso futuro, que prevaleciam há apenas uma ou duas décadas atrás, desapareceram. Estamos seguindo em frente, sem nenhum senso de propósito, sem nenhuma visão de quem somos e para que estamos aqui. Perdemos o contato com a natureza e o universo, perdemos o senso de comunidade e unicidade, que é a base da saúde e do bem-estar. Não sabemos mais a quem recorrer, não temos em quem ou no que confiar. Nem mesmo temos certeza de que podemos sobreviver às crises crescentes que despontam no horizonte. Parece que perdemos o rumo.

O argumento central deste livro é que a perda de orientação e significado no mundo de hoje não é irremediável. Podemos encontrar nosso caminho novamente: podemos nos reconectar à Fonte. Ela é o universo quântico, o campo cósmico que nos gerou e ao qual podemos nos conectar e reconectar. Para tanto, não precisamos ser seguidores devotos de doutrinas espirituais e religiosas. Quando estamos em contato com nós mesmos, com nossos entes queridos, com a natureza e o mundo, já estamos em contato com a Fonte.

Ela não é algo estranho, nem além do nosso alcance. Está em nós, assim como em todo o universo.

As ciências quânticas nos dizem que não há separação absoluta entre "aqui dentro" e "lá fora"; entre a "realidade local" que vivenciamos aqui e agora e a "realidade global" que reina no mundo quântico e está presente em todo o espaço e tempo. Por meio do nosso mundo local *aqui dentro* podemos nos conectar à realidade global *lá fora*. Estes não são domínios murados, mas aspectos de um mesmo universo. Quando nos conectamos com a Fonte, nos conectamos com nós mesmos e com todo esse universo quântico contínuo.

Essa conexão não é algo que podemos planejar ou preparar, ela é espontânea. Sabemos e sentimos quando estamos conectados. É vital que permitamos que essa experiência penetre nossa consciência desperta.

Precisamos repensar e reavaliar as "experiências de conexão" espontâneas que surgem em nosso caminho. Elas não são tão raras quanto a maioria de nós pode supor: acontecem com muitas pessoas. Nós as suprimimos de nossa consciência desperta por serem anômalas ao nosso conceito habitual do mundo — não se encaixam na ideia newton-darwiniana de vida e realidade. Logo, colocamos essas experiências em segundo plano, taxando-as de "espirituais" (algo "fake", oposto ao real).

Mas nem sempre foi assim. Poetas, profetas, artistas e cientistas das culturas clássicas conheciam e valorizavam as experiências de conexão que lhes vinham espontaneamente. Pessoas sensíveis e perspicazes as procuram e as valorizam atualmente, percebendo que tais experiências produzem obras-primas na arte e avanços na ciência. Einstein e outros cientistas chamaram de *Einfall*, "queda", as ideias e insights que delas emergem, algo que os gregos clássicos atribuíram à *gnosis*: o conhecimento profundo. Mas para a civilização ocidental dominante, esses são acontecimentos "espirituais" questionáveis. A filosofia que domina o pensamento ocidental proclama que tudo o que percebemos se origina dos sentidos corporais, que se está na mente, deve ter passado primeiro pelo olho. Um pensamento, imagem ou conceito que não tenha origens evidentes nos sentidos não pode ser real.

Entretanto, existem experiências — sensações, pensamentos, intuições — que vêm à tona em nossa consciência sem terem passado pelos cinco sentidos. Elas nos alcançam diretamente a partir do que estamos começando a reconhecer — literalmente *"re-conhecer"* — como a inteligência intrínseca ao cosmos.*

Um novo *insight* está surgindo nas ciências naturais, um que é novidade para o mundo moderno, mas familiar à história do pensamento. É uma percepção atemporal. Experiências espirituais espontâneas são janelas para a realidade. Se são consideradas "espirituais" hoje, é porque transcendem o alcance da visão e da audição. No entanto, são tão reais quanto as experiências sensoriais — e, de certa forma, mais reais.

Em nossa época de crescente caos e desorientação, as experiências espirituais não devem ser descartadas: são recursos preciosos. Elas nos reconectam uns aos outros, à natureza e ao universo — à Fonte. Explorar essa proposição e esclarecer sua importância para nossa vida e nosso futuro é crucial em uma época tão turbulenta como a nossa. É o propósito deste livro.

COMENTÁRIO

No quarto de século que se passou desde a publicação de *Conversando com Deus,* tenho levantado, em todos os livros subsequentes que escrevi, em todas as entrevistas que dei, em todas as palestras que apresentei, o

---

*   Para saber mais sobre essa ideia, veja Ervin Laszlo, *The Intelligence of the Cosmos: Why Are We Here? New Answers from the Frontiers of Science* (Rochester, VT: Inner Traditions, 2017).

que considero ser a questão seminal de nosso tempo: será possível que haja algo que ainda não compreendemos completamente sobre nós mesmos, sobre a vida e sobre Deus — *e cuja compreensão mudaria tudo?*

No meu novo livro, *The Essential Path,* eu afirmo que a resposta é óbvia, e suponho que seja óbvia para você também. No entanto, se vemos nosso mundo (e, em muitos casos, nossas vidas individuais) passando de uma crise para outra, como adquirir, com velocidade suficiente, o conhecimento que intuitivamente sentimos que está se tornando cada vez mais crucial para nós?

Fico feliz em dizer que agora, na tela ou no papel, você está vendo uma resposta.

Convido você a ler, da primeira à última palavra, este livro notável. Estude-o profundamente. Há uma grande probabilidade de que ele lhe traga informações a que você não tem acesso no momento. Ele também lhe dirá coisas que você já sabe. Em todo caso, sem dúvida, este trabalho será enriquecedor, trazendo a consciência expandida de como as coisas são, como funcionam e como podem ser. É incrível que um único volume possa entregar isso tudo. No entanto, este livro realmente proporciona ainda mais.

Ele oferece uma maneira de construir um amanhã melhor. Também, a confirmação de que algumas das experiências espirituais mais importantes de sua vida são reais, não imaginadas; produto da verdade, não da falsa esperança, e, ao intentar convidá-lo a finalmente entrar na totalidade do seu Verdadeiro Eu, sua vida não precisa mais ser um Caso de Identidade Errada.

É tão maravilhoso quando os maiores mistérios da vida acabam não sendo tão misteriosos assim. Isso traz uma grande sensação de *liberdade*, de que não estamos tão presos pelo Desconhecido — fomos encarregados de reunir os pedaços do que sabemos e esperar que possamos fazer a melhor das coisas.

Nas páginas deste livro, seu autor prestou um enorme serviço à humanidade. Ele não resolveu os mistérios da vida, ele os *explicou*. Isso torna as soluções que sempre existiram disponíveis para todos.

Em 1597, Sir Francis Bacon apresentou à nossa espécie a expressão "Conhecimento é poder". No dia em que você terminar de ler este livro, Ervin Laszlo terá feito essa expressão se tornar verdade viva em sua vida. Então você terá a oportunidade de descobrir e experimentar o poder de criar o futuro pelo qual anseia, para si mesmo e para quem ama (e eu creio que ame a todos). Essa criação pode se tornar real, basta que você *Reconecte-se à Fonte*.

Acredito que este seja o caminho essencial para a humanidade se quisermos finalmente despertar nossa espécie, libertando-a do longo pesadelo de nossa secular realidade de separação uns dos outros, de outras formas de vida, de nosso planeta e dessa Essência que chamo de Deus. Eu vejo nossa reconexão como não apenas a *melhor* abordagem, mas a *única* abordagem que pode mudar nossa trajetória o suficiente para recriar nossas vidas e nossa civilização à imagem do que sonhamos há muito tempo.

Que presente este livro é para aqueles que buscam saber mais sobre como isso pode ser feito!

NEALE DONALD WALSCH,
AUTOR DE *CONVERSANDO COM DEUS*
E *THE ESSENTIAL PATH*

PARTE I

A CIÊNCIA QUÂNTICA E A REAVALIAÇÃO DA EXPERIÊNCIA ESPIRITUAL

O MUNDO QUÂNTICO

HÁ UM NOVO CONCEITO DE MUNDO surgindo nas ciências contemporâneas, sobretudo nas disciplinas quânticas. Esse conceito está mais alinhado aos ensinamentos da sabedoria clássica do que à visão mecanicista-materialista dominante atualmente, e não é alheio às experiências de conexão espontânea com o mundo. Isso é importante: ele pode mudar nosso pensamento sobre nossa identidade e a natureza do mundo.

Precisamos dar a devida importância à ideia de que estamos profunda e espontaneamente conectados uns aos outros e ao mundo. Devemos dar uma boa olhada no que as ciências quânticas nos dizem sobre o mundo e nossa conexão com ele.

À primeira vista, o que elas revelam parece fabuloso e até fantástico. Mas não é fantasia, são coisas que podemos apreender melhor levando em consideração a diferença, fundamental, entre o conceito quântico do mundo e o que temos aceitado como correto. De acordo com a visão quântica, o mundo não é uma arena para o movimento de partículas sólidas e indivisíveis no espaço passivo e no fluir indiferente do tempo. Este não é um mundo de partes separadas e separáveis, onde as coisas ocupam posições únicas no espaço e no tempo. Não é uma estrutura mecânica e materialista: *é um holograma*. Como sabemos, em um holograma todas as informações que constituem a imagem estão presentes em todos os pontos. O que está aqui também está lá; o que está aqui hoje também esteve aqui ontem. Todas as informações que codificam o sistema estão presentes em cada uma de suas partes. Se o universo é um holograma, isso significa que a informação que o torna o que é está presente em cada partícula e em cada átomo. Está presente em você e em mim. O universo é um holograma quântico abrangente.

O que constitui a realidade desse holograma? Não é o que pensávamos: não é a "matéria". Os físicos não encontraram nada no espaço e nem no tempo que correspondesse a esse conceito. Não há nada no espaço-tempo quadridimensional que satisfaça à ideia de matéria que ficou marcada na história. O que a pesquisa sobre o universo físico revela é que seus componentes são informação e energia. As entidades do mundo real são configurações e agrupamentos de *energia informada*.

O mundo "roda" à base de informação, na forma ativa que o físico quântico David Bohm chamou de "in-formação". A in-formação explica o comportamento coerente e não aleatório das partículas que compõem as entidades básicas do espaço e do tempo, e é responsável pela miríade de conjuntos de átomos e moléculas que constituem o mobiliário observável do universo. O mundo é um sistema quântico in-formado.

Com o conceito quântico de realidade, muitos dos problemas que têm atormentado nossa compreensão da natureza do mundo são superados. Não é mais uma questão de saber se o mundo é material ou espiritual. O que veio primeiro: partículas de matéria ou consciência? Há apenas uma realidade, e essa realidade é tanto material quanto mental. O mundo é um sistema quântico in-formado constituído de agregados de energia in-formada. Os agrupamentos e configurações são coerentes o suficiente para que consigamos definir e classificar suas características. No sentido mais básico e geral, as energias in-formadas que compõem o mundo observável são padrões de vibração em fase: ondas estacionárias e propagantes relativamente estáveis e duradouras.

O sistema de ondas estacionárias e propagantes que constitui o universo manifesto nos faz perceber as entidades do mundo real como "coisas" sólidas em um plano de fundo mais difuso. Nós as interpretamos como entidades materiais. Mas isso, como Einstein apontou, é uma ilusão. Max Planck disse claramente: no fim das contas, não existe matéria no universo.

A realidade da mente. Se não existe matéria no mundo, como fica a mente? Ela é um fenômeno real? A pergunta faz sentido, porque o holograma quântico que chamamos de universo apresenta aspectos que sugerem a existência dela.

Há mais de 100 anos, o cosmólogo James Jeans observou que o universo se assemelha mais a um grande pensamento do que a um grande mecanismo, parece que ele não se resume ao aspecto físico. Isso não é complicado. Sabemos que o universo é, em grande parte, intangível, constituído não de coisas materiais, mas de agregados de energia e informação semelhantes à matéria. Os agregados de energia in-formada que constituem o universo não são aleatórios: eles demonstram uma coerência notável. Isso não é explicado pela teoria mais bem aceita, segundo a qual as coisas que surgem no universo são o resultado de interações aleatórias. São as interações não aleatórias que produzem fenômenos semelhantes à matéria e também produzem outros semelhantes à mente. Esses últimos são um dos aspectos do universo quântico.

O universo não é material nem psíquico; ele exibe apenas aspectos semelhantes à matéria e à mente. Seus aspectos materiais aparecem quando ele é visto "de fora" por um observador externo hipotético; e os mentais vêm à tona quando é visto "de dentro" por um observador que faz parte dele. Uma perspectiva coloca o universo como um sistema de energia in-formada, e a outra como uma mente cósmica.

O universo e NOSSO universo. O universo que observamos e habitamos representa a totalidade da realidade observável e cognoscível? O mundo inteiro? A resposta é não. Esta é uma resposta surpreendente e aparentemente infundada. Para a ciência moderna mais aceita, a ideia de que existe uma realidade além do universo é uma proposição inaceitável. Nas últimas centenas de anos, acreditava-se que tudo que existe fazia parte do universo. Agora parece que o mundo vai além dele. O observado é apenas *nosso* universo. Existem outros milhões e bilhões.

O entendimento atual é que o mundo não surgiu com o *nosso* universo: nele, houve um pré-espaço antes que este universo nascesse, na explosão cósmica conhecida como Big Bang, há 13,8 bilhões de anos. Ele desaparecerá quando os processos que compõem seus elementos semelhantes à matéria terminarem. Então estrelas e galáxias se tornarão parte de um universo "morto" em eterna expansão, permanecendo equilibradas no fio da navalha entre expansão e contração, ou se tornarão parte de um universo que entrou em colapso, quebrando-se em dimensões quânticas.

Independentemente do destino final de *nosso* universo, é claro que ele não contém o mundo em sua totalidade — este surgiu com o advento de uma realidade mais ampla e mais profunda. Os gregos chamavam essa esfera mais profunda, talvez eterna, de *Kósmos*, e nosso universo parece ser um domínio local do espaço-tempo do Cosmos.

Trata-se de um domínio notavelmente coerente, o que exige explicação. Agora temos uma: nosso universo é "in-formado" pela dimensão mais ampla e profunda — o Cosmos.

Já há muito acredita-se que essa dimensão seria um domínio "in-formativo", além do espaço e do tempo; isso está presente na filosofia de Platão. De acordo com ele, o mundo das formas e ideias é a realidade superior (ou mais profunda), a do Cosmos; o mobiliário físico/material do mundo é apenas o reflexo dela.

A teoria quântica de David Bohm confere uma nova relevância a essa visão antiga. No conceito do físico, a realidade última é a ordem "implícita" (ou envolta), e o mundo percebido, a ordem "explícita" (ou desdobrada), é sua manifestação. A ordem implícita, lembrando o conceito grego de *Kósmos*, "in-forma" (forma e estrutura) a ordem explícita.

A "in-formação" da ordem explícita, do universo perceptível, cria os agrupamentos e as configurações das ondas estacionárias e propagantes que observamos e das quais nós mesmos somos exemplos. Enquanto seres humanos, assim como todas as coisas no espaço e no tempo, somos entidades criadas pela in-formação da ordem explícita, manifesta, pela ordem implícita, não manifesta, mas fundamentalmente real. Isso sugere uma resposta à pergunta perene: no fim das contas, quem somos nós? *Somos configurações in-formadas feitas de vibração em forma de onda no universo, que é um domínio de coerência no Cosmos.*

A COERÊNCIA DA ORDEM EXPLÍCITA

AGORA, DESÇAMOS DAS ALTURAS AUGUSTAS DA metafísica (a física especulativa da realidade última) para o domínio mais concreto da física baseada na observação, que exemplifica e explica os princípios básicos de uma metafísica perene. De acordo com a formulação atual da nova física, o universo é um domínio coerente no Cosmos. Há muitas evidências para esta afirmação nas investigações cada vez mais precisas e abrangentes da física contemporânea.

Já em meados do século XX, os físicos Arthur Eddington e Paul Dirac observaram curiosas coincidências entre as constantes físicas do universo. A razão entre a força elétrica e a força gravitacional, que é de aproximadamente 10^{40}, corresponde à razão entre o tamanho do universo e a dimensão das partículas elementares — também de aproximadamente 10^{40}. Não se sabe como essas proporções poderiam ter sido produzidas, e depois mantidas, por processos aleatórios. A razão entre as duas forças deveria ser imutável (já que elas são constantes), enquanto a razão entre os dois tamanhos deveria mudar (já que o universo está se expandindo). Em sua "hipótese dos grandes números", Dirac especulou que a concordância entre essas razões, uma variável e a outra não, é mais do que coincidência. Ou o universo não está se expandindo ou a força gravitacional varia com sua expansão.

A cosmologia contemporânea desvelou uma série de "coincidências" igualmente incompreensíveis. A massa das partículas elementares, o número de partículas, e as forças entre elas apresentam proporções harmônicas. Muitas das proporções envolvendo grandezas fundamentais podem ser interpretadas, por um lado, à luz da relação entre a massa das partículas elementares e o número de núcleons (partículas do núcleo atômico) no universo e, por outro, à luz da relação entre a constante gravitacional (o fator de gravidade na evolução do universo), a carga do elétron, a constante de Planck (uma unidade de medida usada para calcular os menores intervalo de tempo mensurável e distância física) e a velocidade da luz.

A coerência das grandezas fundamentais do universo é necessária para a evolução de estrelas e galáxias, organismos vivos e biosferas inteiras no espaço e no tempo. Sistemas complexos só podem surgir em um universo em que as constantes físicas são correlacionadas de forma precisa e duradoura. Em algumas dessas constantes, a variação da ordem de um bilionésimo do valor (como a massa das partículas elementares, a velocidade da luz, a taxa de expansão das galáxias e dezenas de outras) teria resultado em um universo estéril. Mesmo uma variação mínima impediria a criação de átomos estáveis e de relações estáveis entre eles e, assim, impediria a evolução de sistemas que manifestam os fenômenos da vida.

A evolução dos sistemas complexos não é apenas uma feliz coincidência de elementos e condições em regiões particulares do universo: os sistemas complexos que chamamos de seres vivos são encontrados em cada vez mais lugares, sob condições cada vez mais diversas. O universo é um modelo universal para a evolução desses que vão desde átomos e moléculas até células, organismos, sociedades e ecologias de organismos. É astronomicamente improvável que tenham surgido por meio de uma mistura aleatória de seus componentes: eles são incrivelmente coerentes. A análise estatística, até mesmo de sistemas relativamente simples, revela que produzi-los misturando aleatoriamente seus elementos constituintes levaria mais tempo do que a idade do universo. Para usar um símile sugerido pelo físico matemático Fred Hoyle, a probabilidade de que um sistema complexo como um organismo vivo surgisse por uma mistura aleatória de seus componentes é semelhante às chances de um furacão de passagem por um ferro-velho produzir um avião funcional.

Quando se trata de sistemas vivos, a probabilidade de que tenham sido produzidos por processos aleatórios diminui ainda mais. A complexidade do sistema de transcrição e tradução DNA–mRNA–tRNA–rRNA praticamente impede que tais sistemas tenham sido produzidos por processos aleatórios. Sabemos, é claro, que em um processo prolongado, quase tudo o que poderia acontecer acontecerá, mas o tempo necessário para a evolução dos sistemas biológicos por interações aleatórias excede todas as expectativas razoáveis: neste planeta, os 13,8 bilhões de anos que foram necessários para a evolução de partículas, átomos e outras entidades físicas e 4 bilhões de anos que se levou para o aparecimento de sistemas vivos não são tempo suficiente para explicar a presença de estrelas e galáxias nem a teia da vida. No entanto, essas entidades e redes foram produzidas por processos naturais.

Se os processos aleatórios não são suficientes para produzir os fenômenos que observamos, precisamos perguntar: então, o que os produziu? A ideia de que a evolução não é governada por interações aleatórias alimenta o espectro da teleologia — da evolução dirigida por uma vontade ou motivação externa. Essa noção aborda os princípios de divindade da teologia clássica e é inaceitável para a ciência convencional. De acordo com o conceito científico vigente, a evolução é totalmente explicada como uma sucessão não direcionada de estados, em que cada estado, ou combinação deles, produz as condições para o próximo. Essa sucessão governa-se apenas pelo acaso, e a ordem e a complexidade que surgem no curso da evolução são consequência de uma marcha bem-sucedida do universo de um estado para outro. Mesmo sistemas altamente complexos e coerentes são produtos do jogo fortuito de interações não governadas.

Essa teoria, embora ainda vigente na corrente principal da física contemporânea, não explica os fatos; não é provável que esteja correta. Precisamos contemplar a possibilidade de que a evolução de sistemas complexos e coerentes não seja fortuita. Claro, não precisamos recorrer a agências externas e uma razão maior para explicar esta proposição. A explicação reside na natureza da "in-formação" do universo. Nela, as interações tendem a produzir "sistemas" — conjuntos coerentes de elementos — em vez de pilhas e agregados aleatórios.

A evolução é direcionada e não é cega, mas não se governa por uma vontade ou poder alheio, e sim pela in-formação do universo. A ordem explícita, o universo observável, é in-formada de um modo que favorece a evolução de sistemas complexos e coerentes. Não é por acaso; foi por intermédio de um processo universal semelhante ao das leis universais que os sistemas complexos e coerentes que observamos — sendo nós mesmos um exemplo disso — passaram a existir em nosso universo.

AS RAÍZES DA IDEIA DE IN-FORMAÇÃO PELO COSMOS

A IDEIA DE QUE EXISTE UMA DIMENSÃO MAIS PROFUNDA por trás do mundo observado remonta a milhares de anos. Era uma noção defendida pelos videntes hindus da Índia e que foi elaborada pelos filósofos do ramo metafísico do pensamento helênico: os idealistas e a escola de pensamento eleática, incluindo Pitágoras, Platão, Parmênides e Plotino. O mesmo conceito básico aparece atualmente na teoria quântica de Bohm: a ideia de uma ordem implícita não observada e não observável que in-forma a ordem explícita observada.

Os filósofos helênicos sustentavam que existe uma dimensão do mundo que vai além da observação. Para Pitágoras, tratava-se de uma dimensão de totalidade transfísica, ininterrupta, o solo sobre o qual surgiram tanto a matéria quanto a mente. Para Platão, tratava-se do reino das ideias e formas; Os platônicos, incluindo Plotino, referiam-se a ela simplesmente como "Uno". O *Sutra Lankavatara,* na filosofia indiana, a chamou de "dimensão causal", afirmando que essa dimensão sutil dava origem aos fenômenos "grosseiros" que observamos.

Os textos atribuídos a Hermes Trismegisto descrevem dois níveis do que ele chamou de "o Todo". O nível que observamos é a ordem "sensível" (perceptível pelos sentidos) das coisas materiais. Abaixo desse mundo está o "mundo inteligível", que não é "substancial" e não pode ser observado. A existência do mundo sensível de mudança e movimento deriva da ordem imutável do mundo inobservável, mas inteligível.

Tanto no Oriente como no Ocidente, muitos grandes pensadores metafísicos sustentavam que o mundo observado é secundário: sua existência provém de um nível mais profundo. A dimensão inobservável subjacente é eterna e eternamente imutável, e dá origem ao caleidoscópio mutável e inconstante do mundo observado.

Os videntes hindus chamavam a dimensão subjacente de "Akasha". O Akasha é a dimensão fundamental, anterior à dimensão observada dos quatro elementos: *vata* (ar), *agni* (fogo), *ap* (água) e *prithivi* (terra). O mundo é uma presença cíclica, emergindo e voltando novamente ao Akasha.

Em seu clássico *Raja Yoga*, o mestre espiritual indiano Swami Vivekananda descreveu esse processo cíclico da seguinte forma:

> *O Akasha é a existência onipresente e onipenetrante. Tudo que tem forma, tudo que é resultado de uma combinação, evoluiu do Akasha. É o Akasha que se torna ar, que se torna líquidos, que se torna sólidos; é o Akasha que se torna o sol, a terra, a lua, as estrelas, os cometas; é o Akasha que se torna o corpo humano, o corpo animal, as plantas, e toda forma que vemos, tudo o que pode ser sentido, tudo o que existe… No início da criação, existe apenas o Akasha. No final do ciclo, os sólidos, líquidos e gases, todos se fundem a ele novamente, e a próxima criação procede de forma semelhante, saindo novamente do Akasha.*[*]

Com o advento da Idade Moderna, Giordano Bruno criou a ideia de que há uma dimensão que fundamenta o mundo observado no âmbito da ciência. Segundo ele, o universo infinito é preenchido com

---

[*]   Swami Vivekananda, *Raja Yoga* (Belur Math, Índia: Advaita Ashrama, 1982).

uma substância invisível chamada *aether* ou *spiritus*. Os corpos celestes não são pontos fixos nas esferas de cristal da cosmologia aristotélica e ptolomaica, mas se movem sem resistência nessa dimensão sob ímpeto próprio.

No século XIX, Augustin-Jean Fresnel, físico francês, reviveu a ideia de um meio que preenche o espaço além do mundo observado. Ele o chamou de "éter". Fresnel buscou provas experimentais para sua teoria. De acordo com o cientista, trata-se de uma substância quase-material na qual o movimento dos corpos celestes produz atrito. Isso cria um efeito mensurável: o "arrasto do éter".

No início do século XX, os físicos Albert Michelson e Edward Morley testaram a hipótese de Fresnel. Eles raciocinaram que, se a Terra se move através do éter, a chegada de raios de luz do Sol exibiria um arrasto, portanto, os raios deveriam chegar mais rápido vindo do sentido da rotação da Terra, em direção ao Sol, do que da direção oposta. Mas os experimentos não conseguiram detectar tal arrasto.

Michelson observou que essa falha não refuta a existência do éter, apenas a de uma concepção mecanicista específica dele, que leva em conta o atrito. Mas a comunidade científica considerou que o resultado negativo do experimento negava a existência do éter. Einstein aceitou essa visão, em sua teoria da relatividade especial, não há conceito de uma substância que preencha o espaço e produza atrito físico nem de nenhum fundo fixo subjacente ao espaço e ao tempo. Nela, todo movimento no contínuo espaço-tempo quadridimensional é relativo apenas ao próprio referencial.

Na segunda metade do século XX, os físicos reviveram a ideia da existência de um plano ou dimensão não observável fundamentando o universo observado. No chamado Modelo Padrão da física de partículas, as entidades da física não são coisas materiais independentes, mesmo quando dotadas de massa. Elas fazem parte da matriz unificada. A matriz, cujas entidades são as menores unidades identificáveis do universo, os quarks e as partículas quânticas, é descrita como um campo unificado ou grão-unificado (e às vezes como "neoéter"), e abriga todos os campos, forças e constantes do universo. Ela é mais fundamental do que os quarks e quanta que nela aparecem, pontos cruciais — cristalizações ou condensações — da matriz subjacente.

A matriz subjacente é um campo fundamental. É o grande campo unificado da física de partículas, o de ponto zero da eletrodinâmica e o campo quântico universal das teorias quânticas de campo. É o Campo Akáshico discutido profundamente pelo presente autor em publicações anteriores.

No final do século XX, Bohm trouxe a concepção de que a matriz subjacente é a ordem implícita, que faz os fenômenos observáveis do mundo emergirem e que os in-forma. Esses fenômenos que observamos fazem parte da ordem explícita e são in-formados pela ordem implícita, não são realidades separadas, mas criações — projeções — desta ordem. Cada momento do tempo é uma projeção do Cosmos, o "pré-espaço" envolto, do qual surgiu a ordem percebida.

Com base no conceito de Bohm, a ciência — neste caso, a física quântica contemporânea — lida principalmente com a realidade mais profunda da ordem implícita. As leis da natureza estão nessa dimensão; elas meramente agem na dimensão manifesta. Na medida em que os teoremas da física contemporânea se referem ao mundo real (vale ressaltar que a escola de física quântica de Copenhague não está pronta para adotar essa suposição), eles são teoremas da ordem implícita.

A interpretação razoável e razoavelmente realista dos princípios da nova física é que a realidade última do mundo é revelada nas ciências quânticas. Mas essa realidade não se define por partículas e conjuntos de partículas no espaço e no tempo. A realidade última é a dimensão subjacente envolta: o Cosmos.

A NATUREZA DA EVOLUÇÃO E O SIGNIFICADO DA EXPERIÊNCIA ESPIRITUAL

À LUZ DOS *INSIGHTS* EMERGENTES nas ciências quânticas, o universo não é uma coleção de entidades separadas no espaço e no tempo. É um sistema quântico integral: um domínio de coerência. Este domínio é "in-formado" pelo Cosmos, a ordem implícita. Os sistemas no espaço e no tempo evoluem de acordo com essa "in-formação". Sem ela, o universo manifesto seria um domínio caótico de plasma inerte girando aleatoriamente. Contudo, devido a esse processo, o universo — mais exatamente, os sistemas que surgem e evoluem no universo — evolui para formas de complexidade e coerência cada vez maiores.

Evolução in-formada. É hora de questionar como a in-formação do universo cria a evolução que se desenrola no espaço e no tempo. Qual é a força ou o impulso por trás da evolução que observamos no universo?

Como já observado, o consenso entre os físicos é que ele nasceu na singularidade cósmica conhecida como Big Bang. Isso foi há 13,8 bilhões de anos e, no tempo que se passou desde então, os processos de evolução criaram os fenômenos que vemos atualmente.

As partículas criadas após o Big Bang começaram a assumir forma e estrutura quando o universo esfriou o suficiente para que entidades quase estáveis se formassem. Essas entidades, os quarks e as partículas quânticas são agregados de vibração. São léptons (elétrons, múons, partículas tau e neutrinos), mésons (píons) e hádrons (bárions, incluindo elétrons e nêutrons).

Os quarks formam as partículas (prótons, nêutrons e outras, de vida curta) que compõem o núcleo dos átomos estáveis; elas se unem por meio de campos de glúons dentro do campo nuclear. Os prótons são compostos de dois quarks "up" e um quark "down". Em temperaturas adequadas, os prótons se ligam aos elétrons, capturando-os na "nuvem de elétrons" atômica. O número de prótons no núcleo é a propriedade definidora dos átomos. Com o passar do tempo, hádrons, como os prótons, foram criados a partir de combinações de quarks para formar o núcleo de diversos átomos. A estrutura atômica resultante, definida pelo número de prótons no núcleo, preenche a tabela periódica dos elementos, englobando átomos de hidrogênio a urânio e muitos outros.

Os átomos que surgem no universo continuam a se transformar em entidades cada vez mais complexas. Eles se transformam em moléculas e conjuntos multimoleculares: superagregados de vibração. No nível astronômico, estrelas e sistemas estelares e galáxias inteiras se formam: agregados, superagregados, e super superagregados de vibração in-formada.

Os processos de evolução física não ocorrem em um meio passivo e neutro, no clássico espaço euclidiano, mas em um campo altamente estruturado que define as possibilidades de construção de estruturas complexas (agregados de vibração) a partir de combinações de outras mais simples. A evolução no nível físico ocorre em um meio complexo, pré-projetado, por assim dizer, para permitir que estruturas estáveis ou semiestáveis surjam como integrações de outras comparativamente simplificadas.

O processo anterior é a evolução — a mudança parcialmente irreversível e contínua, embora não linear — no nível físico básico. Embora a evolução física seja o modelo para todas as outras formas de evolução, foi nas ciências da vida que seu processo contínuo e parcialmente irreversível foi reconhecido pela primeira vez. Carlos Lineu e outros naturalistas observaram continuidade entre a estrutura das formas de vida mais simples e a das mais avançadas e propuseram que as formas avançadas são construídas sobre as mais simples. Os processos de evolução preenchem a panóplia de formas de vida na biosfera através da superposição ou da combinação das mais simples.

A percepção de que a evolução ocorre também no domínio físico surgiu apenas nas primeiras décadas do século XX. As esperanças de Einstein quanto a um universo-matriz eternamente imutável mostraram-se irrealizáveis: o tempo teve de ser inserido como um fator nas equações cosmológicas. O universo dependente do tempo e quase-estável da relatividade geral provou ser um sistema em evolução, e essa abrangeu tanto os sistemas físicos quanto os biológicos que surgem no universo. Filósofos do processo, como Henri Bergson, Samuel Alexander e A. N. Whitehead reconheceram que a evolução é um processo universal e a incorporaram como elemento básico em seu conceito de mundo.

O motor da evolução in-formada. Foi reconhecido que a evolução seria um processo universal, mas o que a move permaneceu oculto. Bergson especulou que seria um *élan vital* que contraria a tendência de degradação da energia nos sistemas naturais; o biólogo Hans Driesch sugeriu que é um motor contraentrópico, que denominou *enteléquia*. Os filósofos Pierre Teilhard de Chardin e Erich Jantsch postularam uma tendência dinâmica que chamaram de *sintonia,* enquanto outros chamaram o motor evolutivo universal de *sintropia*. Os pensadores orientais denominaram a energia que impulsiona o processo evolutivo de *prana,* um termo do sânscrito, enquanto Wilhelm Reich sugeriu no Ocidente que a força motriz é a energia que ele chamou de *orgone*. Rudolf Steiner acreditava que o motor da evolução seria uma força etérea, e o próprio Newton reconheceu a presença dessa força (ou desse fator) e procurou incorporá-la em sua teoria. Segundo ele, as leis mecanicistas não são uma descrição completa da realidade; e para se tornarem completas elas precisam do reconhecimento de um espírito "de ânimo e avivamento" em todas as coisas — um "espírito da vegetação"*.

A natureza e a origem do "espírito da vegetação" universal não era, e ainda não é, claramente conhecida. Ainda hoje, os cientistas às vezes recorrem a explicações quase teológicas. Um exemplo é a afirmação de Planck de que existe uma inteligência superior por trás da força que mantém as partículas unidas no interior dos átomos. O próprio Einstein disse que qualquer um que tenha estudado seriamente as leis da natureza deve chegar à conclusão de que, por trás das leis, existe uma "mente infinitamente superior à nossa".

A in-formação como motor do processo evolutivo. Na falta de explicações naturais, recorrer a forças extra ou sobrenaturais é compreensível, mas um último recurso. A ciência é baseada nas explicações referentes ao processo natural. Elas são fornecidas nas ciências quânticas, em particular pela teoria da "in-formação" de David Bohm. Segundo ela, o mundo observado, a ordem explícita, é um domínio de espaço-tempo in-formado, cuja in-formação cria os fenômenos que observamos.

A afirmação de que há um elemento criador de ordem por trás dos processos evolucionários que observamos é segura: como vimos, é astronomicamente improvável que interações aleatórias tenham criado, em tempo hábil, o universo que observamos. Assim, é lógico supor que exista um fator criador de ordem nos processos de evolução, e que ele não seja estranho ao mundo natural. É plausível que o motor da evolução no universo faça parte de sua "in-formação".

O sentido da evolução. A evolução no universo se desenvolve em um sentido não aleatório, que pode ser descoberto: ela vai em direção à complexidade e à coerência.

---

* Veja BJT Dobbs, *The Janus Faces of Genius* [*Sem tradução até o momento*] (Cambridge University Press, 1991).

A coerência dos sistemas se deve à conexão e comunicação entre suas partes, cada uma delas fica "sintonizada" para receber e responder a todas as outras. Tal sistema se mantém por meio de relações recíprocas, tanto entre suas partes como entre elas e o meio. Sistemas coerentes são integrações sistêmicas de suas partes e, em vez de agregados de elementos separados, são corpos inteiros.

A evolução é um processo coerente de geração de sistemas, sendo movida pelo motor codificado da in-formação do universo. Como vimos, mesmo os processos físicos mais básicos ocorrem em um campo estruturado que permite a formação de totalidades coerentes. Parece haver uma disposição ou "impulso" no centro do universo que favorece o surgimento de sistemas complexos e coerentes. Essa disposição ou o impulso para a coerência que surge agora pode ser vista como um "atrator" universal que rege, ou pelo menos condiciona, a evolução dos sistemas.*

A hipótese que consideramos é a da existência de um atrator presente no domínio do espaço-tempo, que conhecemos como universo, direcionando à complexidade e à coerência interações que seriam aleatórias. O resultado observável é a integração de diversos elementos em sistemas integrais de partes diferenciadas. Por essa razão podemos dizer que a evolução é um processo "holístico" de construção de sistemas.

Adotando um termo originalmente proposto pelo psiquiatra Stanislav Grof para processos de desenvolvimento em psicologia, chamamos o atrator por trás do processo de construção do sistema de "holotrópico". (Holos significa "todo" em grego clássico, e trópico significa "tendência ou orientação em direção a" — por exemplo, para um estado ou condição particular.) A hipótese é que a disposição ou o impulso por trás da evolução que

---

* Nas ciências da complexidade, o termo "atrator" denota o fator que impele um sistema dinâmico em direção a um estado particular no curso de sua evolução. Se o sistema for dinâmico, seus estados mudam ao longo do tempo. Se for caótico, as mudanças não seguem uma lógica discernível, e ele não pode ser representado por atratores. Mas se pudermos descobrir alguma lógica na evolução do espaço de fase do sistema — que é sua sequência de estados ou comportamentos —, ela pode, sim, ser representada por um ou mais atratores.

os filósofos chamaram de inteligência transcendental, élan vital, prana ou força etérea é, na verdade, um atrator holotrópico. A ação dele explica a observação de que a evolução tende a produzir sistemas complexos coerentes em vez de montagens probabilísticas de elementos aleatórios.

A tendência do direcionamento a sistemas complexos coerentes se manifesta em todos os níveis de tamanho e complexidade. A gravidade põe em contato as partículas e os conjuntos de partículas que emergem no espaço e no tempo, e esse contato, como vimos, ocorre em um campo altamente estruturado. Assim, não são pilhas indistintas de partículas, mas sistemas diferenciados criados por meio de relações coerentes entre suas partes.

A disposição ou o impulso criador de sistemas já aparece nas leis básicas que definem o comportamento das partículas e dos sistemas de partículas no espaço e no tempo; no "princípio de exclusão", de Wolfgang Pauli, isso é evidente. Devido à atuação desse princípio, a estrutura atômica que surge não é um amontoado aleatório de elementos uniformes, mas um todo diferenciado. Ela é construída pela inclusão e exclusão de elétrons das camadas de energia que cercam o núcleo. Outros sistemas são construídos em seguida, incorporando a estrutura atômica resultante em sistemas de nível superior: são moléculas e cristais formados por átomos com base em sua valência.

Estruturas multiatômicas diferenciadas tornam-se modelos para a evolução de macromoléculas orgânicas. Estas últimas são criadas em sistemas ainda mais complexos e coerentes: células vivas, cujos grupos, por sua vez, formam organismos multicelulares, e esses formam sociedades e ecologias. Até os formigueiros são sistemas complexos e coerentes no nível socioecológico, assim como as tribos de chimpanzés e os grupos sociais de golfinhos. À medida que se desenrola na Terra, a evolução gera sistemas diferenciados em níveis cada vez mais altos de complexidade e coerência. Nós, humanos, somos sistemas diferenciados do mais alto — ou talvez apenas um dos mais altos — nível de complexidade e coerência alcançados até agora neste planeta.

OS RASTROS DO ATRATOR HOLOTRÓPICO NA EXPERIÊNCIA ESPIRITUAL

O ATRATOR HOLOTRÓPICO é um impulso ou "chamariz" sutil, mas fundamental, que afeta sistemas complexos e coerentes na biosfera. É a marca do universo nos sistemas vivos e afeta suas percepções e seu comportamento.

Nos sistemas da espécie humana, sua atração pode atingir a consciência desperta. Se isso vai acontecer, depende de nós, sistemas humanos, superarmos as crenças e convicções que mascaram ou bloqueiam a recepção dessa atração. No nível mais profundo, subconsciente, a atração holotrópica, é claro, deixa uma marca. Quando nos sentimos integrados a outra pessoa, ou a alguma parte ou característica da natureza, captamos rastros do atrator holotrópico. Mas como essa marca aparece em nossa consciência desperta?

Devemos ter em mente que a atração holotrópica surge em vários graus e níveis de intensidade. Sua manifestação vai desde uma sutil sensação de "integração" com uma pessoa, ou mesmo com uma árvore ou uma cachoeira, até o amor mais profundo e intenso que podemos sentir por uma pessoa, por toda a humanidade ou pela totalidade da natureza.

Esses sentimentos e percepções parecem espirituais porque transcendem o alcance da visão e da audição — e porque geralmente vêm à tona na consciência de pessoas que consideramos espiritualizadas. No entanto, elas não são "esotéricas" — não estão além de nossa experiência do mundo.

A experiência e os experimentos de psicólogos e parapsicólogos atestam que as vivências espirituais não são extraordinárias: são ocorrências relativamente frequentes para pessoas sensitivas. Isso ocorre principalmente em estados meditativos, exaltados ou outros estados alterados de consciência, nos quais o "ruído" do mundo cotidiano não é dominante. Então as pessoas conseguem se atentar a uma atração sutil nas profundezas de sua consciência.

Estarmos conscientes de nossa conexão intrínseca com as pessoas e com a natureza e o universo é um afastamento radical da nossa visão convencional do mundo. Nela, nosso senso de unicidade com as pessoas e a natureza é uma fantasia. Essa perspectiva ainda é dominante no mundo moderno, mas está errada. Ela pode, e precisa, ser enfrentada e superada.

A emergência da visão de mundo das ciências quânticas nos ajuda a superar pontos de vista obsoletos e ainda dominantes. Afirmar essa visão de mundo emergente foi o objetivo da Parte I deste livro. Agora, na Parte II, abordaremos suas implicações práticas. Podemos trazer ao nível da consciência desperta nossa conexão intrínseca com o mundo, que a visão emergente nos aponta como correta? Podemos agir na totalidade e na unicidade que então surgiriam em nossa consciência?

O desafio é se conectar, ou melhor, se reconectar com o holotropismo do mundo ao nosso redor. Como discutiremos, isso é de importância crucial em nosso tempo, pode nos trazer uma mudança interna e mudar o mundo que nos cerca.

Trataremos do exercício de reconexão, primeiro revisando os desenvolvimentos holotrópicos no mundo ao nosso redor, e então perguntando como poderíamos nos tornar holotrópicos, de modo a efetivamente nos conectarmos ou nos reconectarmos com o holotropismo que in-forma o mundo.

PARTE II

CONECTANDO-SE AO UNIVERSO QUÂNTICO HOLOTRÓPICO

DESENVOLVIMENTOS HOLOTRÓPICOS NA SOCIEDADE

A CONSTRUÇÃO DA COERÊNCIA no universo é um processo sutil. No mundo contemporâneo, muitas vezes ele é desviado e dominado por forças e impulsos existenciais, mais diretamente orientados à sobrevivência. Essas forças e impulsos não são necessariamente holotrópicos, tendendo a ser egocêntricos e competitivos e polarizando o mundo em vez de curá-lo. Por isso, não surpreende que a incoerência — ou, pelo menos, a falta de coerência — seja predominante em nosso mundo.

No entanto, um olhar mais profundo revela que abaixo da aparente incoerência, competição e caos, estão ocorrendo desenvolvimentos "holotrópicos" de construção de coerência. Eles surgem em vários domínios da sociedade: na esfera empresarial, na economia, na educação, no desenvolvimento tecnológico, nos negócios e até na política.*

Kingsley Dennis, um colaborador próximo do autor, realizou pesquisas sobre desenvolvimentos holotrópicos na sociedade e contribuiu com a seguinte visão geral:

---

* Arte, literatura, música e todo o campo da cultura não estão explicitamente incluídos nesta pesquisa. O motivo para isso é que a busca da harmonia e, portanto, da coerência, não é uma tendência emergente ou recorrente nesses campos; mas uma característica intrínseca.

DESENVOLVIMENTOS HOLOTRÓPICOS NA ESTRUTURA DAS COMUNIDADES

- Comunidades, de bairros a estados inteiros, estão ultrapassando as estruturas e relações hierárquicas convencionais e caminhando em direção a redes descentralizadas que conectam as pessoas. O desenvolvimento em qualquer comunidade atinge cada vez mais outras comunidades, impactando-as.

- À medida que as pessoas se conectam em vários níveis, do local ao global, a empatia cresce entre elas, estejam próximas umas das outras ou em lados opostos do mundo. A comunicação cria tanto laços interpessoais quanto entre as pessoas e a natureza.

- As novas plataformas da mídia estão mudando as estruturas e as organizações sociais de cima para baixo em direção à descentralização e à distribuição de relações de poder. As hierarquias de controle estão enfraquecendo à medida que as tecnologias da informação permitem maior transparência, expondo a corrupção e intenções ilícitas ou criminosas.

DESENVOLVIMENTOS HOLOTRÓPICOS EM INOVAÇÃO TECNOLÓGICA

- As descobertas na ciência dão origem a tecnologias revolucionárias "disruptivas", como a inteligência artificial (IA), a robótica, a Internet das Coisas (IoT), a biotecnologia, o armazenamento de energia e a computação quântica. Essas tecnologias transformam estruturas e práticas estabelecidas e abrem as portas para a inovação e a criatividade.

- Opções que melhoram a conexão e a utilizam para criar transparência estão substituindo outras de supervisão e controle. As tecnologias de "nuvem" aberta estão se tornando o padrão na coleta, no armazenamento e no compartilhamento de dados.

- As novas tecnologias estimulam a pesquisa e o desenvolvimento em áreas de potencial relevância para a vida e o bem-estar humano, até então inexploradas, como o estudo da consciência e a comunicação transpessoal.

- Uma nova "ecologia da mídia" — mídia social, produção de vídeo, plataformas de jogos, realidade aumentada e jornalismo cidadão, entre outros — capacita as pessoas a produzir e compartilhar seus sonhos e aspirações, bem como suas esperanças e frustrações.

DESENVOLVIMENTOS HOLOTRÓPICOS NO ÂMBITO DA SAÚDE

- As pessoas estão passando a ver a saúde e o bem-estar, em grande medida, como dependentes da integridade da natureza. A proteção ambiental está deixando de ser uma caridade bem-intencionada e se tornando um requisito básico para uma vida humana saudável.

- O setor da saúde está deixando de lidar com terapias preconcebidas e drogas sintéticas e passando a remédios naturais e práticas exigidas e promovidas por indivíduos preocupados com a saúde.

- As pessoas estão aprendendo a confiar mais em seus próprios corpos do que em prescrições motivadas comercialmente; estão começando a confiar em sua própria inteligência intrínseca.

- Cada vez mais, procura-se viver em sintonia com os ritmos e equilíbrios da natureza. A natureza viva está sendo reconhecida como uma fonte importante e um recurso essencial para a saúde e o bem-estar. Uma infinidade de novas disciplinas de saúde está surgindo, como medicinas de informação e energia e terapias de "retorno à natureza".

DESENVOLVIMENTOS HOLOTRÓPICOS NA EDUCAÇÃO

- Graças aos avanços nas tecnologias de mídia interativa, o alcance e as fontes de aprendizado estão se expandindo do local para o global. Os novos ambientes de aprendizagem são internacionais, interculturais e interativos. Eles reúnem alunos e professores de todo o mundo.

- O ambiente de aprendizagem não está mais limitado à comunicação de mão única entre professor e aluno. A sala de aula clássica está desaparecendo.

- O objetivo da educação está mudando: o ensino que entregava esquemas preconcebidos que encaixam os alunos em nichos já existentes dos negócios e da sociedade está em uma transição para produzir habilidades e técnicas que ajudem os alunos a se tornarem cocriadores de seu currículo. A nova geração de alunos é composta de desenvolvedores, não apenas consumidores, de conteúdo.

DESENVOLVIMENTOS HOLOTRÓPICOS NA ÁREA DOS ESTILOS DE VIDA

- O status social não é mais medido apenas pela quantia do salário ou por luxo e ostentação acumulados, mas também, e cada vez mais, pelo modo de gastar dinheiro e pelo estilo de vida sadio.

- Mudanças nos valores e nas ideias moldam e alteram o ambiente vivo; em muitas regiões do mundo, governos municipais, distritais e federais estão respondendo a demandas por um meio ambiente social e ecologicamente saudável. Megacidades e núcleos urbanos densos estão se descentralizando, dando lugar a comunidades suburbanas e espaços de vida rural que permitem o contato com os colegas e com a natureza.

DESENVOLVIMENTOS HOLOTRÓPICOS NA ECONOMIA

- Formas alternativas de organização econômica estão surgindo na trilha aberta pelas novas tecnologias de comunicação em rede e computação distribuída. Nas economias emergentes, a natureza não é um fardo externo, mas uma parte orgânica do sistema de vida.

- A atividade econômica está cada vez mais descentralizada, seu núcleo de atividade está passando do nível internacional para o local. Em sua forma avançada, está priorizando a prospecção e o aproveitamento dos recursos humanos e naturais oferecidos pelo meio ambiente local.

- O crescimento econômico é cada vez menos um objetivo, um valor em si, e cada vez mais avaliado em relação aos seus benefícios aos humanos, à natureza e a seu capital social. A aspiração atual é encontrar e manter um equilíbrio entre o que é benéfico social e ecologicamente e o volume da atividade econômica.

- As atividades *offshore* e os paraísos fiscais são cada vez mais monitorados. Há mudanças crescentes para tornar mais transparentes as transações financeiras obscuras e para que sejam gradualmente substituídas por transações entre instituições comunitárias, bancos éticos e outras organizações e instrumentos financeiros voltados para o benefício social.

- Cada vez mais instituições financeiras negociam e aceitam moedas digitais. Com isso, originam-se várias moedas não governamentais que se mostram populares entre a geração mais jovem. Essas novas formas de moedas digitais contribuem para o financiamento de projetos locais e de startups criativas.

- Inspirado no exemplo do modelo de Felicidade Interna Bruta do Butão, em muitos lugares, considera-se o bem-estar humano como critério de sucesso econômico. De maneira lenta, mas significativa, a economia está se tornando, nas palavras de E. F. Schumacher, "um sistema que funciona como se as pessoas fossem importantes".

DESENVOLVIMENTOS HOLOTRÓPICOS NOS NEGÓCIOS

- A crença de que as empresas existem para ganhar dinheiro para seus proprietários e acionistas está dando lugar ao reconhecimento de que seu objetivo é servir ao bem-estar das pessoas cujas vidas são tocadas pelas companhias — os *stakeholders*.

- Nos negócios, a conquista não se mede principalmente pelo aumento das quotas de mercado e da lucratividade, mas pela contribuição da empresa para a vida e o bem--estar de seus funcionários, colaboradores, clientes e das comunidades ao seu redor.

- Já que na gestão de uma empresa as iniciativas individuais são mais valorizadas e uma gama mais ampla de vozes e valores é levada em consideração, as colisões e os conflitos não são suprimidos, mas explorados para que sejam encontradas soluções colaborativas. Como resultado, os níveis de confiança estão aumentando em muitos setores do mundo dos negócios.

DESENVOLVIMENTOS HOLOTRÓPICOS NA POLÍTICA

- Em alguns países de pensamento avançado no mundo, tomar e manter o poder não é o único, nem mesmo o principal, objetivo da política. Neles — principalmente Estados pequenos, como Dinamarca, Noruega ou Suíça — a política não está exclusivamente nas mãos de políticos profissionais. Frequentemente, cidadãos-ativistas socialmente conscientes e eticamente motivados juntam-se à parcela dos que tomam as decisões políticas.

- Um grupo crescente de humanistas e pacifistas tem endossado a visão pacifista clássica de que criar poderosos estabelecimentos militares que comandam armas de destruição em massa não é apenas perigoso, mas, em última análise, desnecessário. E que é melhor reeducar e reintegrar os criminosos e potenciais agressores do que os reprimir e eliminá-los à força.

- Há uma percepção recorrente de que, enquanto as motivações para agressão e violência puderem ser combatidas por meios não violentos, a segurança poderá ser garantida sem estabelecimentos militares gigantescos e nem armas destrutivas. Uma ideia que o tempo consagrou está sendo retomada: forças policiais de tamanho modesto que detêm poder suficiente para manter potenciais agressores e criminosos sob controle já bastam, especialmente quando apoiadas por serviços de emergência nacionais ou regionais.

Os desenvolvimentos em todas essas áreas apresentam uma característica comum. Em vez de separar, integram; buscam equilíbrio e coerência. Curam fissões e rupturas, combatendo animosidade e agressão voluntárias ou involuntárias. Eles indicam que, mesmo na ausência de diretrizes conscientes, sejam da sociedade civil ou do governo, existem hoje grupos e comunidades que estão se tornando significativamente holotrópicos. Indivíduos éticos e responsáveis servem de intermediários no contato e na comunicação entre os membros de suas comunidades e entre as suas e outras comunidades. Eles são guiados por uma percepção crescente do holotropismo: solidariedade, empatia e compaixão. Em alguns casos preciosos, e ainda raros, surgem ações e comportamentos que testemunham o amor genuíno entre pessoas das mesmas comunidades.

DESENVOLVENDO O HOLOTROPISMO EM NÓS

O ATRATOR HOLOTRÓPICO, impulso ou ímpeto formativo presente no universo, como discutimos, deixa sua marca na consciência humana. Isso é observado em desenvolvimentos da cena contemporânea. Alguns deles são inesperadamente orientados à conexão e à plenitude: são "holotrópicos". Algumas pessoas, campos de atividade e comunidades de vida e trabalho atingem uma forma e um nível notáveis de holotropismo. Enquanto este livro está sendo escrito, até mesmo a grande mídia reverteu parcialmente seu foco quanto à abordagem de alguns assuntos anteriormente ridicularizados e descartados, como OVNIs, outras dimensões e fenômenos "esotéricos" semelhantes. Essa mudança está ocorrendo, embora a maior parte das pessoas modernas ainda se apegue ao paradigma materialista secular desenvolvido durante o Renascimento, o Iluminismo e as revoluções científica e industrial.

Uma disseminação oportuna do holotropismo não é uma perspectiva utópica. Sabemos que há uma tendência intrínseca do universo à complexidade e à coerência, favorecendo a formação de sistemas complexos e coerentes. Somos parte do universo e, no fundo, compartilhamos dessa tendência. Existem impulsos em nosso subconsciente e até mesmo em nossa mente consciente que nos permitem perceber a atração da plenitude e da unicidade e nos alinhar com seus ditames.

O mundo está mudando, e nosso pensamento, também. Avançar para uma nova visão do mundo e, portanto, para uma nova maneira de se relacionar com ele, não é mais apenas possível, está se tornando plausível.

COMO SE TORNAR HOLOTRÓPICO

Se criarmos coragem e determinação, podemos nos alinhar com o atrator holotrópico que molda tanto nossos desenvolvimentos como aqueles ao nosso redor. A questão é se vamos criar coragem e determinação, e fazê-lo em tempo hábil. Esta é uma questão crucial porque, como disse Gandhi, precisamos *ser* a mudança que queremos ver no mundo. Se quisermos efetivamente defender os desenvolvimentos holotrópicos no mundo, precisamos nos tornar holotrópicos.

Há muitas maneiras de conseguir isso — de desenvolver um tropismo pela plenitude e coerência em nós mesmos. Poderíamos, por exemplo, nos juntar aos movimentos de solidariedade e compaixão já existentes em diversas áreas, como saúde e educação, negócios e política. Também poderíamos criar, ou tentar criar, movimentos orientados à coerência ao nosso redor. O caminho que escolhemos pode ser o caminho pessoal de um líder espiritual, um xamã ou um iogue, ou o caminho público de um ativista social e político — ou uma combinação desses caminhos, a seguirmos simultaneamente.

O principal requisito é a disseminação do holotropismo no mundo contemporâneo, que já está se espalhando, mas cuja disseminação é altamente desigual. No momento, a urgência está dominando parte importante do pensamento das pessoas. A maioria delas se concentra nas tarefas mais urgentes à sua frente, fazendo uma coisa de cada vez. Esta característica humana é útil para assegurar nossa existência no mundo.

No entanto, ela o fragmenta em campos de interesse individuais sem conduzir à promoção de desenvolvimentos coerentes.

Não há alternativa ao alinhamento com o atrator que molda tanto o nosso desenvolvimento quanto o do mundo. Somos capazes de nos alinharmos, porque a plenitude e a conexão não são coisas que impomos a nós mesmos e aos outros: fundamentalmente, já estamos conectados e somos plenos. Só precisamos trazê-las ao nível de nossa consciência cotidiana, algo que ainda não fizemos. No momento, em vez de trazer esses impulsos à nossa consciência, estamos enterrando-os sob uma montanha de tarefas e preocupações existenciais.

Nós nos divorciamos do mundo natural, o que traz muitas manifestações e consequências. Para começar, não estamos mais alinhados aos ritmos e equilíbrios da natureza. Fomos criados para seguir os ritmos da Terra, mas criamos nossos próprios padrões, que muitas vezes entram em conflito com eles. Levantar-se e retirar-se com o Sol é alinhar-se ao ritmo circadiano de 24 horas criado pelo movimento da Terra em torno dele. Os chamados povos "primitivos" ainda vivem em harmonia com a natureza, assim como a maioria das culturas indígenas e tradicionais remanescentes. Todavia, as pessoas modernas desconsideram os ritmos e equilíbrios da natureza e acreditam que podem substituí-los ligando e desligando luzes e utilizando outras conveniências artificiais que ligam e desligam ao apertar de um interruptor. Apesar disso, nosso corpo não se alinha com ritmos artificiais e sofremos as consequências. A eficácia do nosso sistema imunológico é prejudicada, e as doenças podem se proliferar. Ficamos "fora de sincronia" com nosso relógio biológico.

As populações modernas são urbanas e têm contato limitado com a natureza. Elas vivem em um mundo artificial e acreditam que esse é o mundo real, elas se consideram superiores a todas as outras formas de vida e afirmam que podem manejar a natureza como quiserem. Há meros 50 anos, Jane Goodall, pesquisadora da inteligência animal, teve que lutar contra a crença ainda dominante de que os chimpanzés se resumem a mecanismos bioquímicos de estímulo e resposta, de que não são seres vivos e sensíveis. Atualmente, percebemos que não apenas os mamíferos superiores, mas todos os organismos vivos — até mesmo árvores e plantas — são seres vivos sensíveis e não são fundamentalmente diferentes de nós.[*]

Pensando no melhor para nosso bem-estar físico e mental, e no interesse primordial de assegurar a continuação da aventura humana no planeta, precisamos retificar esses equívocos e comportamentos errôneos. Precisamos nos reconectar com a natureza. Quando o fizermos, entraremos novamente em uma comunidade de seres vivos sensíveis, algo que especialistas da cura e sábios nos tempos clássicos já reconheciam. Desde Hipócrates, considerado o pai da medicina moderna, cientistas e médicos vêm buscando substâncias e métodos que restabeleçam o equilíbrio e a conexão entre o ser humano e a natureza. Hoje, essa aspiração é ofuscada por nossa confiança, muitas vezes motivada comercialmente, nas substâncias sintéticas e nas terapias artificiais da medicina moderna.

No entanto, o cenário não é totalmente negativo: também há desenvolvimentos holotrópicos na medicina. A conexão com a natureza é um objetivo importante nas formas alternativas de cura conhecidas como

---

[*] Essa visão agora é comprovada experimentalmente pelo estudo da dimensão elétrica da vida vegetal, o chamado eletroma vegetal. Estudos recentes mostram que, apesar de sua aparente falta de movimento e comportamento, as plantas são organismos ativos que respondem constantemente a estímulos externos e sinais internos, ajustando-se ao ambiente nos níveis metabólico, celular e tecidual. Ver: *Plant electrome: the electrical dimension of plant life*, de Gabriel R. A. de Toledo, André G. Parise, Francine Z. Simmi, Adrya V. L. Costa, Luiz G. S. Senko, Marc Williams Debono e Gustavo M. Souza. Disponível em: https://link. springer.com/article/10.1007%2Fs40626-019-00145-x. Esta descoberta revolucionária é corroborada por livros como o de Michael Marder, *Plant Thinking: A Philosophy of Vegetal Life* (Nova York: Columbia University Press, 2013); o de Matthew Hall, *Plants as Persons: A Philosophical Botany* (Albany, NY: SUNY Press, 2011); o de Craig Holdrege, *Thinking Like a Plant: A Living Science for Life* (Grande Barrington, MA: Lindisfarne Books, 2013); o de Daniel Chamovitz, *What a Plant Knows: A Field Guide to the Senses* (Nova York: Farrar, Strauss e Giroux 2012) e o de Eduardo Kohn, *How Forests Think: Toward an Anthropology Beyond the Human* (Oakland, CA: University of California Press, 2013).

medicina informacional e energética.* Essa forma de cura está renascendo em várias partes do mundo — principalmente no Oriente. O *Shinrin yoku,* a arte japonesa de banho florestal, é um excelente exemplo. Para praticá-la, é necessário entrar em uma floresta e sentir-se unificado com seus ritmos e energias — ouvir o vento farfalhar entre as folhas, sentir o jogo de luz na superfície de um lago, flutuar com as nuvens enquanto elas se movem pelo céu. Até os sons da natureza, o chilrear dos pássaros, o borbulhar dos riachos, são curativos. Susan Jamieson, psicoterapeuta de Hong Kong, descobriu que só de se estar em uma floresta ou ao lado de uma árvore acalma e cura o sistema nervoso.**

Os taoístas aconselham a nos imaginarmos como uma árvore e inserir nossa consciência nela. Mas não precisamos ser sábios orientais para fazer isso. Ao incorporar conscientemente nossa energia vital no ritmo mais lento das plantas e das árvores, somos capazes de nos sintonizar com a vibração da natureza.

Estar diante de um grande rio inspira uma sensação de plenitude e harmonia. À beira do Danúbio, do Reno, do Volga, do Nilo ou do Amazonas, sentimos a harmonia de um grande corpo de água fluindo majestosamente em direção ao horizonte. Seu fluir é lento, mas inexorável. Não há conflito ou desunião neste fluxo; a menos que artificialmente poluído, o rio está integrado a todas as coisas ao seu redor e todas as coisas que nele estão.

A experiência do mar nos dá uma sensação semelhante de plenitude. Há ondas no próprio mar, e umas dentro das outras. O mar que carrega as ondas dentro de ondas e as ondas feitas de ondas é um corpo inteiro. É pacífico, pode mostrar sua ira em tempestades e tsunamis, mas nunca é fragmentado. Os mares são o lar original dos seres humanos e da miríade de seres vivos que surgiram na terra e no ar. Os antigos

---

*   Ver, por exemplo, Ervin Laszlo e Pier Mario Biava, *Information Medicine* (Rochester, VT: Healing Arts Press), 2019.

**   Susan Jamieson, *Medical to Mystical* (Rochester, VT: Findhorn Press), 2010.

marinheiros que viviam em contato próximo com o mar conheciam sua unicidade com ele e, de acordo com essa, alinhavam suas vidas.

Quando estamos em contato espontâneo com pássaros, árvores e nuvens, com riachos e rios, com colinas e montanhas, e com a alternância recorrente das estações, pensamos como um todo e nos sentimos inteiros. Sabemos que fazemos parte do mundo, que estamos em todas as coisas e que todas as coisas estão em nós. Esses sentimentos de pertencimento, conexão e comunhão vêm à tona e reforçam a percepção antiga e agora revivida de que tudo está conectado com tudo.

ALGUMAS PRÁTICAS ÚTEIS

Para quem não tem a oportunidade de mergulhar fisicamente na natureza, existem as práticas que ajudam a alcançar seus benefícios. Alexander Laszlo, filho e colaborador do autor, desenvolveu uma arte a partir de algumas delas e pode testemunhar em primeira mão sobre seu efeito curativo. Ele sugere as seguintes maneiras de se alinhar com o mundo em níveis progressivamente mais profundos:

1. O primeiro nível de alinhamento intrapessoal — o nível que Alexander chama de "convivialidade com nós mesmos" — é uma prática que envolve o que é conhecido como "atenção plena": o silenciamento do ruído constante de nossa consciência superficial e a escuta de cada célula de nosso ser. Isso cultiva a intuição, a empatia, a compaixão e a visão interior que se combina com a exterior.

2. O segundo nível de alinhamento interpessoal — "convivialidade com os outros" —, para ser alcançado, requer diálogo e colaboração com os que nos cercam. Exige que nos juntemos para aprendermos uns com os outros e nos

engajemos em ações conjuntas com consideração, receptividade e alegria.

3. O terceiro nível envolve o alinhamento com espécies diferentes — "convivialidade com a natureza" —, a prática de ouvir a mensagem de todos os "seres" do mundo, sejam eles cachoeiras, animais ou montanhas, e sentir nossa profunda unidade com eles.

4. O quarto nível é alinhamento transgeracional — "convivialidade com ancestrais e descendentes" — envolve ouvirmos as vozes daqueles que vieram antes de nós, bem como as daqueles que ainda não nasceram. Cultivamos nossa capacidade de fluir com os processos do *transformar*, que dão sentido à nossa existência presente.

5. E o quinto nível de alinhamento pancósmico — "convivialidade com a ordem fundamental do universo" — é uma prática que nos exige aquietar nossa mente muito profundamente, a ponto de sentirmos os ritmos dos quais fazemos parte, apreendendo os padrões de nossa existência no mundo.

Shamik Desai, outro colaborador próximo do autor, aponta que as tradições espirituais do Oriente conhecem muitos caminhos para entrar em estados de consciência marcados pelo abraçar da integração e da plenitude. A maioria desses caminhos encoraja e capacita o praticante a descer a atenção da cabeça para o coração e a "barriga", deixando o cérebro analítico para trás e habitando o corpo mais plenamente.

Segundo as tradições, a sede da identidade está na região do abdômen, também conhecida como entranhas. O coração é geralmente considerado como o vaso por meio do qual se alcança uma conexão íntima com os outros de modo mais pleno. Assim, a sabedoria mais profunda do autoconhecimento e da unicidade da realidade pode ser melhor percebida através do corpo. Os caminhos para os estados alternativos de consciência mais profundos incluem:

1. O Jnana Yoga — "O Caminho da Sabedoria." O hinduísmo oferece vários caminhos pelos quais podemos nos alinhar com o atrator cósmico e nos tornarmos holotrópicos. Para aqueles com uma inclinação intelectual, o estado holotrópico pode ser acessado através de "um discernimento intuitivo que transforma, fazendo com que o conhecedor se torne aquilo que conhece".* Este yoga, como explica Huston Smith, estudioso religioso, centra-se em "demonstrações... projetadas para nos convencer de que possuímos mais do que nosso eu finito", permitindo que nosso senso de identidade se expanda. Por meio do aprendizado (estudo das escrituras), do pensamento (reflexão profunda) e da percepção (despertar para a base do ser que sustenta o eu fenomênico), nos orientamos para uma realidade mais profunda e ampla. (Pode-se notar que, embora o hinduísmo faça essa concessão às pessoas que "vivem de pensar", esse yoga intelectual é considerado o menos eficaz dos caminhos para a autorrealização.)

2. O Karma Yoga — "O Caminho das Boas Obras." Para pessoas de disposição ativa e prática, o trabalho diário é uma maneira eficaz de abordar o estado holotrópico — desde que a atividade feita esteja em harmonia com a ordem invisível do universo. É o caso de um "trabalho de amor" realizado por si mesmo, quando o trabalhador realiza suas ações sem apego, renunciando aos frutos materiais que delas advêm. As ações são realizadas como um serviço — uma oferenda à realidade suprema. Elas não carregam a mácula do carma negativo. Com

---

*Huston Smith, *The World's Religions* (Nova York: HarperCollins, 1958), 29.

essa orientação, cada pessoa que faz seu trabalho pode desempenhar um papel na santificação (reespiritualização) do mundo, elevando sua consciência para harmonizar com seu verdadeiro eu e seu ambiente.

3. O Raja Yoga — "O Caminho dos Exercícios Psicofísicos." Este é o caminho para as pessoas que já estão em sintonia com seus corpos. Esta forma de entrar na condição holotrópica é através do yoga físico que se tornou popular no Ocidente. As posturas de yoga são projetadas para desviar a atenção do cérebro e concentrá-la no corpo e na alma — acalmar a mente para que possamos ouvir a voz do nosso ser essencial. Elas também nos ajudam a acessar nosso inconsciente para que possamos acessar as verdades supremas e integrar nosso subconsciente a nosso consciente (para que não fiquemos à mercê de "demônios internos" — isto é, aspectos não integrados de nós mesmos. Só então estaremos verdadeiramente livres para nos alinharmos com as forças do cosmos).

4. O Bhakti Yoga — "O Caminho do Amor." De acordo com o Bhagavad Gita, a importância deste yoga está muito acima da dos outros. Por meio da devoção amorosa e emocionalmente intensa aos amigos, e do amor por uma das deidades mitológicas (que devem representar diferentes aspectos do absoluto), somos capazes de perceber nossa verdadeira natureza. Através da oração profunda e cantando mantras, "nós movemos nossos afetos firmemente na direção de Deus"*. Quando estamos em estado de amor, por mais simples que seja nosso ato de amor, cada fibra de nosso ser está centrada na realidade última.

---

* Smith, *Ibidem*, 35.

5. O Wu-wei taoísta — a "quietude criativa" ou ação não ativa. Ao explorar e aproveitar o qi dentro de nós e ao nosso redor, entramos em um estado holotrópico cósmico. Nós o alcançamos combinando "a atividade suprema e o relaxamento supremo", entrando em um estado de poder aprimorado à medida que nos alinhamos com o Tao*. Quando praticamos qigong, dançamos, cozinhamos ou pintamos com habilidade e graça, acessamos uma quietude transcendente em nossos movimentos e aumentamos o nosso qi e aquele ao nosso redor. Ao contrário do regrado confucionista que executa deveres socialmente estabelecidos, o taoísta é espontâneo e natural, totalmente inconsciente, em sintonia, momento a momento, com seus próprios sentimentos e com os ritmos da natureza.

6. O zen budismo. Ao praticar a concentração da mente ou "atenção plena" — aquietando a mente e focando a sensação — estamos descendo a atenção para o corpo e adquirindo uma visão mais profunda da realidade. Por exemplo, quando sintonizamos nossos sentidos com a natureza, conectamo-nos mais intimamente com a Terra e somos lembrados de que somos parte de algo maior do que nós mesmos. Como já mencionado, durante a prática do banho florestal, respiramos profundamente e absorvemos as vistas, os aromas e os sons da floresta. Isso pode nos "chocar", levando-nos a uma apreensão direta da realidade. No Japão, muitas dessas práticas já bem conhecidas, incluindo fazer arranjos florais e preparar chá, estão entrelaçadas na vida cotidiana. Elas são projetadas para fornecer o espaço e o silêncio para contemplar o Supremo por trás do Particular e produzir o estado meditativo no qual as experiências espirituais podem acontecer.

---

* *Ibidem*, 207.

Mark Gober, outro colaborador próximo do autor e executivo do Vale do Silício, enfatiza a importância de acolher a plenitude nas situações da vida cotidiana, incluindo o local de trabalho. Podemos começar a ver as situações de negócios diárias não apenas como caminhos para a segurança financeira, mas como oportunidades para incorporar e praticar a interconectividade. Atividades e interações aparentemente mundanas podem ser transformadas em oportunidades de crescimento significativas com uma simples mudança de mentalidade.

É primeiro por meio de um reconhecimento ou sentimento de interconexão que podemos alterar nosso comportamento nos negócios. À medida que incorporamos cada vez mais essa noção, começamos a irradiar uma energia diferente em nossas interações. As mudanças são intangíveis, porém palpáveis, sutis, mas profundas. Gradualmente, começamos a ver colegas, clientes e até concorrentes como mais próximos de nós. Nosso comportamento diário de negócios acompanha essa mudança. Por exemplo, em reuniões e teleconferências, podemos começar a falar com mais consideração pelos outros ou ajustar o tom de nossos e-mails. Em um nível mais alto, nossos objetivos de negócios podem até mudar. Enquanto ainda nos esforçamos para otimizar os lucros em nosso próprio negócio, também podemos focar os objetivos mais amplos, de modo a gerar resultados vantajosos para todas as partes envolvidas em uma transação. Paradoxalmente, o aumento da preocupação com os outros em um ambiente de negócios pode criar um meio mais propício ao nosso próprio sucesso. Eles tornam-se um veículo através do qual podemos nos tornar holotrópicos e silenciosamente incitar a evolução da sociedade de dentro para fora.

O exemplo dos negócios traz uma questão ainda maior. Tornar-se holotrópico não precisa se limitar a ambientes explicitamente dedicados à prática espiritual ou ao desenvolvimento pessoal. Em vez disso, podemos nos esforçar para ser holotrópicos o tempo todo, em todas as facetas da vida cotidiana. É através da integração do holotropismo em nossas vidas e interações diárias que começamos a ver mudanças positivas significativas em nosso mundo.

Para concluir, a disseminação real do holotropismo na sociedade, ainda que em grande parte não percebida, é um desenvolvimento significativo. É possível que ele se revele como algo rápido e poderoso, e isso não deveria ser surpresa alguma. Somos filhos do universo, e o universo que nos gerou e que in-forma nossas vidas não é passivo e indiferente — nele, a "in-formação" emerge em nossa experiência como um atrativo para a plenitude, inspirando um sentimento de empatia e compaixão, de pertencimento e, finalmente, de amor.

Vivemos em um universo cuidadosamente afinado e delicadamente constituído, no qual cada coisa que surge é um todo, e esses todos são incorporados em outros maiores e eles próprios compreendem totalidades menores. O maior todo no qual a humanidade está inserida é a teia da vida do planeta. A coerência dela está nos impactando e influenciando, afetando também todas as coisas ao nosso redor de forma sutil, mas efetiva. Trazer essa conexão para a nossa consciência desperta permite que nos reconectemos com outros todos ao nosso redor, o que nos mudará, mudando também aqueles ao nosso redor. No fim das contas, mudará nosso destino.

PARTE III

UM BUQUÊ DE EXPERIÊNCIAS ESPIRITUAIS

As experiências espirituais não são planejadas: elas acontecem. Seu conteúdo e sua mensagem, da mesma forma, acontecem. São experiências incomuns e espontâneas que ocorrem em estados incomuns do cérebro e da consciência. Nesses episódios, o cérebro opera em domínios não usuais de frequência: ou na extremidade mais baixa do gráfico do eletroencefalograma ou na mais alta — seja no domínio alfa ou mesmo abaixo, no domínio teta ou na faixa gama. No primeiro caso, as experiências incomuns se dão em um estado meditativo de consciência e, no segundo, em um de exaltação. Esses estados permitem que elementos da experiência que normalmente estão submersos no mar das preocupações cotidianas venham à tona para a consciência.

Os elementos que surgem em estados incomuns de consciência podem trazer ideias importantes. Entre outras coisas, podem nos revelar algo sobre nossa conexão com a Fonte — sobre a "in-formação" que molda nossa vida e sobre nossa própria condição de estar neste planeta.

UM AVISO AO LEITOR

O buquê de experiências espirituais relatadas aqui compreende as vividas por indivíduos confiáveis que trazem consigo uma ampla variedade de interesses e origens. São as experiências de um líder empresarial humanista (Lawrence Bloom), de uma produtora de televisão (Darla Boone), de um ativista social e filósofo (James O'Dea), de um jornalista investigativo (Guido Ferrari), de uma designer de biocosméticos (Adrienne Feller), de duas professoras e místicas (Jean Houston e Nicolya Christi), de uma professora e ativista (Barbara Marx Hubbard), de dois psicólogos experimentais (Lynne McTaggart e Gary Schwartz), de um inventor do Vale do Silício (Federico Faggin), de um educador e humanista (Pierre Pradervand), de uma curandeira de métodos naturais (Maria Sági), de uma líder espiritual japonesa (Masami Saionji) e de duas pioneiras da comunicação com outras espécies (Jane Goodall e Frédérique Pichard). Primeiro, ouviremos o que esses indivíduos notáveis têm a dizer sobre suas experiências espirituais e depois analisaremos mais profundamente a mensagem transmitida por elas.

Lawrence Bloom
Líder empresarial, humanista
Não me lembro do mês, mas foi no início da primavera de 1974. Eu estava no meu Mercedes 500 SEL com motor de 6,3 litros do lado de fora da minha casa de sete quartos no subúrbio de Hampstead Gardens. É uma propriedade lindamente projetada no North West London — as casas na Central Square, onde eu morava, foram obra de Edward Lutyens, o arquiteto de Nova Delhi. Eu tinha 31 anos e havia "chegado no topo".

Enquanto eu crescia, e durante toda a minha adolescência, ficou claro para mim que "se você é rico, você é feliz — e pronto". Agora, aqui estou, razoavelmente rico, mas não tão feliz quanto fui levado a acreditar que seria. "É só isso mesmo?", eu me perguntava. Parecia-me que eu havia simplesmente trocado um nível de desafios por outro, de maior complexidade. Considerando que a prioridade anterior era pagar contas, agora descobri que precisava consultar advogados tributaristas e outros para garantir que eu pudesse maximizar meus ganhos. Essa percepção de que a "felicidade" prometida não se materializou criou em mim uma profunda crise de identidade. Então eu me afastei, comecei a beber — e três anos depois, eu ainda estava em crise e ainda bebia.

Acabei percebendo que, por causa da bebida, não apenas estava causando um grande estresse ao meu corpo físico, mas também um grande estresse emocional aos meus relacionamentos pessoais e profissionais — ambos estavam sofrendo. Parti em uma busca do que estava me faltando. Apliquei a essa busca a mesma diligência que à minha vida empresarial. Com o tempo, ficou óbvio que havia uma parte de mim que não estava sendo contemplada, e foi nela que decidi me concentrar. Na linguagem popular ocidental, essa parte é chamada de "alma". Outros sistemas de crenças a chamam por um nome diferente, e alguns negam que tal coisa exista. Mas posso dizer, com base em minha experiência pessoal, que existe sim, e que todos nós a temos.

Quando eu me perdi? Em que ponto comecei a me sentir separado e isolado do todo? Desde menino, lembro-me de me sentir conectado — com minha mãe, meu pai, meus avós, minha irmã e todas as minhas tias e tios. Sentia-me ligado à natureza: olhava as estrelas e sentia que faziam parte de mim. Olhava para as árvores e plantas, e sabia que elas também faziam parte de mim. O que houve, então?

Lembro que quando eu tinha uns 5 anos, levei um amigo da escola para minha casa. Meu avô, que morava conosco, veio da Rússia e só falava iídiche (no caso dele, uma mistura de alemão e inglês). Ele me perguntou: *"Is he unserer?"* Que, traduzido ao pé da letra, significa "Ele é um de nós?" Respondi: "É claro! Nós frequentamos a mesma escola!" A ideia de me distanciar dele por causa de nossas diferenças religiosas nunca me ocorreu. Lentamente, comecei a aprender o conceito de separação e separatividade.

Com o passar do tempo, fui acusado por meus colegas de escola de ter matado Jesus e de outros crimes. Em 1948, eu tinha 5 anos. Os cinejornais dos campos de concentração alemães começaram a ser transmitidos em nosso aparelho novo de TV. Meu avô perdeu a família inteira no campo de concentração de Auschwitz. Seu ódio pelos alemães não tinha limites — e também fui ensinado a odiar os alemães. Essa era outra maneira de me distinguir. Nosso povo é bom, e aquelas pessoas são más. E então eu caí na ilusão da separação. Entretanto, isso era apenas metade do problema. A outra metade era a ilusão de escassez. Nas décadas de 1970 e 1980, havia recursos suficientes no planeta para alimentar, vestir e abrigar todos os seres humanos da Terra, bem como para lhes dar acesso à educação, saúde, justiça e renda básica. Todos poderiam maximizar seu potencial. No entanto, em vez de perceber os limites do sistema que criou essa riqueza potencial, não mudamos o sistema e continuamos com o modelo existente.

Como o foguete de propulsão em um lançamento espacial, o modelo de crescimento do PIB e o sistema bancário movido pela dívida já tinham cumprido sua função. Em um lançamento ao espaço, sabemos quando devemos desconectar o propulsor e deixá-lo cair de volta à Terra, e sabemos que, se não o desconectarmos, todo o projeto será comprometido. Da mesma forma, nosso sistema financeiro na época funcionava como um propulsor de nossa economia-espaçonave, mas agora, já saímos do campo gravitacional da Terra e precisamos encontrar um sistema diferente. Não podemos ter crescimento infinito em um planeta finito.

O velho modelo econômico-financeiro é baseado na escassez em meio à abundância. Quando as duas ilusões, a de separação e a de escassez, se juntam, há uma combinação tóxica de competição doentia. Percebi finalmente que, em minha competição com os outros, eu havia perdido minha conexão com a Terra — com a Fonte que nos dá vida, com o cosmos que nos deu origem e com os outros. Mas sem essas conexões, nossas vidas não têm sentido. Eu também havia perdido a conexão comigo mesmo, com minha verdadeira natureza.

Voltei aos negócios reconhecendo que era minha alma que eu precisava satisfazer, não meu ego. É claro que, uma vez que atingi essa revelação, a vida conspirou para garantir que nossos compromissos fossem cumpridos! Eu me vi como vice-presidente de uma grande empresa de desenvolvimento/investimento imobiliário. Sabia que estávamos prestes a entrar em um grande colapso econômico e convenci o proprietário a vender, primeiro, nossos projetos de desenvolvimento, depois nossos investimentos.

Cheguei ao escritório numa segunda-feira de manhã e descobri, por meio da imprensa de negócios, que minha empresa havia adquirido um grande projeto de desenvolvimento na cidade de Londres sem que eu soubesse. Perceber que se tem total responsabilidade, mas nenhum poder não é um sentimento nada agradável! Um dos insights de viver de acordo com os ditames da Alma é que pensar, fazer e dizer são a mesma coisa. Isso nos mantém conectados a nós mesmos. Mesmo que eu estivesse preocupado com a dificuldade de encontrar outro emprego, se eu me demitisse dessa empresa rica, não conseguiria viver uma mentira. Fui até o banheiro, me olhei no espelho e tomei uma decisão. Entreguei minha carta de demissão imediata. Por algum milagre, logo depois fui nomeado para o comitê executivo do Intercontinental Hotel Group, sendo encarregado da gestão de ativos de todo o grupo.

O segundo teste da minha resolução de viver pela Alma não ficou muito atrás. Resolvi criar um manual ambiental para o nosso grupo. Houve muita resistência, partindo tanto do diretor de operações quanto do diretor financeiro. O primeiro me pressionou, questionando a vantagem que a minha participação traria para o resultado trimestral, e o segundo também, evocando o valor a ser distribuído para os acionistas.

Essas pressões testaram minha determinação de manter meu relacionamento comigo mesmo e com o planeta. Porém, quando agimos a partir de nossa alma, nos tornamos uma força poderosa e, embora todas as manhãs eu sentisse medo, às vezes até a ponto de vomitar na pia do banheiro, não cedi até que minha tarefa fosse concluída. O manual ambiental que criei foi adotado pelo príncipe Charles: ele o chamou de "Manual do Príncipe". Como resultado, o documento foi oferecido a todos os hotéis cinco estrelas do mundo e hoje está presente em mais de 5,5 milhões de quartos de hotel. O cartão que apresenta aos hóspedes a opção de não trocarem as toalhas todas as noites é uma pequena amostra do manual. Espero poder anunciar em breve que a política de tornar a cadeia de suprimentos completamente ecológica foi adotada por mais uma grande rede de hotelaria.

Na minha história, não se trata de eu ter me sentido isolado quando criança e ter precisado descobrir a unicidade das coisas, mas de eu ter me sentido conectado na infância e ter precisado passar pela ilusão da separação e da escassez para recuperar essa conexão. Trata-se de reconhecer que o amor incondicional flui continuamente do coração quando ele está alinhado com a mente e a alma. Os Vedas nos dizem: "Da Alegria tudo se cria, pela Alegria tudo se sustenta, pela Alegria tudo se move e na Alegria tudo se une!" Para mim, sentir a verdade dessa afirmação é me inserir na unidade de todas as coisas do universo.

Após minha epifania, percebi que a tragédia de nossos tempos não é apenas que nossas aspirações são puramente materiais, mas que lhes falta visão. Falta-lhes a ideia de serviço.

Vivemos uma época muito perigosa. Deveríamos olhar para o que está surgindo, não para o que está desmoronando. Deveríamos nutrir, proteger o que está emergindo e o que quer nascer, conectando-nos a eles. Contudo, é difícil descartar o velho sistema, cuja base está na segurança que se adquire por meio da separação e na proteção que se dá contra qualquer desafio à sua hegemonia.

Na tradição judaica, há um mandamento maior. Todos os outros, incluindo os Dez Mandamentos, estão subordinados a ele. Esse mandamento é: "Ouve, ó Israel, o Senhor, o nosso Deus é o único Senhor." A instrução é clara. Sua essência é que há apenas um único Deus. Precisamos cumprir o impulso evolutivo que favorece a diversidade, sem nunca esquecer que ela surge do Uno e que, no juízo final, retornará ao Uno. Com essa visão, podemos criar um mundo baseado em dignidade, equidade e compaixão.

Darla Boone
Produtora de documentários televisivos

Passei por muitas experiências espontâneas em minha vida, que remontam às minhas primeiras lembranças. Estou em contato com o mundo invisível desde o meu nascimento. Na verdade, tenho uma memória completa do meu próprio nascimento, por incrível que pareça, mas essa é outra história. Aqui, escolhi relatar um evento que teve um impacto particularmente forte em minha vida e se tornou minha estrela-guia, que carrego comigo desde que o vivenciei... é uma espécie de roteiro para a minha vida.

Quando criança, eu conseguia ver as Pequenas Criaturas, as fadas que vivem na floresta do Noroeste do Pacífico, onde nasci e cresci. Elas eram as amiguinhas mais queridas e alegres que já tive... e eu também estava ciente da existência de um universo muito maior ao meu redor, com o qual eu poderia interagir.

Quando eu tinha cerca de 4 ou 5 anos, ao adormecer à noite, às vezes me via em projeção astral e deixava meu corpo e viajava pelo universo no que eu chamava de meu Tapete Mágico. Parecia que milhares de moléculas haviam se entrelaçado em um Tapete Mágico só para mim... isso permitiu que eu viajasse por todo o universo. Nunca tive medo; sempre soube que estava segura.

Isso começou a ser um ritual noturno para mim. Mal podia esperar para adormecer e deixar meu corpo terreno para trás. Percebi como me sentia muito mais confortável fora do corpo do que na minha existência terrena.

Por meio dessas aventuras, tomei consciência da sensação de plenitude dentro e fora do corpo humano, e fiquei completamente conectada a esse sentimento pleno. Ele me era tão essencial quanto respirar. Mal sabia eu que, mais tarde, na vida adulta, me apaixonaria pela saúde holística; isso se tornou meu principal objeto de estudo. Depois descobri que tenho um conhecimento natural empático e intuitivo em relação às doenças e que, para curar essas e outras enfermidades, bastava encontrar a frequência certa.

Hoje, o mundo está repleto de avanços no pensamento científico e neoparadigmático, e isso comprova o saber intuitivo que tinha quando criança, eu só não tinha o vocabulário para expressá-lo. Como fiquei feliz quando esse conhecimento e essa informação começaram a surgir em minha consciência. Não é nada menos que milagroso saber que estamos no ponto de virada, encarando diretamente os olhos do potencial de transformar a compreensão da humanidade sobre a definição de plenitude e, assim, transformar nossa definição do que são doenças e de como superá-las.

Foi somente quando me tornei adulta que percebi que tinha o poder de me curar... mesmo nas circunstâncias mais difíceis. Aprendi a comandar meu corpo a ficar bem. Embora por vezes tenha sido necessário ir mais fundo para encontrar as raízes do problema, por outras foi instantâneo.

Acredito que essa revelação seja uma visão que tive em minhas aventuras de infância com projeção astral. Eu conseguia integrá-la em meu ser físico e mental, e usei esse conhecimento toda a minha vida. É como um atleta que "entra na zona".

Com o passar do tempo, tornou-se cada vez mais evidente para mim que as pessoas não conhecem realmente a sensação de plenitude, algo a que eu tenho aspirado a vida inteira. Seria ótimo se todos pudessem se sentir plenos — é uma parte muito profunda do nosso ser, poderosa e frágil ao mesmo tempo.

Mesmo quando criança, eu era obcecada em tentar descobrir por que as pessoas adoeciam e como curá-las... isso tem sido uma força motriz em toda a minha vida. Mesmo cansada de ouvir a palavra "bem-estar" sendo usada incorretamente, continuava fascinada, queria explorá-la... é o amor da minha vida. E sempre me incomodei com a doença que assola a humanidade, é um sentimento faz parte de cada fibra do meu ser. O universo tem sido um professor constante para mim, me ajudando a desvendar a verdade sobre o bem-estar... e sou grata por isso.

Eu não fazia nem ideia de que meu Tapete Mágico voltaria à minha vida aos vinte e poucos anos, mas ele voltou. Aconteceu quando eu era uma verdadeira hippie dos anos 1960, digo isso com orgulho. Foi uma época maravilhosa de se viver, as grandes ideias de mudança desabrochavam como flores na terra... por todo lado, havia revolucionários que lutavam pela mudança e por um mundo melhor. Nascia um novo movimento. Foi uma bela época de celebração. O novo paradigma de mudança social estava se desprendendo do pensamento convencional e trazendo novas possibilidades para a humanidade. Essa erupção humana já não adormeceria... parecia que tudo estava acontecendo ao mesmo tempo, não por meio da tecnologia, mas por meio da interação pessoal. Foi uma época extraordinária.

Entre as muitas coisas fascinantes que estavam acontecendo naquela época estava a iniciativa da Índia, enviando grandes gurus para os EUA, um após o outro. Foram nomes como Paramahansa Yogananda, Maharishi Yogi, Yogi Sacinandana, Swami Muktananda e muitos outros que vieram ao país. E havia um jovem professor de 16 anos, Hans Ji Maharaj, que criou, com sua família, uma organização chamada Missão da Luz Divina. Esse jovem guru tinha uma mensagem poderosa para me dar; uma mensagem que me levaria de volta ao meu Tapete Mágico e mudaria minha vida para sempre.

O encontro com Hans Ji Maharaj começou na Evergreen State College, a primeira faculdade totalmente credenciada nos EUA a não usar um sistema de notas para avaliar o progresso dos alunos. (Na maioria das faculdades, acreditava-se que os alunos equivaliam à sua média de notas. Evergreen, no entanto, usava contexto e explicação para avaliar o desempenho, não meras letras de "A" a "F", como era o costume. Avaliações detalhadas destacavam o trabalho dos alunos e forneciam exemplos específicos de seu progresso.) Evergreen era o lugar perfeito para mim, um campus inteiro cheio de pessoas afins, vindas de toda parte dos Estados Unidos e do mundo. A liberdade que experimentei lá me permitiu seguir meus instintos naturais, ou seja, focar principalmente a psicologia transpessoal e as artes. Descobri, para minha surpresa, que eu era uma estudante brilhante de psicologia. Eu estava meio que me tornando uma celebridade... a faculdade tinha altas expectativas a meu respeito.

Em um fim de semana, a Evergreen organizou um enorme Simpósio Espiritual, e todo tipo de pessoa incrível e espiritualizada compareceu... Foi um evento maravilhoso. Um dos palestrantes foi Swami Sacinandana, o fundador da Sociedade Internacional para a Consciência de Krishna. Eu estava na sacada do auditório olhando para Swami, que estava sentado na posição de lótus com suas roupas brancas e bonitas, lindos cabelos longos e barba enorme. O auditório estava lotado com três ou quatro mil pessoas buscando iluminação. Percebi que ondas de energia emanavam do Swami, como as ondas de calor de uma estrada em um dia quente de verão. Perguntei a Jim, hoje meu ex-marido: "Está vendo aquelas ondas saindo do Swami Sacinandana?", mas ele disse que não. Eu sabia que precisava investigar esse fenômeno estranho, então decidi descer pelo auditório e, quando Swami saísse do palco, me encontrar com ele.

Assim que ele saiu do palco, me viu ali de pé. Sorriu e se curvou para mim. Então quase caí quando o senti me transmitir um grande *shaktipat*. Não senti mais o chão, fiquei flutuando em um estado de bem-aventurança, de consciência cósmica, pelos próximos oito meses. Esta experiência me convenceu a assumir um profundo compromisso com o meu caminho espiritual.

Pouco depois dessa experiência com Swami Sacinandana, percebi que Hans Ji Maharaj começou a me visitar em meus sonhos e me pediu para ir a San Diego com Jim, que era meu marido na época, para conhecê-lo e receber conhecimento. Dizem que o conhecimento é o dom da Luz, do Som, da Palavra e do Néctar... só sei que minha vida mudou quando finalmente recebi esse saber.

Nessa época eu era uma Meditadora Transcendental e praticava yoga e tai chi, usando técnicas sagradas de respiração profunda. Eu poderia explodir uma casa com meu *OM*, tinha incorporado práticas espirituais em minha vida diária; não era mais uma iniciante idealista.

Decidi ir a San Diego com Jim para conhecer o Guru. Quando chegamos, nos vimos em uma linda casa perto da praia com outras quatorze pessoas. Estávamos prestes a nos tornar iniciados na Missão da Luz Divina, a cerimônia durou cerca de uma hora e meia, talvez um pouco mais.

Foi então que me reconectei com meu Tapete Mágico da infância. Entramos no santuário de meditação, onde fomos orientados a sentar em círculo e nos instruíram sobre a iniciação que estávamos prestes a receber. O Guru e sua comitiva de ajudantes queriam ter certeza de que nossa decisão, antes de receber o conhecimento, fosse a mais esclarecida possível. Algumas pessoas decidiram não ser iniciadas e deixaram o círculo; elas foram abençoadas e saíram da sala. Não houve pressão alguma — era um convite aberto para participar ou não, e eu estava altamente motivada a participar.

O Guru veio até mim e me perguntou se eu tinha muita, mas muita certeza mesmo de que queria me tornar iluminada, porque uma vez iluminada, a pessoa nunca mais pode perder essa luz. Eu disse: "SIM, SIM, quero me tornar iluminada." Eu estava infeliz por não ser iluminada... então ele disse "tudo bem", estendeu a mão e pôs o dedo na região do meu terceiro olho. Foi quando começaram os fogos de artifício. Minha cabeça se iluminou como a estrela mais brilhante de todos os tempos, e todas as informações sobre psicologia que eu tinha adquirido recentemente na Evergreen sumiram da minha cabeça. Lembro-me de pensar: *Acabei de entrar na consciência cósmica.* Foi uma experiência totalmente emocionante e alucinante, mudou minha vida para sempre.

As sensações físicas foram incríveis. Todos os meus chakras começaram a girar, e poderosas ondas de energia me subiram dos pés ao topo da cabeça e começaram a pulsar intensamente para cima e para baixo no meu corpo. Não sei quanto tempo isso durou, eu estava totalmente envolvida na experiência. Comecei a notar que estava fora do meu corpo. Olhei para baixo e percebi que estava de volta ao meu Tapete Mágico voando pelo universo... foi incrível ter o universo me dizendo: "Você não é louca, estava mesmo em um tapete mágico quando era criança." Senti como se Deus tivesse me envolvido em amor, e só houvesse uma jornada suave e tranquila à minha frente.

Quando a cerimônia foi concluída, nos instruíram, Jim e eu, a meditar juntos e nos esforçar para nos unirmos como um casal. Eu e ele estávamos sentados de frente um para o outro quando começamos a meditar. Lembro que foi uma meditação poderosa e, novamente, que me senti envolvida na experiência. Eu estava muito alheia e muito tranquila e me deixei levar.

Ao sairmos da meditação, Jim me disse que, enquanto estávamos meditando, ele olhou para mim e viu que eu estava dentro de um triângulo azul royal, flutuando a cerca de dez centímetros acima do solo. Não me lembro de levitar, mas tenho certeza de que levitei... Jim era a última pessoa que acreditaria que eu poderia fazer isso. Ele disse que seu primeiro pensamento foi: *Depois disso não há como ela voltar para a fazenda!* Estava certo: esse foi o começo do fim do nosso casamento, embora continuemos amigos até hoje.

Como essa experiência incrível impactou minha vida? Ela me deu uma visão crucial: somos todos viajantes universais com acesso a todo o universo e a todo o Campo Akáshico, não importa onde estejamos ou quantos anos tenhamos. O Campo Akáshico não tem idade, e nossa inocência infantil é um estado de bem-aventurança, discernimento e alegria. Abraçar a consciência da infância é vital. Está escrito: "Tornai-vos como criancinhas e entrareis no reino dos Céus."

Minhas experiências incomuns me levaram além do alcance de minha consciência cotidiana, a algo que vim a ver como uma forma de superconsciência. Fui arremessada anos à frente na trilha da minha vida. Vivenciei a transformação que conhecemos como evolução espiritual.

Nicolya Christi
Mística, Visionária, Futurista

Ao longo da minha vida, tive extensas experiências espirituais, que ocorreram durante um período concentrado de experiências extracorpóreas (EECs) que durou cinco anos, entre junho de 1997 e março de 2002. Outras experiências espirituais ocorrem até hoje. Elas deram origem a revelações metafísicas profundas, intensas e muitas vezes únicas, que formaram a base do meu trabalho como visionária, futurista e escritora.

Se houve alguma experiência particular e especialmente profunda que me levou às ideias que formam a base de minha filosofia? A resposta a essa pergunta é "sim" e "não". Cada manifestação extradimensional trouxe consigo uma perspectiva, percepção e compreensão mais ampla e profunda das suprarrealidades que sustentam, "superiluminam" e, por fim, direcionam o que nós, seres humanos, chamamos de "vida".

Cada experiência independente serviu para facilitar uma maior compreensão da "realidade maior" que é a vida *além* desta vida terrena; ou, do ponto de vista humano, *a vida após a morte*. Uma experiência espiritual sempre apresentava uma revelação única e profunda que era, por si só, extraordinária, e assim, cada uma delas foi somada ao "todo" e aprofundou minha compreensão.

As Raízes do Meu Redespertar Espiritual — Quando, Onde e Como?

Quando exatamente começou meu redespertar espiritual? Teria sido resultado de um único evento… uma coincidência, talvez… ou uma substância psicoativa que ingeri? Não, não foi nada disso. Meu despertar começou na minha infância, quando descobri que era capaz de perceber luzes, cores, orbes e auras ao redor de pessoas, animais e plantas. Como uma jovem empática de nascença, eu era capaz de me conectar aos outros e sentir seus sentimentos como se fossem meus. Podia "ver" além de seus condicionamentos culturais e condutas sociais. Frequentemente entrava em contato com adultos que comentavam sobre meu olhar "enervante", "intenso" e/ou "penetrante" e sobre a experiência deles de sentir que eu conseguia *"ver suas verdadeiras intenções"*. Isso talvez tenha sido um prelúdio da minha habilidade posterior de explorar os maiores mistérios que existem além deste mundo mortal.

Desde cedo, percebi também que nossos pensamentos influenciam nossa realidade. Isso ficou claro depois de ter várias "visões" menores, que depois aconteceram de verdade. Um exemplo foi o dia em que fui picada no pé por uma abelha que voou para dentro do meu sapato, sendo que tinha imaginado esse cenário momentos antes. Lembro-me vividamente de observar a abelha na janela. O pensamento que surgiu em minha mente foi: *Não seria horrível se aquela abelha entrasse no meu sapato e picasse meu dedão?* Instantes depois, foi exatamente isso que aconteceu! Esses pensamentos eram mesmo meus ou eram os de um amigo ou inimigo desencarnado? Foi um ensinamento de um guia luminoso ou, talvez, de um fantasma malévolo que, sem que soubéssemos, passou a residir na casa da família? De qualquer forma, foi muito útil que uma percepção dessas tenha me vindo quando eu era jovem e impressionável.

Por volta dos 6 ou 7 anos, comecei a me comunicar com um "poder superior". Inexistia influência espiritual na casa em que cresci, pois meu pai era ateu e minha mãe sempre se referia a "Deus" como "ter os boletos pagos sem gastar nada". Existem circunstâncias "especiais" que fazem uma criança ser mais aberta ao metafísico do que outras? Por exemplo, ser criado em uma casa ou comunidade espiritualizada torna a pessoa mais aberta? Não acredito nisso, pois minha própria casa era totalmente desprovida de qualquer coisa remotamente espiritual ou criativa e, ainda assim, as questões do Espírito saturavam minha experiência pessoal do mundo naquela época.

Seres do Futuro — Família Interestelar. Quando eu tinha 7 anos, ganhei um concurso de escrita na categoria de melhor conto, que narrava a história de seres interestelares do futuro que visitavam regularmente nosso mundo com o propósito de reunir indivíduos específicos e levá-los de volta à sua pátria distante nos céus estrelados. Eles ensinavam e guiavam seus "hóspedes" gentilmente, depois os devolviam às suas vidas cotidianas na Terra. O título da história era "O Estranho Cheiro dos Estranhos Buttercups", e seus eventos ocorriam em um campo macio, dourado e perfumado, coberto de flores de um amarelo cor do sol. Caminhando por ele e respirando seu aroma requintado, a pessoa entrava em um estado de transe, e era então que nossos benfeitores amigos ETs chegavam.

Anos depois, nas primeiras horas de uma manhã de verão, quando morava na espetacular costa atlântica em Zennor, Cornwall, cercada por nada além de uma charneca rústica e um oceano a céu aberto e vasto, acordei de repente com a visão de uma espaçonave "alienígena" pairando do lado de fora da janela do meu quarto. Ela ficou ali por um tempo, alguns minutos, ou talvez apenas alguns segundos, e então desapareceu em um lampejo. Fiquei com a nítida impressão de que os seres dentro da nave me conheciam, e vice-versa. Será que eu tinha acabado de voltar para minha cama depois de uma viagem interestelar "para casa"? Na maioria das vezes, esses encontros raramente são lembrados. Lembro que não senti medo na época, apenas uma sensação de familiaridade, de família, e que me senti segura por *eles* estarem por perto, embora, em geral, não conseguisse nem os ver nem me lembrar deles.

Transe Escolar. O mundo em que vivi quando criança era totalmente dominado pelos adultos e por suas experiências. Isso evoca um velho pensamento vitoriano que diz que as crianças devem ficar quietas e se comportar. No entanto, em muitos aspectos, meu mundo transcendia meu ambiente tridimensional comum. Eu passava os dias na escola praticamente só olhando pelas janelas durante o tempo de aula, imersa em um mundo de sentimentos e imaginação. Na minha opinião, o sistema escolar arcaico não conseguia me afastar de meus devaneios e era incapaz de atender às minhas necessidades espirituais e criativas, bem como às das outras crianças. Tudo no mundo me parecia antiquado, denso, pesado e *lento,* com seus tantos sistemas — hospitais, escolas, comércio, indústria, bem-estar animal, viagens (aviões, trens e automóveis…), empregos, bancos, autoridades globais, configurações políticas e governamentais etc. Mesmo assim, eu vivia em um mundo de pensamentos inconstantes e voltados para o desconhecido. Sempre fui curiosa com relação à natureza das coisas, dos humanos, dos reinos vegetal e animal, ao funcionamento dos mundos material, natural e espiritual, e à sua relação, se ocorria em harmonia ou justaposição.

Amor, Deus e Tudo. Um dos meus passatempos favoritos era o mesmo de muitas outras crianças: deitar-se na grama verde e macia e olhar para o céu. Eu fazia isso muitas vezes, ficava imaginando... sempre me perguntando: *O que existe além desta vasta paisagem celeste?*

Essa pergunta me perseguiu quando eu era criança e adolescente. Por fim, duas décadas e meia depois, encontrei a resposta, após cinco anos de experiências extracorpóreas, que envolveram encontros e comunicação diretos e sobrenaturais. A resposta foi ficando mais clara para mim após um misterioso e insondável colapso físico que ocorreu de 2002 a 2009 e mudou minha vida.

Lembro que me sentia como uma criança repleta de AMOR, mas o ambiente em que eu havia encarnado (centro de Londres) não era nada receptivo a isso. Era um habitat contraído, movido pelo medo, marcado por uma falta tangível (visível ou verbal) da expressão do amor, que estava praticamente ausente tanto na comunidade local quanto na mais ampla. Ainda assim, eu orava regularmente para um poder superior totalmente amoroso e benevolente, pois a ideia de uma dimensão superior era algo tão real para mim quanto minhas mãos unidas em oração.

Aos 17. Um incidente ocorreu aos 17 anos, era primavera, e eu estava trocando a água de alguns narcisos em um vaso. Quando puxei uma folha moribunda para tentar removê-la, uma forte voltagem elétrica passou pelos meus dedos, subindo pela minha mão e meu braço. Isso me fez parar, e percebi imediatamente que a folha estava me censurando por tratá-la insensivelmente, e que tentara se defender. Rapidamente me desculpei e, desde aquela época, nunca mais me aproximei de nenhuma planta (ou qualquer ser) sem o maior respeito.

A folha do narciso me ensinou que ela era um ser vivo, sensível e consciente, assim como eu. Demonstrou que estamos todos interligados; que todos nós valorizamos a vida e o viver; e que todos nós precisamos de um contato gentil, consciente, amoroso e centrado no coração, e uma comunicação atenta e cuidadosa. Ela me transmitiu a sabedoria de que os humanos não são superiores ou maiores do que quaisquer outros seres vivos, pois todos nós somos iluminados por um poder superior supremo que eu chamo de FONTE/AMOR, mas outros podem definir com um dos muitos nomes de "Deus".

Certa noite, desmaiei duas vezes no espaço de meia hora. Nos dois desmaios, me vi correndo por um longo e escuro túnel em direção à luz proverbial em seu fim. Comecei a me aproximar, mas voltei. Mais tarde naquela noite, fui levada ao hospital para tentar descobrir por que isso havia acontecido, mas não me deram nenhuma explicação. O impacto desse acontecimento mudou minha vida radicalmente, da noite para o dia; eu deixei de ser uma adolescente confiante, despreocupada e extrovertida, e fiquei introvertida, cheia de ansiedade e medo. Tornei-me agorafóbica, claustrofóbica e sociofóbica. No entanto, duas décadas depois, quando finalmente superei e transcendi essa fase da minha vida, agradeci as bênçãos daquela condição debilitante e angustiante, e todas as suas limitações, ao reconhecer que ela serviu para catalisar uma crise existencial em mim. Fui impelida a uma jornada de autodescoberta e autolibertação sem limites, lançada no caminho da Autorrealização e Autoatualização, na busca exaustiva para compreender *quem eu realmente sou*.

UM AVANÇO PSÍQUICO. Com o amadurecimento de criança para adolescente e para adulta, continuei a ver campos de energia, auras, cores e orbes ao redor de pessoas, animais e plantas. Meus chakras frontal e coronário tornaram-se cada vez mais ativos, resultando em noites que trouxeram um caleidoscópio de redemoinhos, cores, formas e padrões em expansão e contração, que muitas vezes se transformavam em "cenas" aleatórias da vida de pessoas que me eram desconhecidas e se desenrolavam na tela interna do meu terceiro olho. Foi como se eu estivesse extraindo o saber de uma biblioteca Akáshica de filmes, acessando recortes de vidas e eventos históricos.

Três Gigantes Espirituais e Os Luminosos. Para voltar à questão do início do meu despertar espiritual e consciente, eu diria que começou na minha infância, mas o verdadeiro ponto de virada ocorreu quando eu tinha 17 anos, com a descoberta de Omraam Mikhaël Aïvanhov, Carl G. Jung e Mohandas K. Gandhi — todos na mesma época. Esses gigantes psicoespirituais ativaram as sementes da minha futura vocação como visionária, escritora e como professora de integração psicológica (Jung), evolução consciente (Gandhi) e despertar espiritual (Omraam), que estavam adormecidas em minha psique. Estas são as três pedras fundamentais que sustentam o meu trabalho. A outra força instrumental foi/é minha conexão com os "seres do futuro" que se apresentaram pela primeira vez na minha infância, mas que se estabeleceram como características regulares em minha vida por volta dos meus 20 anos, época em que esses Seres de Luz foram revelados como "Os Luminosos".

Integração Psicológica, Evolução Consciente e Despertar Espiritual. Minha infância, adolescência e meus vinte e poucos anos foram um período de acelerado despertar espiritual e psíquico, ao passo que mais tarde, dos vinte e tantos aos trinta, fiquei focada na cura e na integração psicológicas. A espiritualidade sem integração psicológica resulta no que chamo de "síndrome do balão" — em outras palavras, em uma espiritualidade em grande parte sem fundamento.

E a consciência psicológica, quando não unificada com o Eu espiritualmente desperto, pode levar a mente e o intelecto a se tornarem excessivamente desenvolvidos e dominantes e, portanto, incapazes de cumprir seu verdadeiro potencial como dons facilitadores, positivos e eficazes para a evolução consciente do indivíduo no mundo. Meus trinta e tantos anos me trouxeram a consciência da existência da ponte que existe entre a integração psicológica e o despertar espiritual: a *evolução consciente*. Este é o fenômeno que Barbara Marx Hubbard muitas vezes se refere como nossa capacidade de *evoluir por escolha, não por acaso*.

Uma Breve Cronologia. Cronologicamente, minha jornada que me levou à revelação espiritual se desenrolou da seguinte forma:

- Experiências psíquicas na infância.

- Despertar espiritual aos 17 anos.

- A presença de seres sem forma, que eram pura luz e começaram a me visitar e me cercar desde meus vinte e poucos anos (os mesmos seres que eu percebia em raras ocasiões quando eu era criança).

- Anos de formação e estudo aprofundado de várias abordagens psicoterapêuticas transpessoais e humanísticas, incluindo Psicossíntese (Roberto Assagioli) e Psicoterapia de Processo Central (Budismo).

- Cinco anos de experiências extracorpóreas regulares (muitas vezes diárias), começando em junho de 1997. Toda a minha jornada psíquica, metafísica, espiritual e psicológica de despertar me preparou para isso e tudo o que veio depois foi fundamentalmente influenciado e orientado por elas. Em novembro de 2002, conduzi esses episódios conscientemente a uma certa conclusão, oito meses depois do meu colapso. Desde então, ocorreu apenas uma EEC em outubro de 2009 que definiu minha realidade. (No entanto, experiências metafísicas menos intensas, mas mesmo assim altamente informativas e perspicazes, continuam acontecendo.)

- O colapso que levei sete anos para superar ocultava mais do que se mostrou evidente à primeira vista. As perguntas "Por quê?" e "Qual o propósito disso?" eram pessoais e existenciais. Esses sete anos me mudaram definitivamente e transformaram não apenas minha vida, mas minha compreensão de Quem Realmente Somos, Por

Que Realmente Estamos Aqui, De Onde Realmente Viemos e Para Onde Vamos Quando "Morremos".

Retorno da Vida — Manifestação do Propósito. Assim que minha vida começou a avançar, em março de 2009, meu propósito mais elevado se manifestou imediatamente. Eu só perceberia depois que, ao quase interromper as EECs, meus amigos de dimensão superior ("Os Luminosos") encontraram outra maneira de trabalhar comigo, bem como de me usar como intermediária. Assim, entrei na jornada para ser escritora visionária e futurista. *Todo* o meu trabalho é baseado no que eu exploro pessoalmente ou vivencio diretamente.

Em Suma. Enquanto continuo a contemplar as realidades mundanas, terrenas, metafísicas e espirituais e as grandes questões existenciais, sempre retorno ao mesmo entendimento fundamental, à mesma compreensão, à mesma percepção fundamentada: *Somos AMOR, Somos do AMOR, e quando saímos deste reino terrestre, é ao AMOR que retornamos.*

Quando penso sobre tudo o que aconteceu desde minha infância, chego sempre à mesma conclusão:

- **Experiência Espiritual** — *Quem Realmente Somos?*
  - Revelação Metafísica — Nós Somos AMOR.
- **Experiência Espiritual** — *Por Que Realmente Estamos Aqui?*
  - Revelação Metafísica — Para ser AMOR.
- **Experiência Espiritual** — *De Onde Realmente Somos?*
  - Revelação Metafísica — Somos do AMOR.
- **Experiência Espiritual** — *Para Onde Vamos Quando "Morremos"?*
  - Revelação Metafísica — Retornamos ao AMOR.

O AMOR é DEUS/CONSCIÊNCIA/EXISTÊNCIA EM SI — uma FONTE inquantificável, imensurável, indeterminável, incalculável, indefinível e infinita.

Federico Faggin
Empreendedor, pioneiro de software

Nasci na Itália durante a Segunda Guerra Mundial e fui educado na religião católica, recebendo uma dose generosa de doutrinação.

Desde cedo, me interessei por inventar e construir coisas. Estudei física porque queria entender as ideias fundamentais que explicam o funcionamento do mundo com o propósito de, com isso, resolver melhor os problemas práticos. A ciência parecia oferecer uma certeza que a religião não oferecia, e aceitei gradativamente a visão materialista da realidade sem questionar muito, porque eu era mais de fazer do que de filosofar.

No final da década de 1960, casei-me e mudei-me para o Vale do Silício, na Califórnia, onde tive uma carreira de sucesso como inventor e empreendedor, fundando algumas empresas de alta tecnologia.

Quando me tornei adulto, não podia mais aceitar o dogmatismo das religiões e abandonei as crenças que pareciam infundadas e arbitrárias. Aos trinta, o único vestígio de religião que restava em mim era a ideia de que devia haver um "Deus", de alguma forma. Eu só o imaginava como um princípio criativo porque o universo não poderia ter se criado sozinho, a menos que "universo" fosse outro nome para Deus.

Aos quarenta, aceitei plenamente a visão de mundo materialista e concluí que, quando morremos, é fim de jogo, porque a consciência precisa ser uma propriedade da matéria, já que apenas a matéria existe. Portanto, quando o corpo morre, a consciência faz o mesmo. Eu sentia que a realidade era assim mesmo. Simples. Não era grande coisa, não adiantava ficar batendo nessa tecla.

Sem saber, eu ainda estava hipnotizado, tendo aceitado sem questionar as ideias materialistas sobre a realidade.

Senti que, mesmo que Deus existisse, Ele devia estar muito distante dos assuntos humanos, desinteressado demais para ter algum impacto em nossas vidas individuais. Como minha vida é efêmera e Deus não se interessava por mim, eu não tinha motivos para me interessar por Ele.

Uma Crise Profunda. No final da década de 1980, eu tinha uma família linda e saudável, com três filhos, era bem-sucedido na tecnologia e nos negócios e rico o suficiente para não precisar trabalhar nem mais um dia na minha vida. O que mais eu poderia desejar? Tive muita sorte e consegui tudo o que, segundo o senso comum, deveria me fazer feliz.

Porém, justamente quando eu estava no auge do meu sucesso, percebi uma profunda insatisfação dentro de mim. Eu estava *muito* infeliz, mas fingi que não, porque queria me impedir de vivenciar meu desespero. Eu vivia me escondendo em um casulo artificial que construí para me proteger, para não precisar sentir meus sentimentos mais profundos e genuínos. Minha felicidade era apenas uma *imitação*.

E, no entanto, eu não conseguia entender como podia estar tão infeliz tendo conseguido tudo o que o mundo dizia ser necessário para a felicidade. Eu me perguntava: "O que está errado?"

E junto a esta, mais duas perguntas que eu evitava me preocupavam e ressurgiam insistentemente: "Qual é o sentido da vida?" e "O que eu quero da minha vida?".

Na minha criação, a religião me deu respostas cheias de esperança antes que eu tivesse maturidade para fazer, primeiro, as perguntas. Ter fé cega, no entanto, exigia abrir mão da minha racionalidade e do direito de pensar com minha própria mente. Isso era pedir demais. Por outro lado, a ciência havia nos tirado até a esperança de que a esperança existia, porque descrevia um mundo distópico, sem alma e mecânico.

Tendo aceitado a visão da ciência, eu já não podia me contentar com fragmentos de sabedoria espalhados por aí, que enalteciam virtudes: beleza, compromisso, altruísmo e conhecimento. Todas elas pomposas, mas vazias, pois não passavam de construções humanas, ilusões que se desvaneceriam frente à certeza de nossa morte. Eu me perguntava: "vivo para quê?", e, ao mesmo tempo, sentia-me compelido a manter a fachada devido às minhas responsabilidades de marido, pai e CEO de uma empresa promissora que envolvia o bem-estar de outras pessoas. Contudo, eu me sentia quase morto por dentro.

Naquela época, eu também estudava biologia e neurociência e desenvolvia redes neurais artificiais na tentativa de projetar um computador cognitivo. Durante essa investigação, enquanto eu penava para entender como a consciência poderia emergir de uma organização complexa da matéria — a "explicação" incompreensível dada pela ciência — percebi pela primeira vez que a consciência é um mistério.

Eu não conseguia compreender como que as sensações e os sentimentos podiam surgir de sinais elétricos ou bioquímicos. Logo fiquei fascinado por esse assunto, realmente queria saber como os sentimentos poderiam brotar da matéria, que não tinha nenhum. A ciência estava me oferecendo uma pseudoexplicação e me pedindo para acreditar, exatamente como a religião havia feito antes.

Não percebi à época, mas chegara ao fundo do meu "sofrimento espiritual" e pedi ajuda. *Eu rezei,* não verbalmente, nem mesmo conscientemente, rogando ao universo por respostas para minhas perguntas fundamentais: "A morte é realmente o fim de tudo?" e "Qual é o sentido da vida?"

E toda vez que eu chegava naquele lugar desesperado, onde minha vida parecia ser totalmente sem sentido, eu percebia no fundo de minha consciência um *ponto de luz* fraco, mas persistente, contra um fundo escuro. A esperança naquela luz fraca era suficiente, apesar do meu desespero.

Uma Iluminação Súbita. Em dezembro de 1990, eu estava com minha família em Lake Tahoe durante o recesso de Natal e acordei por volta da meia-noite para beber um copo de água. Quando voltei para a cama, fiquei esperando em silêncio para adormecer novamente e, de repente, senti uma poderosa onda de energia amorosa fluir do meu peito. Foi algo que nunca sentira antes e nem imaginava que fosse possível.

O sentimento claramente era amor, mas era tão intenso e tão incrivelmente gratificante que superava qualquer definição concebível. Ainda mais inacreditável foi que *eu era a fonte* deste amor. O que vi foi um amplo feixe de luz branca cintilante, viva e beatífica jorrando do meu coração com uma força incrível.

Então, de repente, aquela luz explodiu, encheu a sala e depois se expandiu para abraçar todo o universo com o mesmo brilho branco.

Eu *percebi,* então, sem sombra de dúvida, que aquela era a "substância" que compunha tudo o que existe. Foi isso que criou o universo *a partir dele mesmo.*

Então, com imensa surpresa, percebi que *eu era aquela luz!*

A experiência durou menos de um minuto e me mudou para sempre.

O que a tornou surpreendente foi sua perspectiva "impossível", porque eu fui *tanto* quem fazia o experimento *como* a própria experiência. Pela primeira vez na minha vida, fui, ao mesmo tempo, o mundo e seu observador, o mundo observando a si mesmo! E, paralelamente, eu estava *consciente* de que ele é feito de uma substância que parece amor!

Em outras palavras, a essência da realidade é uma substância que se conhece em sua autorreflexão, e seu autoconhecimento parece um amor irreprimível e dinâmico.

Essa experiência continha uma força de uma verdade sem precedentes, porque me parecia verdadeira em todos os níveis do meu ser: No nível físico, meu corpo estava vivo e vibrante como nunca; no nível emocional, eu me sentia uma fonte de amor de poder impossível; e no nível mental, tive a certeza, pela primeira vez, de que tudo é "feito" de amor. Essa experiência também revelou a existência de outro nível de realidade: o espiritual, no qual me senti integrado ao mundo.

Isso foi um *saber direto,* mais forte do que a certeza que a lógica humana nos fornece — um conhecimento *de dentro para fora,* não de fora para dentro. Um saber que envolveu pela primeira vez a concomitância de todos os meus aspectos conscientes: o físico, o emocional, o mental e o espiritual. Gosto de pensar que *vivenciei* minha própria natureza tanto como uma "partícula" quanto como uma "onda", para usar uma analogia da mecânica quântica que é impossível de compreender com nossa mente lógica e ordinária.

O aspecto de partícula é a capacidade de manter minha identidade única apesar de também *ser* o mundo, que é o aspecto de onda. Minha identidade é esse ponto de vista único utilizado pelo Uno — tudo o que é, a totalidade do que existe — para se observar e se conhecer.

Essa experiência manteve sua intensidade e sua clareza originais durante todo esse tempo, ela mudou minha vida *de dentro para fora,* e seu um impacto poderoso continua até hoje.

A Dificuldade do Relato. Percebo como é difícil descrever o que aconteceu comigo para quem nunca vivenciou algo semelhante. Antes de meu despertar, se alguém me contasse uma ocorrência semelhante, eu teria desmerecido o relato, dizendo que fora resultado de uma imaginação vívida — um devaneio sem qualquer realidade.

Portanto, simpatizo com o ceticismo. No entanto, essa experiência vívida ocorreu quando eu estava totalmente acordado e alerta, revelando uma "realidade" ainda mais real do que o mundo físico, que eu pensava anteriormente ser a *única* realidade.

Imagine uma criatura marinha que vive nas profundezas e nunca viu o leito do mar, a superfície dele e nem a luz do sol, e que está convencida de que não existe nada além do azul infinito em que vive. Qual não seria a sua surpresa se fosse retirada da água e pudesse experimentar a luz ofuscante e o calor do sol! E se ela percebesse que o mar "acaba" em uma "superfície ondulada", de cuja existência ela não tinha a menor noção! Ainda mais incrível seria a visão do "céu" com "nuvens" se movendo e "pássaros voando", sem falar em uma "ilha" ao longe com "terra firme" e "árvores".

De volta ao seu ambiente, essa criatura acharia impossível convencer seus companheiros de que o mar não é a única realidade, de que ele é finito e de que, além dele, há outro mundo feito de... e nesse ponto ele perceberia que as palavras para descrever o que havia vivenciado de forma tão intensa e clara não existem.

Incompreendida e ridicularizada, ela renuncia a falar novamente de sua experiência, embora a guarde para sempre em seu coração, segura de que é real, ainda que não possa descrevê-la adequadamente.

Da mesma forma, nunca duvidei da veracidade da minha experiência.

O Impacto da Experiência do Despertar. Meu despertar me abriu as portas para um período de intensa exploração psicológica e espiritual que continua até hoje. Nos anos seguintes, fui presenteado com muitas experiências extraordinárias que incluíram sonhos vívidos, intuições profundas e outros estados de consciência que expandiram muito meus conceitos de realidade, anteriormente limitados, restringidos por ideias preconcebidas.

Cerca de dez anos atrás, cheguei à conclusão de que a consciência não pode ser um produto da matéria, mas que deve ser uma propriedade da *luz viva* que experimentei. A consciência, suponho, deve ser a capacidade dessa luz de se perceber e se conhecer. Essa "luz" também deve ser a "coisa" da qual tudo o que existe é "feito", a fonte indivisível que forma a Matéria, a Energia, o Espaço e o Tempo (MEET) de nosso universo físico. Tudo o que existe é, portanto, consciente, e o universo tem um propósito e um significado que o materialismo nega.

Em 2011, criei, com minha esposa, a Fundação Federico e Elvia Faggin, dedicada ao estudo científico da consciência sob a hipótese de que ela é uma propriedade *irredutível* da natureza. Eu venho participando deste estudo em tempo integral desde 2008.

Minha ideia atual — um trabalho ainda em andamento — é que a luz viva consciente que vi, que agora chamo de *nousym* (junção de *nous* — "mente" em grego — e *symbol* — símbolo em inglês), tem dois aspectos irredutíveis: um semântico interno e um informacional externo, sendo que o segundo é reflexo do primeiro. A nousym se manifesta na forma de campos conscientes elementares chamados Unidades de Consciência (UCs), dotadas de uma identidade única, livre-arbítrio e capacidade de agir. Essa ação é a habilidade de uma UC se comunicar simbolicamente com outras.

Por meio das comunicações entre si, cada UC conhece a si mesma e às demais, e juntas também se combinam para criar organizações cada vez mais complexas de entidades conscientes, através das quais as pessoas aprofundam seu próprio autoconhecimento para sempre.

A física atual estuda apenas o aspecto informacional externo da realidade que pode ser descrito pela informação quântica. Essa informação é, no entanto, puramente *abstrata,* isto é, independente de qualquer significado. No modelo que estou desenvolvendo, o mundo material reflete o aspecto informacional da nousym, que é *inseparável* do significado interior. Portanto, essa informação externa é mais geral que a informação quântica, é o que chamo de *informação viva.*

Quando interagem entre si, as miríades de UCs e suas organizações formam todas as realidades para que possam se conhecer. "Conhece-te a Ti Mesmo" torna-se, então, o *princípio de organização* de toda existência.

Adrienne Feller
Professora de biocosmética, empreendedora

O lar em que cresci não era particularmente religioso. Nós só íamos à igreja em datas especiais. Morávamos perto da casa da minha avó e conseguíamos nos encontrar várias vezes por semana. Sempre que me via, ela me dava a Bênção Aarônica. Naquela época, eu não sabia o significado que esses momentos teriam para mim já mais tarde na vida.

A oração só tornaria parte de minha vida diária lá pelos meus 20 anos. Depois me casei, e o destino me levou a morar fora. Na minha morada estrangeira, eu precisava recorrer à minha força interior através da oração. Ainda lembro que quase sempre mantinha minhas mãos fechadas em oração. Foi nessa época que passei pela primeira vez por uma experiência espiritual — foi tão profunda que não consegui falar no assunto por vários meses. Mesmo depois de todos esses anos, não consigo encontrar as palavras certas para expressar o que vivi naquele dia.

Na época, lembro que disse que Deus havia me abraçado e, sussurrando para mim, me enchera de vida. Tudo que eu pensava sobre a vida mudou. A partir daquele momento, eu não tinha absolutamente nenhuma dúvida quanto à existência de uma inteligência espiritual superior no mundo. A fé, de repente, foi plantada em meu coração. Como não conseguia expressar o que me acontecera, estava convencida de que ninguém entenderia, então guardei minhas experiências para mim.

Pouco a pouco, elas tornaram-se parte de minha vida cotidiana. O Todo-Poderoso pretendia que a segunda parte da minha vida fosse preenchida com trabalho criativo, e fico feliz que minhas composições artísticas sejam orientadas espiritualmente. Eu sempre sabia quando a epifania criativa que formaria a base do meu próximo projeto estava por vir: ouvia um sussurro em meio a um silêncio completo. Comparo essa sensação a correntes e marés. Antes de obter essas epifanias, eu não tinha absolutamente nenhuma ideia do que deveria fazer, e sentia que não possuía a capacidade de criar nada que valesse a pena. Minhas experiências espirituais me permitiam sentir a chegada de uma maré baixa. Eu me sentia encorajada nessas horas, não desapontada, sabendo que logo estaria inspirada quando recebesse um presente da inteligência superior, que estava me usando como um instrumento para criar algo novo e significativo.

Com o passar dos anos, por meio da meditação, pude ouvir aquela voz interior com cada vez mais clareza. No começo, resisti, tudo parecia muito estranho e bastante complicado. Algumas tentativas decepcionantes quase me fizeram desistir. Apesar disso, eu acordava no meio da noite ao som daquela voz interior dizendo: "Mergulhe! Estamos esperando por você!"

Dez anos atrás, fui forçada a enfrentar novamente um incidente semelhante ao dos meus vinte e poucos anos. Este episódio ocorreu no verão, numa época em que estava infeliz já havia vários dias. Fui para a cama mais cedo do que de costume, porque estava me sentindo péssima. Achei que seria melhor tentar descansar do que pensar. Deitada ali, senti um forte puxão no meu coração. A princípio, não me assustei com isso, mas com o medo que veio depois. De repente, senti como se estivesse cercada de paredes, que me espremiam cada vez mais. Nunca tive contato com essas paredes antes, quanto mais eu tentava entender, mais sentia que estavam me sufocando. Então percebi que, se elas se fechassem mais, eu morreria. Um pânico inacreditável tomou conta de mim, mas eu não conseguia me mexer, estava paralisada. As paredes estavam se fechando mais e mais, enquanto isso, meus medos tomavam conta de todo o meu ser. Isso me abalou profundamente. Então, de repente, as paredes e todas as sensações aterrorizantes desapareceram. Elas não só se foram, mas deixaram uma espécie de serenidade que nunca havia sentido antes.

Quando finalmente voltei a mim, descobri que nunca, jamais, experimentara tanta calma antes. Então percebi que não estava em meu corpo. Pensei: *estou morta*. Minhas percepções corporais não pareciam ter sofrido nenhuma mudança, mas lá estava eu, sem corpo. Desesperadamente, pensei: *Não estou pronta para deixar minha vida para trás. Eu ainda tenho coisas para fazer. Tenho que criar meu filho e minha filha; meu marido não está preparado para ficar sozinho. Não posso morrer agora.*

Foi a partir desse momento que meus pensamentos fluíram naturalmente, seguindo exatamente o curso necessário para que eu recebesse as respostas de que precisava. Eu não sabia que um incidente assim poderia ocorrer aqui na Terra. Era tudo muito novo para mim, mas, ao mesmo tempo, parecia totalmente natural.

O universo se tornou inteiramente vasto. Eu via os planetas na minha frente, estava flutuando. Meu corpo foi dominado por uma sensação de serenidade, estava à deriva, como um peixe nas correntes oceânicas. Então, de repente, meu foco mudou, reconheci o ponto em que havia chegado e percebi o propósito da minha vida. Fiquei me perguntando: *Como não tinha pensado nisso até agora?* Senti um amor que nunca havia sentido antes, e ele formava todo o meu ser. O aspecto mais surpreendente disso foi que senti que amava todos, sem exceção. Não havia diferença entre o amor que eu sentia por meu filho e minha filha, ou por meu tio, embora desde pequena não me entendesse muito bem com ele. Eu amava todos com uma devoção igual, com um amor incondicional. Pensei: *Ah, então é assim que as coisas são. É disso que todos os livros tratam. Que intuitivo.* Senti como se eu mesma fosse o próprio amor. Tudo o que eu percebera como um problema antecipado deixou de existir nesse momento. O amor curou, substituiu. Não precisava de mais nada; já estava tudo lá.

Então um vasto livro se abriu diante dos meus olhos. Seu tamanho era indefinido, ao mesmo tempo minúsculo e monumental. Ou melhor, eu era ao mesmo tempo diminuta e vasta. Este livro continha tudo sobre a minha vida. Cada pensamento, momento feliz, adversidade, expressão e sequência de palavras, estava tudo lá. O livro se abriu e depois se fechou, e quando isso aconteceu, senti uma dor inacreditável no meu coração. *O que é isso?* Eu me perguntei, bem como ao universo, meus ajudantes, ancestrais e família, desesperadamente. *O que é essa dor dos infernos? Não consigo aguentar!* Então, uma espécie de cesta apareceu na minha frente. Não era bem isso, mas um tipo de pilha, um monte contendo todas as minhas dívidas, tudo o que eu devia. Comecei a procurar a causa da dor. Continuei cavando cada vez mais fundo, mas não consegui encontrá-la. Então, de repente, a semente da qual a dor se originou surgiu diante de mim. Ao vê-la, a dor diminuiu. Pude identificar a origem: NUNCA DISSE PARA MINHA MÃE O QUANTO A AMAVA!

Essa era a razão que me fizera infeliz por tanto tempo. Perguntei, mas sabia a resposta: "Será que eu era a única pessoa que poderia lhe dizer isso e fazê-la sentir meu amor?" A resposta era sim, já que me foi concedido o poder de amá-la, bem como o de amar todas as coisas e todos os seres. "Ah, como eu não notei? Como fiquei tanto tempo sem saber disso? Agora que estou aqui sem corpo, incapaz de abraçá-la, como posso corrigir isso, fazer as pazes com ela?" A dor tornou-se ainda mais aguda. Eu teria feito qualquer coisa para me livrar daquilo, não apenas para escapar, mas também porque cada célula do meu corpo ansiava por harmonia. Incorpórea, fui até minha mãe e gritei: "Mãe, eu te amo! Eu estou aqui, eu te amo! Está me ouvindo?" Mas ela não podia nem me ver nem me ouvir.

Tenho mãos, mas qual foi a serventia delas até então? Perguntei-me, desanimada. *Temos que usá-las para abraçar, acolher, amar. Qual a serventia da minha voz? Devemos usar nossas palavras para acalentar, acalmar e confortar.* Esses pensamentos me vieram um a um e entraram em minha consciência. Percebi, sem qualquer dúvida: *que evento imenso é nascer*! Implorei, desesperada: "Por favor, por favor, dê-me mais uma chance de voltar, reviver, acalentar, embalar e amar. Eu gostaria de ter apenas mais uma chance de espalhar a palavra do amor e viver a vida para a qual nasci. Por favor…" Naquele momento, senti um golpe poderoso em meu coração; senti como se tivesse sido jogada para frente. Voltei a mim: estava novamente em meu corpo.

Passei os dias seguintes na cama, em silêncio. A partir de então, não fui mais a mesma pessoa. Meus incidentes anteriores também foram importantes, mas este foi aterrorizante e significativo. O propósito da minha vida mudou.

Tive a oportunidade de entender que a vida é uma grande dádiva e que pode acabar rápido. Agora eu era capaz de entender por que minha avó sempre havia orado para que eu tivesse uma vida longa. Olhei para minha mãe, meu marido, meus filhos e meus alunos, com olhos totalmente diferentes. Quando vi minha mãe novamente, beijei suas mãos. Mal posso descrever a necessidade que tive de beijá-las, bem como as do meu marido e dos meus filhos. Entendi a humildade e o poder das relações humanas na vida.

Guido Ferrari
Jornalista, documentarista

No início dos anos 1980, dirigi um documentário televisivo sobre experiências de quase morte, um tema recém-descoberto na época. Desde que tive contato com as experiências pós-morte (EPM) relevantes d'*O Livro Tibetano dos Mortos*, decidi entrevistar um lama tibetano e lhe perguntar o que ele achava desse fenômeno que se popularizara.

Antes da entrevista, o lama sugeriu que eu ouvisse, junto a algumas outras pessoas, uma lição curta que ele daria sobre o budismo. Era um assunto no qual eu não tinha experiência, e suas palavras simples tocaram meu coração e despertaram memórias em mim. Senti como se já soubesse do que ele estava falando, mas esquecera. Ondas de calor irradiavam do lama, enchendo-me de amor e alegria. Eu estava completamente presente no momento e tive uma experiência que mudou minha vida.

Depois de focar minha consciência no amor por quem estava ao meu redor, tive a sensação de voar alto, passando pelo centro de uma mandala. Eu me vi em uma sala desconhecida com jovens monges, que eu sabia que eram meus antigos colegas de escola e que cumprimentei calorosamente. Atrás deles vi um monge de corpo forte e chapéu preto, imerso em meditação. Era o mestre deles, e fiquei intimidado com sua presença. Então tive a sensação de cair do céu e, na descida, revivi momentos da minha vida dominados pela raiva, que se desfez por inteiro. Novamente, me encontrei na sala de meditação, comovido, às lágrimas após essa experiência. Vivi em um estado de consciência e percepção superior e mais plena por semanas. Senti-me bem e alegre.

A experiência que acabara de viver fora totalmente real para mim: os jovens monges e o lama de chapéu preto devem ter existido em algum lugar, em algum momento. Perguntei e descobri que a sala era, de fato, um templo tibetano e que o lama era uma figura tibetana: o Karmapa. Este episódio foi a raiz de uma profunda mudança de paradigma para mim e levantou muitas questões.

Qual é a relação entre a vida cotidiana e essa experiência? Existem muitas formas de realidade?

O que é sonhar?

O que é um sonho lúcido?

O que é, de fato, a realidade?

Minha experiência foi uma memória de outra vida e, em caso afirmativo, a vida continua com a reencarnação?

Vivemos apenas no presente eterno? E quais são, então, nossas memórias extraordinárias?

O que é o tempo?

Vivemos nossas experiências por meio de nossa consciência? E o que é nossa consciência?

Minha visão do mundo era materialista e não tinha fundamentos para responder a essas perguntas, ou compreender a experiência que vivi. Dei início a um longo período de pesquisa para dar sentido à minha experiência, tentando explicá-la por meio da ciência e da espiritualidade, evitando dogmas. Estava ciente de que, para internalizar e processar essa experiência, eu teria que seguir meu próprio caminho.

Lembro-me de contar essa experiência a Ervin Laszlo a caminho do aeroporto de Veneza, lutando para encontrar palavras para expressar o que havia vivido. Ele me garantiu que estava ciente dessas experiências e estava trabalhando em alguns desses temas "impossíveis" para os quais a ciência tradicional não oferece resposta. Laszlo compartilhou algumas de suas ideias sobre a combinação da física quântica com antigas tradições espirituais para obter uma melhor compreensão. Desde então, tenho acompanhado seu pensamento assiduamente.

Depois da minha experiência, perguntei ao lama o que havia acontecido comigo. Ele sorriu e respondeu gentilmente que o importante era sentir o amor e viver com consciência e presença plena cada momento de nossas vidas. Disse que se apegar emocionalmente às próprias experiências seria um obstáculo para entendê-las.

Minha mente analítica ocidental estava ávida por explicações lógicas, e me senti um tanto desapontado. Eu ainda tinha muito a entender naquela época sobre o funcionamento da mente — como nossas emoções, pensamentos, memórias se originam de dentro e como, se não os abandonarmos, acabamos bloqueando nossas intuições espontâneas. O lama me ajudou com ensinamentos de "mente a mente": meditando em sua presença, tive experiências que me mudaram completamente.

Certa manhã, eu o vi se transformar em um lama antigo em profunda meditação, que reconheci graças a uma pintura antiga que conhecia. Em outra ocasião, vi meus pais, jovens, unidos em um abraço, como ilustrado nas pinturas tântricas tibetanas. Senti um amor puro, sem apego egoísta. Isso era uma parte de mim, e entendi que poderia evocá-lo e experimentá-lo novamente. Descobri que, dentro de mim, havia uma abundância de recursos que precisavam ser liberados. A sabedoria não deveria ser alcançada pelo meu cérebro, mas pela abertura do meu coração. Essa percepção me fez sentir calmo e sereno. Desde então, tento viver em harmonia com meus profundos recursos internos. Evidentemente, nem sempre é fácil...

Estudei a ética budista, me familiarizando com as entidades divinas que expressam aspectos da sabedoria básica. Aceitei os ensinamentos budistas sobre a consciência natural, sobre a percepção presente: *Rigpa*. Isso alimentou meu coração e me capacitou para compreender melhor a experiência que tive com o lama. Além disso, me ajudou a enfrentar a raiva que tinha de meu pai, pois, quando eu era jovem, ansiava pela sua ajuda e queria encontrar afeição por ele.

Embora minhas experiências incomuns fossem úteis, senti que eram incompletas porque visavam remodelar meu relacionamento com os outros em vez de me conectar com minha própria natureza mais profunda. Apesar disso, houve momentos de clareza e sonhos arquetípicos que me ajudaram a vislumbrar a existência de um desígnio oculto por trás de minhas experiências. Senti que minha pesquisa precisava continuar — precisava encontrar um novo caminho para me levar à Fonte.

Logo após minha experiência com o lama, participei de um congresso internacional sobre contato com outras dimensões da existência. Harald Wessbecher, um dos palestrantes, nos contou sobre suas experiências no Instituto Monroe, na Virgínia. Em completa escuridão, dentro de uma cabine com isolamento acústico, ele ouviu o som do Hemi-Sync enquanto flutuava em um leito aquático. Este som especial, desenvolvido por Robert Monroe, é propício para a sincronização dos hemisférios cerebrais e nos ajuda a entrar em estados alterados de consciência. As experiências de estado alterado de Wessbecher permitiram que ele visse coisas que aconteceram em locais muito distantes, que viajasse por outras dimensões, que entrasse em contato com os mortos, com seres de luz incorpóreos e muito mais. Fiquei maravilhado com suas histórias e, depois da conferência, participei de um seminário organizado por ele. Senti-me envolvido por um céu escuro infinito, acompanhado de duas esferas douradas que emitiam luz e uma música melodiosa. Compreendi que existem muitas maneiras de se alinhar com experiências incomuns ou induzi-las.

Alguns anos depois, participei de outros seminários no Instituto Monroe e pude experimentar diretamente alguns dos eventos de estado alterado que Wessbecher mencionara. Aprendi que, permanecendo totalmente consciente e entrando em estados alterados de consciência, podemos viajar pelo espaço e pelo tempo e viver eventos significativos. Lembro que uma dessas "viagens" foi particularmente significativa para mim, porque nela revivi a experiência de quase morte que vivenciei quando tinha apenas 3 anos. Senti meu corpo ficar cada vez mais frio, e minha mãe não podia fazer coisa alguma para me ajudar. Um sentimento de abandono invadiu minha consciência, e me vi no parque do hospital, fora do meu corpo. Então alguns idosos me disseram para voltar para o meu quarto e ir para a cama.

No seminário, perguntei o que poderia ter feito para trazer o calor de volta ao meu corpo. A resposta que recebi foi: "Perdoar."

Acessar nossa realidade multidimensional me levou a indagar mais sobre fenômenos como OVNIs, mediunidade e transcomunicação. Aqui vou citar apenas uma experiência em que o médium italiano Marcello Bacci fez uma transcomunicação por meio de um rádio antigo cujas válvulas podiam ser removidas sem interromper a transmissão. Ele pedia para falar com pessoas falecidas e recebia respostas pelo rádio. No meu caso, ouviu-se uma voz durante a sessão, que me cumprimentou com simpatia e me deu conselhos em alemão antigo. Eu falo alemão, mas Bacci, não. Ervin Laszlo me contou que, em sua própria sessão com Bacci, a voz do rádio falou em húngaro — outra língua da qual o velho médium italiano não tinha a menor noção.

Com o passar dos anos, senti que era hora de me comunicar diretamente com seres de outras dimensões para me aproximar da Fonte. Eu queria vagar sozinho no desconhecido, deixando para trás o apoio das tradições espirituais familiares. Então, outro ponto de virada aconteceu para mim.

Em um seminário sobre respiração holotrópica ministrado pelos discípulos de Stanislav Grof, um senhor idoso apareceu para mim e me disse que um dia eu iria querer me tornar um xamã. Fiquei espantado e também um pouco apreensivo. O xamanismo é a jornada da experiência direta, o caminho antigo, originou-se antes das grandes tradições religiosas. Não tem textos sagrados; é apenas uma forma de acessar outras dimensões e encontrar os seres que nos guiam com o objetivo de promover o desenvolvimento pessoal, o desenvolvimento dos outros e o do próprio planeta. No xamanismo, percebe-se que todas as coisas vivas estão conectadas: a natureza, os animais, as árvores, os rios, as montanhas, o passado, os ancestrais, os espíritos evoluídos e os diversos planos da realidade. Todas as coisas estão vivas, têm consciência e estão preenchidas pelo espírito divino.

Em nossas experiências xamânicas recebemos a energia necessária para voltar à Fonte, à unidade primária. Recebemos essa energia de animais — das chamadas entidades de poder e dos mestres, que aparecem em muitas formas e cores, imagens e palavras diferentes. Essas entidades são comumente chamadas de espíritos. No início de cada jornada, a pessoa formula suas intenções por meio de uma pergunta que fará ao espírito-guia. Durante a viagem, é possível estabelecer um diálogo e fazer mais perguntas.

Aqui relatarei apenas algumas experiências. Certa vez, um urso respondeu minhas perguntas e compartilhou sua força e presença comigo. Uma cobra me ensinou a ser benevolente e astuto. Uma pomba me ensinou a necessidade da pureza. Como diz a Bíblia: "Seja puro como a pomba e astuto como a cobra." Essa presença e consciência me pareceram fundamentais.

Em outra experiência, um velho iogue riu e me mostrou como sua mão podia atravessar meu corpo. Em ainda outra, ele destruiu meu corpo e o reconstruiu: foi um processo de purificação e regeneração, morte e ressurreição. Ainda em outra ocasião, me mostrou como ele poderia ajudar as pessoas que sofrem, transformando essa tristeza em seu coração e devolvendo-lhes em forma de pura energia. Ao praticar o xamanismo, é possível aprender a fundir-se com um guia espiritual e receber apoio direto. Mas essas experiências são profundas demais; não podem ser descritas em palavras.

Aprendi que todas essas experiências visam redescobrir o estado natural de nossa consciência: limpa e brilhante, com manifestações espontâneas de amor, empatia e compaixão. Tornamo-nos presentes e conscientes, vemos a vida como ela é, vivendo-a com alegria.

Para mim, a descoberta de que existe um desígnio oculto por trás de nossas dificuldades, até mesmo de experiências confusas que parecem vazias de sentido, é uma coisa tocante e reconfortante. Bem abaixo da superfície encontra-se oculta uma harmonia natural, um abrigo onde gostaríamos de estar. Esse é o nosso verdadeiro lar, que vai além do espaço e do tempo.

Numa entrevista que fiz com Ervin Laszlo para a televisão suíça, ele me disse: "O mundo é como uma sinfonia, é harmonioso. Na espiritualidade, falamos de harmonia cósmica, e nas novas ciências falamos de coerência. Ser coerente é estar conectado a tudo, se integrar ao todo, e o sentimento que nos conecta é o amor, nossa vibração na mesma frequência. Amar o próximo como amamos a nós mesmos é o segredo da coerência, um estado de nossa consciência, que é divina."

Passei alguns dias no Monte Lema, uma montanha acima das terras que chegam aos Alpes a partir do lago Lugano. A vista é de tirar o fôlego; nunca deixa de me surpreender. Certa vez, passei várias horas só olhando a paisagem à minha frente. Nada parecia acontecer ou mudar. Mas então, aos poucos, percebi que minha percepção e minha presença se modificaram. Uma calma profunda surgiu em mim, um enorme espaço interior, trazendo uma sensação de harmonia. Eu me senti em casa, contente. Começou a me encher uma sensação de grande paz, surpresa e alegria. Enxerguei a minha vida com a mesma sensação de quando era criança, tive uma sensação de liberdade.

Meu coração estava conectado com tudo, eu estava no presente eterno. Minhas experiências me ensinaram que esse é o caminho. É um dos caminhos da alegria.

Jane Goodall
Cientista, pesquisadora da inteligência dos chimpanzés
Desde a mais tenra idade, sempre amei os animais e a natureza e passava horas fora de casa observando os insetos e pássaros em nosso

jardim e nas falésias cobertas de árvores acima das praias arenosas de Bournemouth, no Reino Unido. Fui criada em uma família cristã, embora não frequentássemos a igreja regularmente. Meu avô, que morreu antes de eu nascer, era um ministro congregacional. Quando eu tinha 15 anos, me apaixonei perdidamente — e de forma totalmente platônica — pelo ministro galês de nossa igreja. Eu frequentava todos os cultos, o que me levou a um período em que Jesus era tão real para mim quanto as pessoas cujas vozes ouvia no rádio (quando eu era criança, não tinha TV!) Em seguida, fiquei fascinada por filosofia e então, na época em que eu tinha um emprego chato em Londres (porque precisava ganhar algum dinheiro!), entrei num curso noturno de teosofia e cursei dois semestres. Li muita poesia e fiquei intrigada com alguns dos grandes poetas "místicos". Nunca, em momento algum, quis ser cientista — queria viver com animais selvagens na África e escrever livros sobre eles.

Ervin me pediu para esclarecer como cheguei a minhas "revelações", e escrevi o texto acima como preâmbulo para meu pequeno ensaio, me perguntando se isso me ajudaria a responder sua pergunta. E ajudou, pois percebi que minhas explorações de religião, filosofia, místicos e, acima de tudo, do mundo natural combinavam-se, abrindo minha mente para a *importância* das revelações. O pensamento científico rígido e reducionista não me impediu de acreditar que elas eram reais. E, mais importante, minhas primeiras experiências me permitiram aceitar como ferramentas científicas não apenas os lampejos repentinos de percepção ou intuição, mas também o sentimento de empatia que desenvolvi quando estava com os animais.

Provavelmente, a primeira vez em que tive um momento de revelação sobre a natureza do próprio universo me ocorreu inesperadamente, enquanto caminhava por uma praia deserta.

O PATO

Um pato que voou pelo sol
Por mim passou a voar,
Seguindo sua jornada solitária
Com asas na direção do mar.

Eu vi o brilho de seus olhos
De tão perto que ele voava;
Penas refletindo o pôr do sol
A cor de seu lustro brilhava.

Ouvi a música de suas asas,
A canção do voar,
Agitando a quietude de um mundo
Aguardando a noite chegar.

Senti o calor da vida em seu peito
Tudo tão perto de mim.
E no meu coração a dor da Alegria
Que lindo seria, enfim.

As belas dunas; o pôr do sol;
O pato — e eu;
Um só Espírito, atemporal em seu mover
Sob o firmamento de Deus.

Primeiros Dias em Gombe. Em 1960, meu sonho de infância se tornou realidade quando comecei meu estudo sobre os chimpanzés do Parque Nacional de Gombe, na Tanzânia. Fiquei totalmente absorta em seu mundo florestal. Foi uma época sem precedentes, eu subia as colinas arborizadas acima do Lago Tanganyika do amanhecer ao anoitecer, dia após dia, semana após semana, procurando os chimpanzés, aprendendo as trilhas, sempre alerta à presença de búfalos ou leopardos.

A princípio, os chimpanzés sumiam na vegetação rasteira assim que me viam, mas aos poucos, como eu sempre usava roupas da mesma cor e nunca tentava chegar muito perto, eles perderam o medo e me aceitaram como apenas mais um animal, ainda que bastante peculiar. E enquanto estava aprendendo sobre os chimpanzés, também estava me integrando a seu mundo florestal. Eu me tornava intensamente consciente do existir das árvores quando ao colocar a mão na casca áspera e aquecida pelo sol de uma antiga gigante da floresta ou na superfície fresca e lisa de uma muda jovem e ansiosa. Desenvolvi uma sensação estranha e intuitiva quanto à seiva, sentindo à medida que ela era sugada da água do solo por raízes invisíveis e levada até as pontas dos galhos, bem no alto.

Às vezes, sentada ao lado de um dos pequenos riachos de fluxo rápido que descem pelas rochas e árvores até o lago, ou deitada no chão da floresta, olhando para cima, através das folhas farfalhantes de uma árvore gigantesca, observando os verdes e marrons da floresta de copas sobre mim, nas quais pequenas manchas do céu brilhavam como estrelas através das folhas — ou sentada, abrigada pela vegetação acima quando chovia, ouvindo o tamborilar das gotas nas folhas e me sentindo totalmente envolvida por um mundo crepuscular de verdes e marrons e um ar leve e cinza —, era nessas ocasiões que eu sentia com muita intensidade um poder espiritual que estava em todo o meu redor e em todo meu interior.

Foi durante um desses momentos que, de repente, tive uma revelação, algo que me pareceu ser outra maneira de pensar sobre a natureza da vida na Terra. Nós, humanos, desenvolvemos o poder de nos comunicar ou fazer perguntas usando palavras e queremos explicar, por meio da lógica, a natureza do mundo ao nosso redor. Falamos da interconexão de toda a vida, de cada pequena espécie vegetal ou animal desempenhando seu papel na tapeçaria da vida — ou da biodiversidade, como denomina a ciência. Mas me pareceu, naquele dia, que havia uma maneira mais profunda de se pensar sobre isso: que cada ser vivo na floresta ao meu redor tinha dentro de si uma centelha daquele grande Poder Espiritual que estava ao nosso redor. E eu suponho que isso possa ser o que chamamos de nossa alma ou nosso espírito. E assim, certamente, cada ser vivo — chimpanzés, pássaros, insetos, árvores — também tem uma alma. Pensei: *Somos todos, humanos ou não, parte desse Poder Espiritual?* Lembrei-me da revelação que tive quando jovem, morando na Inglaterra: "Um só Espírito, atemporal em seu mover sob o firmamento."

E então me veio a revelação que jamais esqueci. Ela me ocorreu quando eu estava com David Greybeard, o primeiro chimpanzé a começar a perder o medo de mim nos primeiros dias. Ele estava se alimentando em uma árvore no alto e, quando desceu, eu o segui. Depois de um tempo, ele deixou a trilha e caminhou por uma densa vegetação rasteira. Eu tinha certeza de que iria perdê-lo, pois fiquei enredada em cipós, mas quando finalmente consegui abrir caminho, lá estava David, sentado, olhando para trás. Era quase como se ele estivesse esperando por mim — talvez estivesse mesmo.

Sentei-me perto dele e notei e havia um dendê maduro no chão — uma fruta vermelha muito apreciada pelos chimpanzés. Eu a peguei, estendendo-a para ele, que desviou o olhar. Aproximei a mão. Ele se virou e olhou diretamente nos meus olhos, pegou a fruta, largou-a e, ainda olhando para mim, apertou meus dedos com muita delicadeza, um gesto que os chimpanzés usam para se tranquilizar. Seus olhos pareciam janelas e, através delas, eu poderia olhar para sua mente. Infelizmente, me faltava a habilidade, mas uma coisa ficou clara — naqueles poucos momentos, nos comunicamos com gestos que, certamente, antecederam a linguagem humana, uma forma de comunicação que ainda hoje compartilhamos com os chimpanzés. Eu sabia intuitivamente que David não queria a fruta, mas que entendeu que minhas intenções eram boas. Não nos comunicávamos apenas pelo toque de nossas mãos, mas também pelo encontro de nossas mentes e, naquele momento, preenchemos a suposta lacuna entre humanos e os outros animais. Afinal, não havia diferença de *categoria taxonômica* — como me disseram meus professores no início da década de 1960 —, juntos somos, de fato, parte do maravilhoso reino animal.

Gradualmente, a visão arrogante e reducionista dos primeiros etólogos mudou, e hoje os cientistas estão estudando a inteligência, a emoção e a personalidade dos animais, aspectos do comportamento que eram, na época, consideradas características exclusivamente humanas. Agradeço a David Greybeard e a todos os outros chimpanzés, agradeço a meu professor de infância e a meu cachorro Rusty, por me ajudarem a ter a coragem para enfrentar as suposições arrogantes que prevaleciam entre os primeiros etólogos. E agradeço à minha mãe, que me ensinou que, se uma pessoa continua achando que sua crença é mais correta que a de outros mesmo depois de ouvir atentamente os argumentos de quem discorda, essa pessoa precisa ter firmeza em suas convicções.

Houve um incidente em Gombe que pode ter sido uma experiência extracorpórea. Eu estava seguindo um pequeno grupo de chimpanzés no início da tarde, quando, ao sairmos de uma densa vegetação rasteira, percebi que o céu estava muito escuro, quase preto. As nuvens de chuva haviam ocultado completamente as colinas mais altas do vale. A escuridão aumentava à medida que a tempestade se aproximava, e veio aquela quietude, aquele silêncio que tantas vezes precede uma tempestade tropical e que só era quebrado pelo estrondo do trovão se aproximando cada vez mais e pelo farfalhar do movimento dos chimpanzés e dos meus próprios passos ao nos movermos pela grama alta. De repente, um relâmpago ofuscante, e uma fração de segundo depois um trovão incrivelmente alto, que pareceu sacudir a rocha sólida antes de se dissipar. Então as nuvens liberaram uma chuva tão torrencial que o céu e a terra pareciam unidos pela água em movimento. Eu e os chimpanzés procuramos abrigo embaixo de algumas árvores, mas elas não aguentaram a chuva por muito tempo. Todos nós sentamos, curvados, esperando. A chuva caía sem parar, me molhando cada vez. No início, senti um frio leve e depois, quando veio um vento gélido, congelei. Rapidamente, entregue a mim mesma, perdi a noção do tempo. Eu e os chimpanzés formamos uma unidade de paciente resistência silenciosa.

Essa chuva durou pelo menos meia hora até que o coração da tempestade seguisse para o sul. Então os chimpanzés avançaram, andando pela vegetação encharcada. Resignada, com o corpo e as roupas totalmente ensopados, os segui. Eles subiram em algumas árvores baixas com vista para o lago para se alimentar de brotos frescos. Um sol pálido e aguado refletia nas gotas de chuva, de modo que o mundo parecia cravejado de diamantes, brilhando em cada folha de árvore e grama. Uma delicada teia de aranha se tornara uma obra de arte preciosa, algo a ser capturado por um poeta, não analisado e categorizado pela mente científica!

Eu estava mais aquecida agora depois de meus esforços para acompanhar os chimpanzés. Fiquei de pé e observei-os desfrutar da última refeição do dia. Lá embaixo, o lago ainda estava escuro e cheio de manchas brancas no ponto em que as ondas quebravam. As nuvens de chuva permaneciam negras sobre o lago ao sul, mas, ao norte, o céu estava claro, havia apenas alguns fiapos de nuvens cinzentas. A cena era belíssima, de tirar o fôlego. A pelagem preta dos chimpanzés estava tingida de marrom acobreado à suave luz do sol da tarde, os galhos em que eles se sentavam estavam úmidos e escuros como ébano, as folhas jovens exibiam um verde pastel, mas vívido. E atrás deles, estava o pano de fundo intenso do céu azul-escuro, onde relâmpagos tremeluziam e trovões distantes rosnavam e retumbavam.

Tomada pela admiração dessa beleza, devo ter caído em um estado de consciência elevada. O ar estava cheio de uma sinfonia emplumada, o canto uniforme dos pássaros. Ouvi novas frequências em sua música, e também nas vozes dos insetos que cantavam — algumas notas tão altas, tão ásperas, mas outras, altas e doces. Nunca estive tão intensamente consciente da forma, da cor das folhas individuais e dos padrões variados das nervuras que tornavam cada folha única. Os aromas também eram nítidos, facilmente identificáveis: o odor levemente pungente dos chimpanzés; a terra encharcada, a casca molhada e fria e o perfume forte de folhas jovens e esmagadas. Quando tentei me lembrar dessa experiência depois, parecia que, por um tempo, eu literalmente me integrara aos chimpanzés, ficara totalmente imersa no processo glorioso de me alimentar com uma comida boa, apreciar seu sabor e o calor do sol do fim de tarde. Apenas *me contentar* com o presente. Será que, de repente, eu estava vendo o mundo através dos sentidos de um chimpanzé? Acho que não, mas também não vou fingir que entendi.

Pouco depois, com a fome saciada, os chimpanzés desceram e partiram para o vale. Fiquei onde estava, esgotada, mas curiosamente viva. Enquanto lentamente voltava ao meu eu cotidiano, rabisquei algumas notas, tentando lembrar pelo menos algo do que eu havia experimentado tão brevemente. Eu não fui visitada por anjos ou quaisquer outros seres celestiais, mas foi uma experiência verdadeiramente mística, que me mudou um pouco, me deixou um pouco mais perto de entender a maravilha do mundo natural. Parecia-me que o eu estava totalmente ausente: eu e os chimpanzés, a terra, as árvores e o ar, tudo parecia fundir-se, integrar o Poder Espiritual da vida do universo.

Existem muitas janelas pelas quais nós, humanos em busca de compreensão, podemos olhar para o mundo ao nosso redor. Há aquelas esculpidas pela ciência ocidental, com vidraças polidas por uma sucessão de mentes brilhantes. Através delas podemos ver cada vez mais longe, cada vez mais claramente, áreas que, até recentemente, estavam além do conhecimento humano. Por mais de 25 anos procurei, por meio de um cuidadoso registro e análise crítica, juntar as peças do complexo comportamento social e modo de vida dos chimpanzés. E isso não só nos ajudou a entender melhor seu lugar na natureza, mas também a compreender um pouco melhor alguns aspectos de nosso próprio comportamento, de nosso próprio lugar no mundo natural.

No entanto, existem outras janelas pelas quais os homens santos do Oriente, os fundadores das grandes religiões do mundo, os xamás e outros buscadores da verdade olharam enquanto buscavam o significado e o propósito de nossa vida na Terra, observando não apenas a beleza maravilhosa do mundo, mas também sua escuridão e feiura. Eles procuraram entender a realidade do grande poder espiritual que está além do reino da ciência. Entenderam que essa realidade não é limitada pelo que nos ensinam a considerar racional.

Naquela tarde, foi como se, pelo mais breve momento, eu tivesse olhado por uma dessas janelas. Em uma visão muito rápida, tive contato com a atemporalidade e o êxtase silencioso, pressenti uma verdade que até muito recentemente foi ridicularizada pela ciência dominante, e que, até hoje, só é reconhecida por algumas das grandes mentes de nosso tempo. Eu sabia que essa visão ficaria comigo para o resto da minha vida, só parcialmente lembrada e compreendida, mas sempre aqui. Uma fonte de força à qual posso recorrer em momentos de necessidade.

Uma última revelação. Agora devemos voltar no tempo, até a primavera de 1974. Eu estava passando por um momento difícil na minha vida pessoal, e minha fé de infância não fazia mais parte do meu dia a dia. Eu estava deprimida e acho que procurava um caminho a seguir, um jeito de me sentir novamente no controle da minha vida. Estava em Paris para uma conferência e, desde que li o livro *O Corcunda de Notre Dame*, de Victor Hugo, eu queria visitar aquela catedral. E assim, levantando cedo para fazer uma visita antes do início do meu dia agitado, caminhei pelas ruas movimentadas e cheguei à catedral — talvez por volta das sete e meia. Havia apenas alguns visitantes naquele momento e, quando entrei, o lugar estava quieto. De repente, o sol da manhã apareceu e iluminou a magnífica rosácea. E então, enquanto eu a admirava, a catedral se encheu de som, um volume alto e glorioso — era um órgão tocando Tocata e Fuga em Ré Menor, de Bach. Foi surpreendente, chocante, de parar o coração. Sempre adorei aquela introdução empolgante, mas, naquela manhã na catedral, quando a música preencheu toda aquela vastidão, ela parecia uma entidade viva que entrara em todo o meu ser. Eu estava possuída, perdida dentro da música.

Parecia que, por mais improvável que fosse, àquela hora da manhã, havia um casamento em um canto distante da catedral — ou talvez fosse apenas o organista ensaiando para um evento mais tarde. Mas as circunstâncias não eram importantes. O que importava era a sensação de que eu estava vivenciando um pedacinho da eternidade. E nesse momento precioso, encontrei um novo sentido para minha vida. Não era possível acreditar que foram os giros aleatórios de fragmentos de poeira primeva, partículas invisíveis do Big Bang, que levaram àquele momento no tempo — a catedral que se erguia no céu; a inspiração coletiva e a fé daqueles que a construíram, o nascimento do próprio Bach, o cérebro — seu cérebro — que traduzira a verdade em música, e a mente humana que, assim como a minha, era capaz de compreender todo o progresso inexorável de nosso tempo na Terra. Como não era possível acreditar no acaso, tive que reconhecer que havia uma força orientadora no universo — um Poder Espiritual que, durante minha criação cristã, fui ensinada a chamar de Deus.

Não que eu tenha pensado nisso de maneira lógica na época, pois fui capturada pela maravilha da experiência. Isso aconteceu depois, quando a realidade mística do momento foi invadida pelo meu cérebro humano, e tentei assumir o controle dele novamente.

No início dos anos 1960, quando eu me vi subitamente em um programa de doutorado na Universidade de Cambridge, a maioria dos cientistas com quem tive contato diziam ser agnósticos ou ateus ferrenhos. Porém, felizmente, àquela altura, eu havia passado horas na floresta tropical. E lá, como relatei, senti a realidade de um grande Poder Espiritual. Albert Einstein, que descreveu sua admiração total frente à "maravilhosa estrutura do universo", escreveu sobre "a inteligência manifesta na Natureza". E, desde então, os cientistas gradualmente revelaram cada vez mais a incrível complexidade do universo — no qual o planeta Terra é apenas uma partícula minúscula. Muitos se maravilharam com a existência das regras matemáticas que regem a natureza. De fato, muitos cientistas importantes (especialmente, como Ervin aponta, aqueles nos campos da teoria quântica) passaram a acreditar em uma inteligência suprema.

Francis Collins, atual diretor dos Institutos Nacionais de Saúde dos Estados Unidos, foi diretor do Projeto Genoma Humano. Inicialmente agnóstico, ele ficou cada vez mais impressionado com a complexidade do nosso DNA — segundo ele, em essência, o DNA é um programa de três bilhões de letras que instrui cada célula a agir de uma determinada maneira, um manual de instruções completo composto de substâncias químicas que instruem nossos corpos a se desenvolverem. Em seu livro, *A Linguagem de Deus*, ele afirma: "Só uma inteligência impressionante poderia ter feito este manual complexo surgir em cada célula humana..." E assim, ele passou a acreditar em Deus.

Que sorte a minha ter experimentado tantas visões reveladoras, que me ajudaram a entender um pouco melhor os mistérios cujos segredos nunca serão revelados apenas pelo intelecto frio. Os momentos que me ajudaram a perceber que, como disse Einstein, "o que é impenetrável para nós realmente existe". E para encerrar este relato de minhas experiências, basta dizer que meus momentos reveladores — dentro e fora de mim —, bem ou mal, me fizeram ser quem sou hoje, para melhor ou pior.

Jean Houston
Mística, professora
Nós duas éramos filhotes quando meus pais a pegaram — eu, com cerca de dezoito meses de idade; ela um pouco mais jovem, mas muito mais velha em sabedoria e experiência.

Ela já tivera uma breve carreira no cinema, interpretou um dos filhotes de Daisy na série *Dagwood & Blondie*. Mas agora, velha demais para o papel, foi dada a meu pai como pagamento por um roteiro. Ele era um roteirista de comédia para rádio e ocasionalmente para filmes, se destacava em escrever piadas e roteiros, mas não em cobrar os cachês que lhe eram devidos.

O nome dela era Chickie, e ela era uma mistura maravilhosa de corgi galês e bearded collie. Uma estrela branca brilhava em seu peito, e suas quatro patas brancas e uma cauda de ponta branca complementavam seu longo pelo preto. Mesmo tendo pouco mais de um ano de idade, ela já tinha instinto materno e ficava sentada no meu berço por horas a fio, cuidando para que nenhum mal me acontecesse. Se eu chorasse, ela ia até minha mãe, insistindo para que viesse imediatamente. Se eu quisesse brincar, ela trazia brinquedos, tanto os dela quanto os meus.

Chickie e eu começamos a fazer longas caminhadas juntas. Nós ficávamos fora de casa por horas a fio e, ou meus pais estavam ocupados demais para perceber ou confiavam que Chickie cuidaria de mim. Com ela no comando, tive muita liberdade para vagar por um mundo tão milagroso quanto maravilhoso.

Atrás de nossa casa havia uma grande área arborizada onde Chickie e eu começamos o que passei a chamar de nossas "viagens ao despertar". Duas horas com ela na floresta renderam uma incrível variedade de aprendizados. Chickie era mais olfato que visão, e eu, justamente o contrário. Mas juntas investigamos os tesouros infinitos da floresta e do prado. Lembro-me de engatinhar para acompanhar mais de perto seus interesses e descobertas. Enquanto ela farejava fezes de veado, tocas de rato, trilhas de esquilos e rotas de insetos, ocasionalmente olhava para trás para checar se eu também estava vendo.

Chickie me ensinou a ficar alerta tanto para o visível quanto para o invisível, para o audível e o inaudível. O mais leve bater de asas a faria virar a cabeça e a minha a acompanhava, ficava esperando o barulho que finalmente anunciaria para minha lenta cabeça humana: "Olha o passarinho!" Chickie levantava o focinho, sua cauda sinalizava atenção, e nós saíamos correndo para seguir as aventuras presentes no ar — moléculas fascinantes nos atraindo para destinos saborosos e perigosos. Uma vez, fomos parar nos restos descartados de frango frito de um acampamento, em outra, acabamos frente a frente com a fúria do rosnar de um lince. Ela latiu, e eu, sabendo que palavras humanas eram inúteis, lati também. Nosso dueto desafiador pareceu funcionar, pois o gato ficou perplexo e escapuliu, nunca mais o vimos.

Chickie me forneceu metáforas, sugerindo o que viria a ser meu trabalho posterior, especialmente quando cavava. Suas patas, que aparentemente não estavam raspando nada, logo revelavam segredos obscuros escondidos na terra — ossos velhos, penas antigas e coisas tão misteriosas que estão além do conhecimento humano. Anos mais tarde, eu estaria sondando e cavando o solo do subconsciente humano com um fervor parecido com o que Chickie tinha para encontrar os ossos de velhos mitos, as penas da essência e a grande matriz misteriosa que ainda sustenta e atrai a busca humana.

Esses primeiros anos com ela foram uma lição completa sobre olhar, ouvir, cheirar, saborear, tocar — o banquete e a sabedoria dos sentidos. Há muitos anos, tenho ajudado escolas nos Estados Unidos e em muitos outros países a melhorarem a educação, tornando-a sensorialmente rica, prática e centrada na arte. Quando me perguntam quem foram meus mentores — John Dewey? Dra. Maria Montessori? O Instituto Carnegie? —, na verdade, só posso responder: "Chickie."

Entrando em outro reino, o da epifania espiritual, Chickie me acompanhou na experiência mais importante de toda a minha vida, que acabou sendo uma peça-chave no meu despertar. Já a descrevi em outros livros, mas não do ponto de vista do papel fundamental de Chickie na experiência. Foi no meu sexto ano, tinham me enviado para uma escola católica no Brooklyn, Nova York. Meu pai foi demitido do *Bob Hope Show* por ânimos um tanto exaltados, e estávamos falidos, morando com os pais sicilianos de minha mãe, na parte italiana desse bairro nobre, embora mal falado.

Teologicamente precoce e cheia de perguntas elaboradas por meu pai agnóstico e comediante, eu perturbava a freira que dava aula na nossa primeira série com questionamentos que pareciam lógicos para mim, mas que, para ela, eram blasfêmia. "Irmã Theresa, quando Ezequiel viu a roda, ele estava bêbado?" Ou: "Irmã Theresa, contei minhas costelas e contei as de Joey Mangiabella, temos o mesmo número de costelas, assim como todos os outros meninos e meninas. Está vendo?" (Naquele momento, todas as crianças da classe levantaram suas camisetas para comprovar isso.) "Então, se Deus tirou uma costela de Adão para fazer Eva igual você disse, como...?"

Depois vinham as perguntas sobre Jesus. "Irmã Theresa, como você sabe que Jesus não estava andando sobre as rochas abaixo da superfície quando parecia estar andando sobre a água?" E, "Irmã Theresa, quando Jesus saiu flutuando para o céu, foi porque Deus o encheu de hélio?"

Um dia, houve uma pergunta que derrubou seus dogmas, bem como sua dignidade. Tinha a ver com as funções naturais de Jesus, se ele alguma vez teve que ir ao banheiro. Pela sua reação, ela parecia um pinguim preto e branco em um estado de fúria saltitante. A irmã pulou em um banquinho, prendeu na parede uma grande folha de papelão grosso e escreveu em grandes letras com tinta nanquim: OS ANOS DE JEAN HOUSTON NO PURGATÓRIO.

Todas as outras perguntas teológicas vindas da minha curiosidade original faziam a freirinha marcar um X na folha, e cada X valia de centenas de milhares a milhões de anos no purgatório! No último dia da primeira série, eu tinha acumulado por volta de 300 milhões de anos no purgatório. Fiquei me sentindo espiritualmente abandonada e contei ao meu pai sobre o desastre, e ele, achando muito engraçado, me levou imediatamente para ver o filme *A Canção de Bernadette*. Esta produção famosa é conhecida por suas cenas da visão que Santa Bernadette teve de Nossa Senhora na gruta em Lourdes, França, que depois se tornou um famoso local de cura. Infelizmente, durante a cena mais sagrada, em que a Virgem Maria aparecia banhada em uma luz branca na gruta, diante de uma Bernadette em oração, meu pai soltou uma gargalhada longa, relinchante e descontrolada. Ele conhecia a estrela que interpretava o papel de Mary e achou hilária a incongruência entre sua vida em Hollywood e o papel que ela estava interpretando. Por fim, saindo do cinema em um estado mortificante de vergonha, me afastei de meu pai, que ainda ria, querendo chegar rapidamente em casa e imitar a visão notável de Bernadette.

Fui rumo a um quarto de hóspedes com um armário muito fundo, que parecia muito com uma gruta. Não havia roupas no móvel, pois Chickie fizera dele um ninho para seus oito filhotes. Expliquei minha necessidade para ela, sentindo que não se importaria se eu tirasse os filhotes dali, já que gostaria que eu abrisse um espaço para a maior mamãe de todas aparecer. Quando ela reclamou um pouco, expliquei que não queria que a Mãe Santíssima pisasse em seus filhotes. Depois disso, Chickie observou minhas ações com interesse.

Ajoelhada na "gruta" do Brooklyn, que agora estava vazia, rezei para que Nossa Senhora aparecesse no armário, como fez com Bernadette em Lourdes. Fechei os olhos e contei lentamente até dez, prometendo desistir de doces por duas semanas se ela apenas aparecesse. Abri os olhos e vi Nossa Senhora de Chickie carregando amorosamente um dos filhotes de volta para a "gruta". Continuei contando até números cada vez maiores, prometendo deixar de comer um monte de coisas — principalmente minhas iguarias sicilianas favoritas, como frango com limão e molho de alho — mas minha revelação foi apenas ter mais e mais filhotes de volta ao armário. Finalmente contei até um número muito alto, 167, e, depois de desistir de todas as calorias, disse à Mãe Santíssima que não conseguia pensar em mais nada para renunciar, então que ela, por favor, por favor, por favor aparecesse, pois eu queria muito vê-la. Desta vez, tive certeza de que daria certo. Eu abri meus olhos, e lá estava Chickie, toda contente lambendo todos os seus oito filhotes.

"Ah, Chickie." Suspirei e estendi a mão para acariciá-la, e ela me deu uma lambida gentil e me olhou com compaixão, como se eu fosse seu nono filhote. Naquele momento, me veio um vago aviso espiritual, como se, tendo orado para Nossa Senhora, eu a tivesse visto em uma de suas muitas formas em Chickie, a mãe de sabedoria e amor infinitos, e em seus cuidados com seus filhotes. Mas eu ainda ansiava pela versão cinematográfica e ainda não reconhecia a verdade do que me foi ofertado. Então Ela mesma me ofereceu outra chance. Em um estado onírico, fui até a sacada da janela e olhei para a figueira que florescia em nosso quintal. E, de repente, tudo aconteceu — o estado de despertar mais importante de toda a minha vida.

Sobre esse momento, escrevi: "Em minha inocência, devo ter achado a porta espiritual correta sem querer, pois a chave virou de repente, e o portal para o universo se abriu. Nada mudou em minhas percepções externas, não houve visões, nem fachos de luz dourada, nem uma aparição padrão de Nossa Senhora. O mundo permaneceu como antes. No entanto, tudo ao meu redor, inclusive eu, ganhou significado."

Foi somente em reflexão que percebi que meus sentimentos e conhecimentos naquela hora haviam sido muito influenciados por Chickie e sua orientação nos caminhos do despertar. Todos aqueles passeios que fazíamos juntas se tornaram um, todos os cheiros e visões da natureza que ela me apresentara estavam presentes junto à figueira que florescia no quintal, bem como a própria Chickie e seus filhotes no armário, o avião no céu, o próprio céu, e até a ideia que eu tinha sobre Nossa Senhora. Tudo se tornou parte de uma única unidade, uma gloriosa ressonância sinfônica na qual cada parte do universo atuava e iluminava todas as demais, e eu aprendi que, de alguma forma, tudo funcionava em conjunto e era muito bom.

Minha mente despertou para uma consciência que atravessou séculos e ficou íntima do universo — agora tudo importava. Assim como Chickie havia me ensinado, tudo era interessante e importante: fezes de veado, folhas velhas, leite derramado, meus sapatos Mary Jane, a figueira, o cheiro de cola no verso das estrelas de papel dourado que eu acabara de colar no papel de parede, as próprias estrelas, a barriga enorme de Prospero Todaro (meu avô), a companhia ferroviária *Atcheson, Topeka and Santa Fe Railway*, o tio Henry (o porteiro negro que cuidou de mim na viagem de trem), o menininho pescando no lago que acenou para mim no trem atravessando o Kansas, a pintura lascada no teto, as alcachofras recheadas especiais da minha avó, a máquina de escrever do meu pai, as belas espigas de milho em um milharal do Texas, meus livros didáticos *Dick and Jane*, e toda a música que já existiu — todos estavam em um estado de ressonância, do mais imenso e extático parentesco.

Eu estava em um universo de amizade e companheirismo, um universo amigo cheio de uma Presença entrelaçada à dança da vida. Isso durou para sempre, mas na verdade foram apenas cerca de dois segundos, pois o avião que passava pelo céu se movera apenas poucos metros. Eu entrara na atemporalidade, o domínio em que a eternidade era a única realidade, e em que era possível que alguns segundos parecessem durar para sempre.

Em algum lugar no andar de baixo ouvi a porta bater, e meu pai entrou em casa, rindo. Instantaneamente, todo o universo entrou com ele. Grandes rugidos hilários soaram de sol a sol. Os camundongos do campo riram, assim como os anjos e os arco-íris. Até Chickie parecia estar rindo. O riso permeava cada átomo e cada estrela até que vi um universo inspirado e espiralado de alegria, não muito diferente daquele que li anos depois em *A Divina Comédia*, quando Dante descreveu sua grande visão no paraíso: *del riso del universo* (a alegria que faz o universo girar). Era o conhecimento do funcionamento de tudo, que se dava por meio do amor, da alegria e da total interpenetração e união de todas as coisas com o Tudo Que É. E Nossa Senhora — Chickie — estava no centro de tudo.

Esse saber direto continha o que mais tarde descobri ser a experiência mística. Tal experiência não é algo para ser consagrado e guardado em armários esotéricos. Está codificada em nossos corpos, transbordando em nossas mentes e batendo nas portas de nossas almas. É nosso direito de nascença e está mais disponível quando ainda somos crianças. Isso me recarregou e me mudou na infância, bem como provavelmente me deu o ímpeto para fazer as coisas que fiz mais tarde. Isso mostrou-me as muitas faces de Deus, e depois passei semanas vendo esse rosto em cada criatura, planta e pessoa — até mesmo na Irmã Theresa, que ficou um pouco incomodada quando aceitei seu eu interior com muita alegria.

Eu gritei: "Nossa Senhora, Nossa Senhora, apareça, apareça!" E é claro que ela apareceu — em Chickie, com seu amor incondicional e carinho por seus filhotes e por mim. Ajoelhando-me diante dela e de seu altar de cachorrinhos, pedi todas as coisas, e foi exatamente isso que recebi. E ainda hoje, sempre que vejo uma estátua de Maria, não consigo deixar de me lembrar do amor sem limites de Chickie, a Nossa Senhora que trouxe os filhotes de volta ao armário, de volta à manjedoura.

Barbara Marx Hubbard
Professora, ativista social (1929–2019)

Visões espontâneas têm guiado toda a minha vida. Desenvolvi um processo para acessá-las, começando a escrever diários aos meus 18 anos, em 1948, e agora, em 2018, já iniciei o volume 203.

Certo dia, depois de conversar com Nassim Haramein sobre sua experiência de contato direto com extraterrestres, o que não ocorreu comigo, me senti irritada, entrei na minha meditação matinal e pedi claramente: *Quero ter contato*. Registrei em meu diário as palavras que vieram até mim:

> *Você precisa parar e nos deixar elevar suas vibrações. Prepare-se para o seu encontro com o destino. Reoriente a essência integrada do seu ego em direção ao céu, ao seu Eu Universal do outro lado da transição. Concentre sua atenção em Mim, faço parte do código da sua evolução. O roteiro de sua evolução consciente está codificado dentro de você, para lê-lo basta se atentar. Experimente cumprir sua missão na Terra: a experiência compartilhada do nascimento planetário enquanto Humano Universal no próximo estágio de seu desenvolvimento, contando*

com a experiência arrebatadora do que costumava ser cha-
mado de "deuses". Sinta-se amada pelo Amado. Experimente
a Presença sendo você mesma. Ao direcionar sua atenção para
Mim, eu a elevarei além do salto quântico para o campo de
aterrissagem quântico, onde há conexão instantânea e mani-
festações por meio da intenção.

Durante anos, tenho recebido insights e downloads como esse. Publiquei alguns deles em um livro, *52 Codes for Conscious Self Evolution* [*Sem tradução até o momento*], que usei nas aulas de um curso intensivo de um ano, por meio da Humanity's Team, chamado "Desperte a Nova Espécie em Você". Um dos códigos que estamos usando é especialmente relevante:

Desenvolva um Sistema de Comunicação Incorruptível para
Sua Escritura Interior... para ativar a palavra emergente
da evolução que aparece por meio da escuta experiencial, da
pergunta, da escrita e do mapeamento, de forma a ativar a
Palavra, tornando-se consciente em outros, assim como em
você. A Palavra da evolução é sua escritura interior. É sagrada;
precisa ser acalentada, cultivada e lembrada. (Código 39: 52
Códigos para a Autoevolução Consciente.)

Desenvolvi um método vitalício de reunir tais visões. Primeiro, apresento-me uma pergunta ou problema profundo, descrito por minha "mente mental", minha inteligência racional, que quer desvendá-lo. Então eu desligo minha mente mental e começo um novo parágrafo com aspas: "Sem pensar mais, com atenção firme, pergunto: *"Caro Amado* [meu nome para Espírito, Fonte, Deus], *o que isso significa?"*

Escrevo sem pensar, descobrindo e registrando uma fonte de reve-lações que, de outra forma, não se tornariam conscientes. Não é cana-lização, é um conhecimento mais profundo. Posso parar a qualquer momento, voltar à minha mente mental, interagir e questionar minha mente mais profunda, que parece puxar o saber direto da Fonte. É como se tocasse na inteligência universal da criação que percorre a espiral da evolução, vivenciando-a como o impulso interno da evolução, a intenção criativa da evolução universal, direcionada às minhas questões específicas e únicas ou à minha situação de vida.

Fui inspirada pela interpretação de Teilhard de Chardin do padrão recorrente do processo evolutivo entendido como divino, tendendo a uma maior consciência, liberdade e ordem complexa/amorosa por 13,8 bilhões de anos. Ele evoluiu de unicelular para multicelular, para animal, para humano e agora, para nós, entrando na próxima curva na espiral da evolução. Estamos nos tornando humanos autoevolutivos, aprendendo a ser, pelo menos parcialmente, responsáveis por guiar os processos de nossa própria evolução social e individual. Estamos evoluindo na direção evolucionária recorrente enquanto indivíduos, em direção a uma maior consciência, liberdade e ordem amorosa.

Descobrimos que a evolução está indo para algum lugar... ao qual queremos chegar! Ele tem propósito, direção e telos, como também temos. A motivação interna da maioria dos humanos em evolução é direcionada à consciência expandida, a uma maior liberdade e a um acesso mais profundo à ordem complexa, conectando-se ao amor. Parece que o processo real de evolução está ativando o "nós" *em* nós.

O impulso interior responde criativamente a tudo o que lhe peço. Ele me oferece orientação por escrito ou a apresenta na forma de conhecimento experiencial interior, de experiência vibracional, enchendo-me de admiração, gratidão e amor. Sinto esse impulso interior na mesma linha do que Sri Aurobindo chama de Consciência Divina, que tem dois aspectos: um é imutável, e o outro, dinâmico. Essa consciência dinâmica tem intenção própria, seu propósito aqui na Terra é criar seres cada vez mais conscientes desse processo criativo até que surjam aqueles que estejam integrados a essa consciência e a incorporem. Esta Consciência Divina passou pela formação da matéria, da vida animal, da humana e agora, por nossa própria vida, à medida que nos tornamos humanos em evolução. Essa força da consciência, que emana da própria consciência universal, é o gênio da arquitetura que cria novas formas de vida, tanto quarks quanto humanos, como nós, e agora também o próprio planeta Terra, que está se tornando um sistema inteiro e interconectado.

Na minha experiência, a genialidade da criação está criando cada um de nós a cada instante do tempo. Quando eu lhe digo SIM, ela diz SIM para mim. Ou seja, responde à intenção, à vocação apaixonada e à motivação relacionadas à ação inspirada.

Eis um exemplo: eu estava lendo uma obra de Reinhold Niebuhr, sobre o tema comunidade. Ele citou a famosa declaração de São Paulo: "Todos os homens são membros de um só corpo..." Pensando nisso, senti uma frustração profunda e sem nome em meu próprio corpo. Os escritores dos Evangelhos tinham uma história simples para contar: Uma criança nasceu, e, em seguida, tudo aconteceu.

Ergui minha voz para o céu branco e perguntei: "Qual é a nossa história? O que existe na nossa época que é comparável ao nascimento de Cristo?" Caí em um estado de devaneio, circulando sem pensar no topo da colina. De repente, começou um filme em cores. Senti que a terra era um organismo vivo, lutando para respirar, para se coordenar enquanto corpo. Estava viva! Eu me tornei uma célula naquele corpo. Sua dor estava passando pela mídia de massa, o sistema nervoso do mundo, e a agonia da terra era minha agonia também.

Então, o filme acelerou, e eu vi algo novo. Um clarão extraordinário, mais radiante que o Sol, brilhou no espaço sideral. Instantaneamente, todos nós, coletivamente, fomos atraídos pela luz. Esquecemos nossa dor por um momento. Juntos, vimos a luz. A empatia começou a percorrer nossos corpos. Onda após onda de amor fluía por todas as pessoas, um campo magnético de amor nos alinhava. NÓS fomos acolhidos, elevados nesse campo de luz, e a alegria começou a pulsar em nossos corpos.

Milagres de cura ocorreram. O cego pôde ver, o coxo pôde andar, o surdo pôde ouvir. As pessoas saíram de suas casas em polvorosa, encontrando-se em reuniões cada vez maiores, abraçando-se, cantando, amando-se... Cantamos juntos em harmonias espontâneas, um coro planetário de vozes. Os antigos sentimentos humanos de separação se dissolveram. Vi nossos foguetes subindo majestosamente para o espaço, indo além de nosso lar terrestre até o lugar onde o olho da minha mente residia, na escuridão universal, levando a semente da humanidade em paz ao nosso destino cósmico: filhos das estrelas... Finalmente, ouvi claramente as palavras: *"Nossa história é um nascimento. É o nascimento da humanidade como um só corpo. O que Cristo e todos os avatares vieram nos dizer é verdade. Somos um só corpo, nascido no universo. Barbara, vá contar a história do nosso nascimento."*

Isso se tornou o propósito da minha vida, dos meus livros e meu trabalho. Escrevi dois volumes sobre o Novo Testamento, lendo a Bíblia com olhos evolucionários, apenas perguntando: Como conseguiram? Recebi respostas afirmando a vida, basicamente dizendo a todos nós: "Vocês farão o trabalho que eu fiz, e mais, na plenitude do tempo que é agora." Vi que nossa genialidade em tecnologia, quando infundida com amor, está nos tornando uma nova espécie agora mesmo, uma espécie universal.

No centro da evolução espiritual está a atração inteligente, o fascínio, como Marc Gafni chama em *The Universe: A Love Story,* [*O Universo: Uma História de Amor,* em tradução livre], uma compreensão da realidade baseada na ciência, evocando o "amor evolutivo", ou eros, como atração na base operacional fundamental da realidade. As trilhões de células que compõem nossos próprios corpos se atraem organicamente com incrível precisão, formando olhos, corações, pulmões, tudo! Não apenas por atração, mas por integração interna e externa. Isso é mais do que uma revelação, parece uma força superior, a genialidade evolucionária da criação. Parecia ser um "Eu Sou"; nós somos ALGO AGINDO. Somos a criatividade divina criando. Somos a evolução em pessoa encarnando em cada um de nós de forma única.

Além do mais, nessas experiências reveladoras, eu literalmente me sintonizei com Ilya Prigogine, que ganhou o Prêmio Nobel pelo desenvolvimento do modelo de estrutura dissipativa. Ele responde à pergunta: "Como a natureza evoluiu de entropia, ou desordem, para sintropia, ou ordem superior por bilhões de anos?" À medida que os sistemas se tornam mais disfuncionais, ocorrem inovações em todos os campos, como o nosso agora. No início, eles são relativamente ineficazes, mas há uma tendência à convergência na evolução. Tudo que sobe, converge. Em algum ponto, há uma interação exponencial não linear do que está surgindo, e o sistema coopera em sua própria autotranscendência.

Isso está acontecendo agora em nosso sistema planetário, o antigo está ficando cada vez mais disfuncional, e estão surgindo inovações em cada campo e função. Se a conectividade do que já está surgindo se alterasse em mais um grau, veríamos o surgimento de um novo mundo em nosso meio e nos descobriríamos membros de um novo corpo planetário no limiar da involução e extinção ou da evolução e transformação.

Uma nova estrutura de democracia está nascendo agora a partir desse processo orgânico de evolução. É uma democracia sinérgica, evolutiva. Ela evolui do sistema que opõe o ganhar ao perder, o que apoiamos ao que recusamos, para as novas perguntas: O que queremos criar? O que é preciso para criarmos? O que queremos compartilhar livremente com todos? Essa democracia sinérgica, ainda sem nome, está usando nossos sistemas de comunicação via internet, de crescimento rápido, combinando projetos, pessoas, ideias e necessidades a recursos. Uma nova estrutura social está surgindo em nosso meio através da tendência do universo auto-organizado de cocriar uma maior consciência, liberdade e uma ordem de amor complexa, como na visão de Teilhard de Chardin.

SOU A EVOLUÇÃO. SOMOS EVOLUÇÃO. Comecei a vivenciar isso de forma muito intensa. Estamos evoluindo a cada dia, todas as células em nosso corpo estão sendo coordenadas por atração coordenada por uma inteligência superior incrível. O próprio sistema planetário maior está lutando para se coordenar à medida que nossos sistemas de comunicação, de defesa e de produção estão se interligando rapidamente, transcendendo todas as formas anteriores de autogovernança. Os modelos de democracia baseados em ganhar ou perder estão falhando conosco *naturalmente* em quase em todos os lugares; já não são uma estrutura adequada.

Seguindo a intuição, a experiência e a previsão das revelações, vivenciei a reunião de um número suficiente de nós, todos doando seu dom criativo único a um sistema inteiro e vivo. A internet se tornou nossa nova "noosfera", nosso sistema nervoso planetário, oferecendo ao mundo ideias e realidades factuais para que possamos, *de fato,* ter os recursos, tecnologias e know-how para tornar este mundo 100%, sem tirá-lo de ninguém, como Buckminster Fuller ensinou há tantos anos.

Neste momento, já somos células do corpo planetário, experimentando a emergência de nós mesmos como membros de um novo sistema inteiro, cuja genialidade e inovações em todos os campos estão se conectando em uma nova estrutura dissipativa sintrópica.

Comecei a intuir um universo cheio de "outras" vidas. À medida que nos integramos em todo um sistema na Terra, muitos de nós sentem o CONTATO realmente acontecendo. À medida que nos tornamos sinérgicos uns com os outros, como um bebê imediatamente recém-nascido, estamos abrindo nossos olhos coletivos, prontos, talvez, para dar nosso primeiro *sorriso planetário*. Soube de um grupo chamado Universidade Intergaláctica e Centro de Comunicação Interestelar, proposto por Jeanne White Eagle por meio de seu livro, *Eyes Open* [*Sem tradução até o momento*], com prefácio de Edgar Mitchell.

Em minha própria vida, aos 88 anos, sinto que estou cruzando um limiar em direção a um novo humano e uma nova humanidade. Essa experiência está inundando meu corpo/mente com revelações que instruem como podemos dar o salto quântico necessário agora. Eu tenho oferecido o curso intensivo "Desperte a Nova Espécie em Você" com a

Humanity's Team, sobre o qual Ervin gentilmente falou, junto a muitos de nossos líderes evolucionários mais importantes. Minha vocação foi aflorada, tornando-me "telerótica", repleta de telos e eros combinados como o amor no ser e na ação.

Eu não chamo o gênio interior da evolução, presente desde os quarks até em nós, humanos, de espiritual, em contraste com o material. Parece-me que as revelações vêm diretamente do telos universal, que está tornando-se telerótico, ou de uma força motivadora dentro de nós. Estamos sendo animados pelo telos ou propósito da própria evolução, algo que sentimos nos desejos mais profundos do nosso coração, no nosso anseio de união aos gênios para superarmos nosso potencial individual. Meu propósito único era fornecer uma expressão pessoal de um processo universal de evolução consciente que nos motiva.

Essa experiência leva a dizer "sim" à nossa vocação do destino, ao propósito de vida mais profundo, à Fonte que encarna em nós como o impulso da criação, que cocria conosco, como nós.

Somos todos expressões do impulso universal da criação, a "Consciência Divina" de Aurobindo e o atrator holotrópico de Laszlo, quer saibamos ou não. A Fonte está PROVENDO cada um de nós. A chave para a evolução *consciente* é vivenciarmos nossos próprios chamados mais profundos, animando-nos todos de forma única a realizar nossas vocações como cocriadores do novo mundo.

Christopher Laszlo
Guru da gestão de negócios, maratonista
A distância de uma maratona é precisamente de 42,195 quilômetros. Como a maioria dos seres humanos, achei muito longa para percorrer em uma única corrida. Algo inesperado inevitavelmente acontece ao longo do caminho: um espasmo muscular, desidratação ou desnutrição. O maior obstáculo geralmente é psicológico. Nas dezenas de corridas que fiz desde os 18 anos, quase sempre experimentei um ou mais momentos em que senti que não poderia continuar. É neles que os

corredores precisam se esquadrinhar para encontrar reservas desconhecidas que lhes permitam terminar. A maratona pode ser um desafio tão enlouquecedor que espelha a própria vida, e esse é outro motivo que a torna tão fascinante.

Em outubro de 2018, em uma maratona perto de Manchester, New Hampshire, tive uma experiência extraordinária perto da metade do caminho. Os primeiros quilômetros não foram fáceis. Não consegui encontrar uma cadência confortável em que as coisas fluíssem sem esforço, pelo menos por alguns quilômetros. Eu estava com um medo crescente de desabar na segunda metade da corrida. Em vez disso, algo inexplicável aconteceu: uma onda física de energia tomou conta de mim, eliminando todos os temores e emoções negativas, e deixando que eu me sentisse curado e completo. O único jeito de descrever isso é como um espessamento do ar que começou a fluir sobre mim: uma fonte amorosa de energia e compaixão que limpou minha alma e me deixou com uma sensação de perdão e compreensão. Naquele momento, tudo na minha vida parecia exatamente como deveria ser.

Lembro-me de estar em uma parte arborizada do percurso, correndo por uma trilha estreita de terra cercada por lagos de ambos os lados. Tenho certeza de que todas as árvores tiveram muito a ver com isso. Embora essa onda física tenha durado apenas cerca de trinta segundos, mudou não apenas a maratona, mas minha vida.

Um Ano Antes. Passei a maior parte de 2017 treinando para uma maratona perto da cidade de Baltimore, Maryland. Meu treinamento começou em janeiro para uma corrida em novembro, tornando-o uma temporada de corrida de uma extensão incomum. Quando o tiro de largada disparou, eu estava no melhor condicionamento da minha vida. Senti-me confiante de que poderia correr rápido o suficiente para me qualificar para a Maratona de Boston, que exige que os corredores atinjam tempos específicos por faixa etária. No entanto, para minha surpresa e decepção, a corrida foi terrível. Passei longe do meu tempo de qualificação em Boston e acabei só andando a maior parte do caminho entre os quilômetros 35 e 42.

O que aconteceu? Nos meses anteriores à maratona de 2017, dei tudo de mim treinando a distância que sabia que precisava percorrer, afinal, não era a primeira vez que tentava correr tamanha extensão. Eu estava com um bom condicionamento físico. Na noite anterior, comi meu espaguete habitual no jantar e dormi bem, mesmo com o nervosismo pré-corrida. O clima frio e seco do início do inverno tornava as condições ideais.

A primeira metade da corrida aconteceu como esperado. Então as coisas começaram a ficar horríveis. Era como se uma névoa de negatividade e confusão tivesse me envolvido, meu corpo desacelerava apesar de cada fibra do meu ser querer manter o ritmo. Lá pelo quilômetro 35, comecei a andar. Pouco depois, deitei-me na beira da estrada, enquanto outros corredores passavam, gritando para me apoiar. Finalmente, levantei-me e continuei uma caminhada miserável até que a linha de chegada apareceu, depois do que pareceu ser uma eternidade.

Analisando em retrospectiva, era fácil ver que foi uma questão mental, não física. Meu trabalho andava me estressando muito. Como tantas pessoas, eu passava muito tempo realizando várias tarefas ao mesmo tempo, passando de um grande projeto para o outro, e tudo isso demandava atenção em tempo integral. Todos os dias, eu me levantava da cama para ligar o computador e começar o dia respondendo e-mails e realizando tarefas administrativas que tinham mais prioridade que minha carga de pesquisa e ensino. Desde o verão, meu ambiente de trabalho ficara tenso. Eu me enredara na política organizacional, minhas relações profissionais pareciam desgastadas e estavam me causando uma ansiedade constante. Era de se esperar um resultado ruim na maratona daquele ano.

Atualmente, é consenso que as corridas de longa distância são limitadas pela mente, e não pelo corpo. Mesmo os melhores atletas desaceleram por cansaço mental, que os torna incapazes de manter o foco no alto nível de esforço exigido. Porém, como podemos nos fortalecer mentalmente para uma maratona? Parte da solução é trabalhar menos e evitar estresse desnecessário. Meditação ou yoga e outras práticas de atenção plena também oferecem benefícios bem documentados. Infelizmente, nem sempre é possível reduzir as pressões relacionadas ao trabalho ou encontrar tempo adicional para a prática diária de atenção plena. A esta altura da minha vida, as minhas responsabilidades profissionais estavam, na sua maioria, aumentando de forma positiva. Eu só não tinha certeza se conseguiria correr outra maratona rápido o suficiente para me qualificar para Boston.

Para minha próxima corrida, que eu havia programado para quase um ano depois, em outubro de 2018, decidi adotar uma nova estratégia. Ao invés de tentar reduzir minha carga de trabalho ou inserir uma nova prática de atenção plena, eu mudei *a estratégia* e também *o lugar* da prática de corrida.

Trilhas Florestais. Eu moro no norte da Virgínia, onde há muitas trilhas que passam por florestas e serpenteiam ao longo do Rio Potomac. Elas ficavam a cinco minutos de carro da minha casa. Sempre que possível, eu ia até lá fazer meus treinos diários. Após décadas de corridas de longa distância, senti que havia acumulado dados sólidos que comprovavam as vantagens das trilhas florestais em comparação ao solo das estradas urbanas. Havia benefícios físicos sutis em dar passos em ângulos ligeiramente diferentes para acomodar as raízes das árvores ao longo de um caminho de terra tortuoso, isso desenvolve uma gama mais ampla de músculos e evita as lesões repetitivas de corridas na estrada ou na esteira. Há benefícios psicológicos em estar entre carvalhos e bétulas imponentes, sentir a terra sob os pés, ouvir os pássaros cantando e sentir um rio fluindo nas proximidades. Nessas trilhas florestais, me vi envolvido em menos emoções negativas e menos pensamentos autorreferenciais. A ansiedade reduzida e outros benefícios fisiológicos, como a pressão arterial mais baixa, permanecem pelo resto do dia. Não me admira que os japoneses reconheçam o *shinrin yoku*, o "banho florestal", como uma prática de saúde preventiva, coberta por planos de saúde.

Ainda assim, até 2018, muitas vezes, minhas corridas em trilhas eram feitas sem pensar. Em alguns dias, eu ficava tão preocupado com o trabalho que mal sabia onde estava, pois pensamentos sobre o passado e o futuro se misturavam na minha mente, passando em sequência. Tenho certeza de que ainda me beneficiei por estar na natureza, mas sabia que poderia ganhar muito mais com isso. O que comecei a fazer diferente em 2018 foi tornar todas as corridas mais deliberadamente conscientes, o que, na prática, significava estar totalmente presente em cada momento. A princípio, foi preciso muito esforço para desacelerar a parte analítica de minha mente. Gradualmente, fui capaz de perceber o que estava vendo, ouvindo e sentindo em tempo real. Comecei a experimentar uma nova conexão com a floresta, que poderia aumentar correndo com os braços estendidos e as mãos abertas para as árvores.

Outra coisa que fiz diferente naquele ano foi me alongar no chão da floresta após cada corrida. Eu me deitava de costas, olhando para as muitas camadas de galhos das árvores ao meu redor, permitindo que meu coração voltasse ao ritmo de repouso enquanto concentrava minha atenção em cada respiração. Apenas cinco a dez minutos disso foram suficientes para aumentar minha sensação de calma e bem-estar durante o resto do dia.

A Maratona em Outubro de 2018. Comecei a corrida em Manchester me sentindo um pouco mal. Eu tive uma tosse que não passava, que aumentou devido às temperaturas frias e úmidas da Nova Inglaterra no outono. Até minha experiência com as ondas, minha corrida era difícil, tanto física quanto mentalmente. No entanto, eu estava mais preparado para essas dificuldades do que na maratona do ano anterior por causa da nova técnica de treinamento. Estou convencido de que o tempo gasto correndo com mais atenção nas trilhas e me refrescando no chão da floresta me permitiu acumular novos reservatórios de força. Agora, durante os primeiros quilômetros, descobri que podia acalmar minha mente e me concentrar silenciosamente em correr de uma maneira que antes não conseguia.

Claro, a experiência da onda holotrópica mudou tudo. A distância continuou assustadoramente difícil, e os músculos da minha perna começaram a ficar tensos mesmo assim depois de 35 quilômetros. Eu ainda estava mentalmente cansado e tive que diminuir meu ritmo mais do que gostaria nas etapas finais. Mas senti um tipo de alegria, gratidão e serenidade diferente do que já sentira em todas as outras maratonas que já havia corrido, uma sensação conhecida de unidade com o mundo ao meu redor. O resultado foi um tempo inesperadamente rápido — aos 59 anos, cruzei a linha de chegada mais uma vez, rápido o suficiente para me classificar para a Maratona de Boston — e uma sensação de liberdade e bem-estar que ainda está comigo até hoje.

Lynne McTaggart
Psicóloga experimental

Como escritora, me interesso pelos grandes mistérios e pelas maiores questões da vida — o significado da consciência, a experiência extrassensorial, a vida após a morte —, principalmente as anomalias que perturbam a sabedoria convencional. Gosto de desvendar, como afirma o psicólogo William James, o único corvo branco necessário para provar que nem todos os corvos são pretos.

Contudo, apesar de todas as minhas incursões no não convencional, continuo sendo, no fundo, uma repórter obstinada devido à minha formação inicial como jornalista investigativa e procuro constantemente construir um edifício de evidências sólidas. Não sou dada a referências misteriosas, misticismo, auras ou a qualquer uso desleixado ou incoerente dos termos *quântico* ou *energia*. Na verdade, o que mais odeio são baboseiras sem fundamento, porque isso suja o nome do que faço.

Em 2005, fiquei especialmente curiosa pela afirmação de que os pensamentos são algo real, dotados da capacidade de mudar a matéria física. Pensei: *Essa força é real e vale para tudo mesmo? Conseguiria curar o câncer ou deslocar uma partícula quântica? E o que acontece quando várias pessoas pensam a mesma coisa ao mesmo tempo? Isso aumenta o efeito?* A física quântica e a nova ciência pareciam mudar tudo o que achávamos saber sobre nossas capacidades humanas inatas, e decidi testar para ver até onde iam.

Em 2007, reuni cientistas de universidades de prestígio. Periodicamente, eu convidava meu público da internet ou aqueles presentes, se estivesse palestrando em algum local, a enviar um pensamento designado e específico para afetar algum alvo em um laboratório montado por um desses cientistas, que então calculava os resultados para ver se nossos pensamentos haviam mudado alguma coisa.

Com o tempo, o Experimento da Intenção evoluiu para o maior laboratório global do mundo, envolvendo várias centenas de milhares de meus leitores internacionais de mais de cem países em alguns dos primeiros experimentos controlados sobre o poder da intenção de massa. Mesmo os experimentos mais simples foram realizados sob rigorosas condições científicas.

Quando lancei o Experimento de Intenção, eu duvidava muito de seu funcionamento. Entretanto, acabou que os experimentos funcionaram. Na verdade, funcionaram muito bem. Dos 33 experimentos que fiz até a escrita deste texto, 29 demonstraram mudanças majoritariamente significativas e mensuráveis — um registro consistente de resultados, muito maior do que o de qualquer medicamento padrão à venda.

Após os primeiros sucessos de fazer sementes crescerem mais rápido e alterar certas propriedades da água, como o pH, testamos se a mente coletiva tinha o poder de diminuir a violência e restaurar a paz em uma zona de guerra. Dos sete experimentos de paz que realizamos e estudamos até hoje — redução da violência no Sri Lanka, no sul do Afeganistão, em Washington, D.C., em St. Louis, Missouri, em Jerusalém e no Iêmen — os resultados foram convincentes. Em todos os casos, a violência caiu em longo prazo depois que enviamos a intenção.

A ideia de colocar as pessoas em pequenos grupos de oito começou como um capricho meu, só para ver o que aconteceria se os membros do grupo tentassem curar alguém de sua equipe por intermédio de seus pensamentos coletivos.

Um dia, no final de abril de 2008, eu estava com meu marido, Bryan, e estávamos tentando descobrir como reduzir os grandes experimentos de intenção para os workshops que planejávamos realizar nos Estados Unidos e em Londres no verão seguinte. O problema era que eu tinha muita experiência em organizar workshops, e tudo que eu sabia na época era o que eu não queria fazer: fingir que eu poderia ajudar as pessoas a manifestar milagres.

Sugeri a Bryan: "Vamos tentar dividi-los em pequenos grupos de cerca de oito pessoas e fazer com que eles enviem uma intenção coletiva de cura para alguém do grupo que esteja com problemas de saúde." Talvez pudéssemos descobrir se um grupo pequeno tinha a mesma intenção dos maiores. Não lembramos quem criou o título — provavelmente Bryan, jornalista e escritor nato de manchetes —, mas batizamos os grupos de "The Power of Eight" ["O Poder dos Oito", em tradução livre], e quando chegamos a Chicago, em 17 de maio daquele ano, já tínhamos um plano.

No sábado, dividimos nosso público de cem em pequenos grupos de cerca de oito pessoas. Pedimos que uma pessoa de cada grupo com algum tipo de condição física ou emocional se apresentasse para ser o objeto da intenção de seu grupo. Ela explicava sua condição aos outros, e estes formavam um círculo, se davam as mãos e enviavam pensamentos de cura em uníssono para aquele membro, mantendo a intenção por dez minutos, período de tempo que havíamos usado em nossos experimentos de ampla escala, principalmente porque parecia ser o tempo máximo que pessoas não treinadas conseguiam manter o pensamento focado.

Antes de começarmos, eu disse a eles: "Esta é apenas mais uma espécie de experimento", mas não lhes disse que estavam em uma viagem inaugural e nem que eu estava basicamente criando o roteiro na base do improviso. "Qualquer resultado que tiverem é aceitável."

No domingo de manhã, pedi àqueles que havia recebido a intenção se apresentassem e relatassem como estavam se sentindo. Um grupo de cerca de dez pessoas fez fila na frente da sala e entregamos o microfone a cada uma delas. Achei que, na melhor das hipóteses, eles teriam uma pequena melhora física causada por um efeito placebo, um exercício de bem-estar — algo parecido com uma massagem ou um tratamento facial.

O que aconteceu foi muito mais do que isso. Uma das mulheres-alvo, que sofria de insônia por causa de transpiração noturna e não dormia direito há muitos anos, havia desfrutado de sua primeira boa noite de sono. Outra, que tinha fortes dores nas pernas, relatou que sua dor aumentara durante a sessão do dia anterior, mas que diminuíra tanto depois da de hoje que, agora, seu nível de dor regredira para o de nove anos atrás.

Uma portadora de enxaqueca crônica disse que, quando acordou, a dor de cabeça desaparecera. A terrível dor de estômago e a síndrome do intestino irritável de outro participante também haviam desaparecido, e uma mulher que sofria de depressão sentiu melhora.

As histórias continuaram nessa linha por uma hora. Eu não ousei olhar para Bryan, estava completamente chocada.

Até Quem Não Anda Teria Voltado a Andar. Por mais que menospreze relatos exagerados, o maior deles estava ocorrendo bem na minha frente. As intenções do grupo pareciam se tornar mais efetivas com o passar do dia.

Depois que voltamos para casa, eu não sabia o que fazer com toda essa experiência. Descartei a possibilidade de uma cura instantânea e milagrosa. Pensei que talvez houvesse algum efeito de expectativa agindo, uma permissão concedida para que a pessoa mobilizasse seus próprios recursos de cura.

Mas ao longo do ano seguinte, não importava onde estivéssemos no mundo, em cada workshop que realizamos, grande ou pequeno, sempre que montamos os grupos de oito ou mais pessoas, instruímos e pedimos que enviassem intenção a um membro do grupo, testemunhamos a mesma experiência, atônitos: uma sequência de histórias de cura instantânea e extraordinária, de transformação física e psíquica.

Por causa de sua esclerose múltipla, caminhar sem muletas era difícil para Marekje. Na manhã seguinte à sessão, ela chegou ao workshop sem elas. Marcia sofria de uma opacidade parecida com catarata, que bloqueava a visão de um de seus olhos. No dia seguinte, após a intenção de cura de seu grupo, ela alegou que sua visão naquele olho havia sido quase totalmente restaurada.

Sande Cournoyer, de 63 anos, que foi atleta a vida toda, mas sofreu uma lesão no joelho. "Quando ando, sinto quando meu joelho está para se deslocar, ele se desloca, e eu caio. Sinto muita dor." Ela tinha uma cirurgia marcada para o mês seguinte.

Durante o círculo de intenção, lágrimas rolaram por seu rosto quando sentiu uma pressão ao redor do joelho em ambos os lados, foi "como se alguém com luvas grandes estivesse segurando minha perna. Ela estava aquecida, não quente. — Nunca senti isso antes. Esse calor leve desceu por toda a perna, até o tornozelo. Quando abrimos os olhos, olhamos para nossas mãos, e todos estavam com as palmas vibrando, todo mundo estava chorando".

Quando a sessão foi concluída e pedi ao público que compartilhasse alguma experiência, Sande foi a primeira a levantar a mão: "Olhe, eu consigo dobrar meus joelhos." Ela se inclinou e se agachou. "Eu não conseguia fazer isso antes." Desde a experiência do grupo Power of Eight, Sande não precisou mais de sua órtese e, ao sentir que a melhora persistiu, conseguiu cancelar sua cirurgia.

Em Denver, a mãe de Laura tinha escoliose. Depois de uma sessão sendo alvo da intenção, ela relatou que a dor havia desaparecido. Vários meses depois, Laura me escreveu para contar que a coluna de sua mãe havia mudado tanto que ela teve que mover o espelho retrovisor do carro da mãe para acomodar sua nova postura, agora correta.

Diane tinha tanta dor no quadril por causa da escoliose que teve que parar de fazer exercícios e perdeu um centímetro de altura no ano passado. Durante a sessão, ela sentiu um calor intenso e uma resposta rápida na forma de espasmos nas costas. No dia seguinte, ela nos contou: "É como se eu tivesse um novo quadril." E Joan, que teve dois miniderrames e não conseguia mais focar com os olhos, foi capaz de ver normalmente imediatamente após a intenção de dez minutos de seu grupo Power of Eight.

Houve centenas de casos assim, até milhares, e eu estava lá todas as vezes, observando essas mudanças acontecerem bem na minha frente. Deveria ter me sentido bem com essas transformações incríveis, mas, na época, eu as via principalmente como um problema; acreditava que iriam minar minha credibilidade no que eu via como meu trabalho "real": os experimentos globais em larga escala.

Em minha carreira de repórter investigativa, eu era exigente com a prática jornalística padrão de reunir pelo menos duas fontes independentes de evidência como requisito mínimo antes de considerar algo como fato. Era uma regra tão rígida e automática para mim que em uma noite de 1979, enquanto escrevia meu primeiro livro, *The Baby Brokers,* que expunha o mercado privado de adoção dos Estados Unidos, passei a noite inteira acordada, debruçada sobre as informações que tinha sobre um sujeito que havia criado uma série de agências de adoção em diferentes estados e países. Suas práticas pareciam altamente duvidosas, e ele até fez uma ameaça velada durante uma entrevista por telefone, mas eu estava sobrecarregada por saber que bastava um deslize meu para arruinar injustamente a vida dessa pessoa, mesmo que, ao que tudo indicava, fosse alguém que traficasse seres humanos.

Às seis da manhã decidi que não tinha o necessário para acusá-lo como o planejado: *não posso confirmar que isso é um fato,* embora minha intuição estivesse veementemente apontada na direção contrária, suavizei a história. E agora, eis que, tantos anos depois, eu estava levando meu público a curas milagrosas. Tudo nesse projeto violava minha própria regra das duas fontes. Na verdade, estava violando completamente o meu lado pertinaz que lidava com fatos.

É por isso que, por muitos anos, ignorei o que estava acontecendo. Como qualquer jornalista diria, enterrei a história. Não entendia direito o que pessoas como Rosa estavam tentando me dizer sobre o momento em que seu grupo enviou intenções para sua tireoide hipoativa: "Senti um túnel se abrir, senti uma conexão com o universo, e se eu a aceitasse, seria capaz de me curar. Parecia que eu estava oferecendo e recebendo cura, como se estivesse me curando por conta própria."

Eu me perguntava constantemente: *O que diabos fiz com eles?* A princípio, não acreditava. Durante anos, atribuí isso ao que pareciam ser efeitos rebote de minha imaginação fazendo hora extra. Eu sempre falava com meu marido que eu precisava reunir mais histórias, realizar mais experimentos, reunir provas mais concretas. Então me assustei com elas e busquei algum precedente histórico ou científico.

Posteriormente, me dei conta de que esses grupos e experimentos estavam me proporcionando, da maneira mais visceral, uma experiência imediata do que antes eu havia entendido apenas intelectualmente: as histórias que contamos a nós mesmos sobre o funcionamento de nossas mentes estão manifestamente equivocadas. Embora eu tivesse escrito no meu livro *O Campo*, que tratava das últimas descobertas da física quântica e suas implicações na natureza da consciência, o que eu estava testemunhando superava até mesmo a mais extravagante dessas ideias.

Cada Experimento de Intenção que realizei, cada grupo do Power of Eight que se reuniu demonstrou que os pensamentos não estão trancafiados dentro de nossos crânios, mas que conseguem chegar a outras pessoas, até mesmo a coisas que estão a milhares de quilômetros de distância, e que são capazes de mudá-las. Os pensamentos não eram apenas coisas, nem coisas que afetam outras; eles podem ser capazes até mesmo de consertar tudo que precisar de conserto na vida humana.

E não eram só esses milagres acontecendo com os grupos do Power of Eight, havia também alguns efeitos rebote ocorrendo com os participantes de meus Experimentos de Intenção em larga escala — o que descobri no final de 2008, após o primeiro Experimento de Intenção de Paz, quando comecei a enviar formulários de pesquisa aos participantes para que descrevessem suas experiências após cada evento. "É como se meu cérebro estivesse conectado a uma rede maior", relatou um deles. Milhares mais haviam descrito um fenômeno semelhante:

"Meu corpo inteiro estava formigando, e eu estava arrepiada."

"Foi mais ou menos como eu imagino que seria estar preso em um raio trator, tal qual o de *Jornada nas Estrelas*."

Diana, de Nova Orleans, escreveu: "No primeiro dia, comecei a chorar. Não foi de tristeza, foi pela sensação gigantesca de estar conectada a tantas pessoas. Que coisa mais IMPACTANTE."

Os participantes parecem ter mergulhado em um estado alterado de consciência simplesmente por se agarrarem ao poder de um pensamento coletivo. Muitos descreveram mudanças importantes em suas vidas. Quase metade deles relatou que se sentia mais tranquila do que o habitual e que esse sentimento de paz afetou suas relações com outras pessoas.

Mais de dois terços notaram alguma mudança em seus relacionamentos: mais de um quarto deles sentiu mais amor por seus entes queridos, e um quarto disse que estava se dando melhor com pessoas com quem normalmente não se davam bem ou discutiam. Quase metade deles afirmou sentir mais amor por todos com quem teve contato, e essa conexão pareceu continuar depois que o experimento terminou.

Esses efeitos rebote pareciam refletir o próprio experimento. Quando nos concentramos na paz, as pessoas começaram a ficar pacíficas. Em experimentos posteriores, tentando curar um veterano da Guerra do Golfo com transtorno de estresse pós-traumático, milhares relataram algum tipo de melhora física pronunciada.

"Minha lesão no túnel do carpo melhorou."

"Nos últimos 10 dias, minha digestão está regular (tive prisão de ventre por quase 20 anos)."

"Minha dor no joelho desapareceu completamente."

"Eu costumava ter problemas intestinais, agora não tenho mais."

"Não sinto mais dor no ciático."

"Estou dormindo melhor, e a ansiedade e os ataques de pânico desapareceram."

Estudei os grupos de intenção, grandes e pequenos, de todos os ângulos por uma década, cheguei mesmo a acompanhar 250 pessoas, que se organizaram em grupos do Power of Eight, mensalmente durante um ano. Após muitos anos de estudo meticuloso, concluí que parte do imenso poder de cura deles poderia ser atribuído ao poder da intenção do grupo, que outra parte era efeito grupal, e que a maioria tinha a ver com o efeito do altruísmo, que parecia curar tanto emissores quanto receptores da intenção. Eu cheguei a descobrir que a intenção do grupo causou algumas mudanças surpreendentes no cérebro.

Em 2016, o departamento de neurociência da Life University, a maior universidade de quiropraxia do mundo, realizou um estudo dos meus grupos do Power of Eight com estudantes voluntários. Eles constataram que os membros sofrem grandes mudanças nas ondas cerebrais assim que começam a praticar a intenção em um grupo: há uma diminuição acentuada na atividade nos lobos frontais do cérebro (atrás da testa) e nos lobos parietais, na parte anterior do topo da cabeça.

A função do lobo parietal é entender até onde você vai e onde o resto do universo começa, e o lobo frontal direito é a área do cérebro associada ao pensamento negativo e à preocupação. De acordo com o pesquisador falecido Eugene d'Aquili, da Universidade da Pensilvânia, e seu colega, Andrew Newberg, nossos grupos do Power of Eight criaram assinaturas de ondas cerebrais idênticas às dos mestres sufis durante rituais, ou aos monges tibetanos e freiras franciscanas em oração extática.

Newberg afirma que essa desativação da atividade dos lobos frontal e parietal cria uma sensação de unidade, o que pode explicar por que quem vivencia um estado de iluminação geralmente narra sentimentos de felicidade. Isso sugere que os participantes de nossos experimentos globais e dos grupos do Power of Eight estavam experimentando algo semelhante a um momento de êxtase, o que pode ter sido transformador em suas vidas. Todavia, ao contrário de freiras, monges ou sufis, os membros de nosso grupo não exigiam anos de prática devotada. Em todos os casos, nossos participantes foram transportados para esse estado em um instante. Enviar pensamentos altruístas de cura em grupo parecia ser o caminho mais rápido para o milagroso.

Qual a probabilidade de todas essas curas serem mera coincidência, inevitáveis mudanças de circunstâncias que ocorrem ao longo do tempo? Não faço mais essa pergunta. Contento-me simplesmente em ser uma espécie de mensageira, uma apóstola relutante da misteriosa alquimia dos grupos.

Ainda gosto que meu trabalho tenha evidências, mas ao longo do estudo desse fenômeno perdi meu ceticismo, minha necessidade de descobrir alguma base científica para tudo que simplesmente não pode ser explicado racionalmente. Altruísmo, efeitos de grupo, o poder da intenção, mudanças nas ondas cerebrais — nem juntando tudo isso seria possível explicar completamente os milagres que testemunhei.

Algumas coisas em nossas vidas estão além da explicação ou compreensão, e quando as pessoas se reúnem, milagres simplesmente acontecem, que não podem ser reduzidos à soma de certos fatos e dados observáveis, ao funcionamento do nervo vago ou de lobos parietais.

Cheguei a acreditar que os milagres não são individuais, mas resultado de forças coletivas, especialmente quando ultrapassamos a mesquinhez do eu. Desisti de tentar explicar a magia, já basta demonstrar, mesmo que em pequenos vislumbres, que ela existe. Mas percebi uma coisa: é quando estamos reunidos em grandes grupos que encontramos nosso verdadeiro poder.

James O'Dea
Humanista, ativista

Deixe-me começar com uma experiência fora do comum, que parece romper o que consideramos os limites normais da realidade. Felizmente, havia testemunhas. Acabou sendo uma experiência que se presta tanto à interpretação espiritual quanto à científica. Na época, eu era diretor executivo da Seva Foundation e, antes disso, havia sido diretor da Sede da Anistia Internacional, em Washington. Depois, eu me tornaria presidente do Instituto de Ciências Noéticas.

Seva é uma palavra em sânscrito que quer dizer "serviço". O contexto da experiência começou quando fui a Kalamazoo para participar de uma reunião no Fetzer Institute, cujo tema era o coração espiritual do serviço. No meio do caminho, chegando em Chicago, tive que dar meia-volta: a reunião fora cancelada devido a uma nevasca. Voltei ao meu ponto de origem, São Francisco. Na manhã seguinte, em vez de ir ao escritório, decidi visitar o Commonweal* no planalto acima de Bolinas e passar um tempo meditando no meu chalé preferido, perto do mar.

Repare que, nos preparativos desta experiência, houve uma interrupção total da trajetória que tinha planejado para o meu tempo e o meu propósito. Precisei, literalmente, mudar meu rumo. Eu me vi seguindo para o litoral do Pacífico, não para a neve de Michigan, e sozinho, ao invés de acompanhado por colegas.

Impulsivamente, decidi entrar na pequena cidade de Bolinas antes de ir ao planalto para meditar. Estacionei perto da agência de correios e, assim que saí do carro, notei que do outro lado da rua tinha uma casa. Ela ficava atrás de um muro e, atrás do portão, havia um jardim e um

---

*   Um centro de estudos e meditação voltado a cura, artes e meio ambiente. [N. da T.]

caminho de pedras que conduzia à porta da frente. O que me atraía tanto nessa casa?

Então uma voz interior disse: "Por que não entra e se apresenta?" A essa altura, assustei-me e concluí que estava perdendo a cabeça, que estava meio desorientado. Mas então, uma vontade mais profunda tomou conta de mim, criei coragem para atravessar a rua, abrir o portão, entrar no terreno e *acreditar* que, ao quebrar todas as boas maneiras que eu estava condicionado a seguir, não seria preso. Afinal, geralmente não respondemos bem a pessoas que dizem que estão seguindo impulsos ou vozes inexplicáveis em sua cabeça. Como eu iria explicar por que estava visitando estranhos, do nada?

Bati na porta da frente, que era um painel de vidro transparente. Então, o inconcebível aconteceu. Uma mulher de meia-idade caminhou em direção à porta e, quando chegou perto o suficiente para me ver, gritou: "É James O'Dea!" Meu corpo inteiro entrou em choque. Ela abriu a porta e fez uma enxurrada de perguntas: "O que você está fazendo aqui?" etc. Minha mandíbula estava travada, eu não conseguia responder. Depois, vieram detalhes ainda mais extraordinários: "Você perdeu a reunião. Quase todos já foram embora. Não entramos em contato com você, pois não está mais na A.I." Acabou que tinha acontecido uma reunião na casa com líderes dos direitos humanos — *muitos dos quais eu conhecia* —, que debateram opções para celebrar o cinquentenário da Declaração Universal dos Direitos Humanos.

Obviamente, eu estava pasmo, mas não estava feliz. Senti que o universo estava tentando me puxar de volta ao trabalho ao qual eu dedicara tudo de mim: dez anos de um ofício exaustivo contra todo tipo de abuso dos direitos humanos e níveis terríveis de crueldade e opressão. Assim que as três mulheres da casa entenderam que eu chegara até ali impulsivamente e que não estava muito confortável com a situação, se prontificaram a me deixar ir embora. Mas antes que eu fosse, uma delas fez uma pergunta: "Na sua opinião, qual a relação entre espiritualidade e direitos humanos?" Então aconteceu de novo: senti uma enorme onda de alívio, quase euforia. Ah, sim, esta era a pergunta que eu realmente queria que fosse feita, a que precisava ser respondida para que a humanidade evoluísse.

Nessa pergunta reside uma série de questões importantíssimas:

Se existe um Deus, como níveis tão assombrosos de sofrimento são permitidos?

Estamos mesmo evoluindo da barbárie ou apenas criando mais métodos de alta tecnologia para matar pessoas?

As comunidades religiosas/espirituais podem mesmo se engajar de forma ativa e efetiva para lidar com as violações dos direitos humanos?

Existe algum jeito de a humanidade evoluir coletivamente para uma consciência mais elevada e compassiva?

Podemos acabar com a transmissão de mágoas intergeracional?

Podemos curar as dores vivas e escondidas dentro do agressor?

A consciência espiritual pode promover o trabalho de reconciliação e perdão necessário para sanar as dores das vítimas e fornecer modelos de harmonização social e cura?

Saí de minha extraordinária experiência em Bolinas com um profundo senso de propósito e percepção renovados, que me guiam até hoje. Isso me ajudou a formular um novo tipo de currículo de paz focado no desenvolvimento da consciência e se tornou a base para o treinamento de mais de mil embaixadores da paz em trinta países. Isso me inspirou a liderar uma organização que tem por missão explorar os poderes e as capacidades da consciência. Isso me motivou a ajudar na recepção e liderança de diálogos de cura social em diferentes zonas de conflito ao redor do mundo. Finalmente, isso me estimulou a tentar entender a relação entre esses tipos de epifanias espirituais e os mapas e modelos emergentes da realidade no que chamamos de psicologia positiva e sagrada, neurociência e nova ciência.

Um propósito maior foi habilmente arranjado ao me fazer cruzar os limites que são regulados por nossas vidas programadas e por respostas socialmente condicionadas. Podemos levar grande parte de nossas vidas em uma realidade bem administrada e permanecer, em grande parte, inconscientes da urdidura e da trama de uma Realidade muito maior que nos rodeia.

Existem mapas da psicologia do desenvolvimento que descrevem a progressão de uma sobrevivência dependente para a autorrealização e a expansão do nosso campo de percepção, que vem com a transição da autopreocupação egoica para a conexão empática com os "outros". Existem caminhos além da psicologia analítica focada no problema e na patologia para uma variedade de abordagens que envolvem soluções criativas, abraçam novos paradigmas e até perspectivas míticas. Há também uma série de práticas espirituais que não apenas ajudam a nos libertar de muitas das respostas condicionadas, que nos prendem a uma versão estreita e limitada das coisas, mas que realmente nos levam a experimentar uma energia sutil, uma intuição, uma profunda conexão compassiva e formas de consciência que transcendem a solidez da matéria e os limites do tempo e do espaço.

Mas e as ciências duras?

Existe um provérbio chinês: *Em uma única xícara de chá, você bebe a floresta*. A ciência está se tornando mais proficiente em passar da análise da folha de chá para o mapeamento das inúmeras relações que compõem a floresta. Para compreender a raiz dessa relação entre o individual e o todo, é necessário explorar a natureza dos campos e suas inter-relações. Essa interconexão ou interpenetração da frequência vibratória dos campos pode ser vista como uma ressonância coletiva — assim como a vibração de uma única nota musical contribui para a ressonância sinfônica.

Quando saí do carro em Bolinas vivenciei um fluxo de ressonância. O que estava acontecendo? Aqui vai minha hipótese.

Os campos carregam informações, mas têm um aspecto não local, não estão limitados pelas restrições de tempo e espaço. Eles têm uma latência que é ativada ao serem observados; permanecemos alheios a eles até que algo nos faça percebê-los conscientemente. O universo parece ser capaz de capturar os dados brutos de tudo o que acontece, mas a interpretação subjetiva dos acontecimentos é individual ou cultural. Tem havido, por exemplo, muito interesse na recuperação da memória de algumas pessoas com Alzheimer quando expostas à música popular de uma determinada época, parecendo reviver aqueles dias, ou pode-se dizer que percebem a presença de uma ressonância com aquele tempo.

O campo quântico pode conter a marca de um evento enquanto conjunto de relações de estado quântico entre elementos como fótons e elétrons, que só saem de um estado latente e adormecido quando um experimentador com um interesse, intenção ou carga emocional particular os convoca como memória.

No meu caso, um campo foi ativado na casa de Bolinas, ou seja, foi convocado a sair de seu estado latente por um grupo de pessoas que eu conhecia bem, que estavam se reunindo para debater um assunto que eu não apenas conhecia bem, mas que também era meu objeto de paixão. Será que meu subconsciente recebeu essa informação bruta do campo e depois a traduziu como um sinal para minha mente consciente na forma da voz que me guiou a agir daquela forma? Bem, isso é claramente apenas o começo. Porque o contexto da minha resposta à ressonância de campo da casa foi me conduzir a uma orientação muito maior em resposta a uma pergunta espontânea, a saber: "Qual é a relação entre espiritualidade e direitos humanos?"

Seguir esta trilha nos leva a contemplar um universo consciente, que está comunicando ordens de consciência que vão desde as densamente confinadas na matéria e as estruturas de crenças altamente restritivas à consciência até estados altamente receptivos e sintonizados com vibrações sutis. Será que o universo está sempre tentando se comunicar conosco e nos treinar para desenvolver uma razão superior, mas estamos constantemente fechados à sua orientação ressonante por estarmos muito ocupados com as distrações da vida ou presos em preocupações neuróticas?

Uma coisa é certa: os Mestres espirituais autênticos ganham acesso a um campo unificador de consciência em que toda a vida, qualquer que seja seu grau de sintonização, recebe amor e compaixão e é acolhida como sagrada no conhecimento de que sua jornada à completude e ao autoconhecimento é inexorável. Na verdade, o universo parece ter todo o tempo do mundo para guiar cada um de nós de volta à Fonte de toda orientação. Todavia, isso não significa que somos livres para procrastinar ou tapar os ouvidos deliberadamente. De qualquer forma, é muito mais divertido sintonizar uma ressonância superior. Você nunca sabe no que isso vai dar!

Frédérique Pichard
Pesquisadora da inteligência de golfinhos
Quando o olhar do golfinho se cruzou com o meu, senti que fui tomada por uma tempestade de emoções. Foi como uma viagem no tempo na velocidade da luz, um despertar, uma reminiscência e um choque de amor. Fui levada de volta à Fonte.

Na década de 1980, trabalhar como guia de turismo internacional me permitiu navegar por todos os mares do planeta. Em cada um dos meus encontros com golfinhos, eu descobria a assombrosa inteligência dessas criaturas marinhas. Cada um deles tinha um comportamento único com humanos, mas todos eram como transmissores e receptores de energias. Fiquei simplesmente encantada.

Alguns anos depois, um amigo me contou que tinha um golfinho nadando no porto de Royan, perto de minha casa na França. Minha filha Adélie pôde comemorar seu sexto aniversário na companhia de um golfinho embaixador, livre na natureza. Às vezes, a vida nos oferece surpresas maravilhosas!

Esses animais foram observados pela primeira vez pelos gregos na antiguidade e, desde então, cerca de sessenta tipos dessas criaturas foram estudados. Os embaixadores são golfinhos amigáveis que permanecem perto da costa e procuram interagir com os humanos. O primeiro golfinho que conheci é único, pois, ao contrário de seus amigos, que acabam se estabelecendo em uma área, ele é um grande viajante, um nômade incessante. É por isso que ele tem vários nomes: os franceses o chamam de Randy, os britânicos o conhecem como George, e meus amigos irlandeses o chamam de Dony. Gosto particularmente desse último nome, pois transmite perfeitamente o que ele é: até certo ponto, Dony encarna a ideia de doação — uma dádiva.

No primeiro dia, esperávamos vê-lo no porto, mas nossas expectativas foram em vão. Foi Adélie que me levou até ele, sabendo instintivamente onde encontrá-lo. Reconhecível por sua barbatana denteada, ele estava nos esperando, imóvel, ao lado de um barco. Imediatamente entramos na água para nos juntarmos a ele. Foi como um reencontro — parecia que eu o conhecia desde sempre. Não demorou muito para nos familiarizarmos. Depois de cinco minutos desse encontro mágico, percebi que estava com um golfinho que pesava cerca de 340 quilos e que não mostrava nenhum sinal de desconfiança em meus braços. Ele sentiu instantaneamente que eu não era estranha ao mundo das vibrações.

Desde aquele dia, minha vida mudou completamente, bem como minha ideia de realidade. Descobri todas as "coincidências significativas", bem como as famosas "sincronicidades" descritas por Carl Jung. Cancelei uma viagem ao exterior que me manteria afastada da França pelos próximos três anos e tornei costume encontrar-me com Dony ao anoitecer. Como sou bailarina desde a infância, me expressar através do corpo não era um mistério para mim. Porém, além da maravilhosa coreografia que Dony estava me ensinando, descobri uma nova maneira de me comunicar — não mais pela expressão artística, mas por algo mais sutil, mais profundo, de célula em célula, uma linguagem de vibrações corporais. Os golfinhos vivem constantemente no que é chamado de estado alfa, um estado alterado de consciência, meio acordado, meio adormecido. Nessa condição de consciência, nos integramos ao universo.

Para entrar no mundo dos cetáceos, devemos entender que nós também somos seres "vibrantes". Em uma osmose em estado alfa com Dony, sob a lua e as estrelas, minhas células absorveram a energia que ele passou para mim. Ao sair da água, eu escrevia as mensagens que havia recebido dele, transmitidas ao meu corpo como uma nova energia.

Não há dúvida: Dony foi como um guia para mim daquele ponto em diante. Ele me convidou a entrar em outro tipo de comunicação: a telepatia. Eu já havia presenciado esse tipo de comunicação em meus filhos gêmeos, que se entendiam sem palavras. Agora recebera esse presente de um mestre nessa arte: um golfinho. A razão e a lógica humanas modernas nos afastaram dessa forma de comunicação. No entanto, todos nós podemos usar a telepatia; a internet e os telefones celulares nada mais são do que ferramentas modernas a serviço de nosso próprio transceptor interno em nossa conexão com o mundo, um receptor e transmissor sutil, invisível, mas eficaz.

Após meu primeiro contato com Dony, pratiquei minhas habilidades de comunicação espontânea por dois anos com ele, falando dos locais e horários em que iria me encontrar com ele e indo até esse local na hora marcada. Claro, houve algumas faltas, mas na maioria das vezes, ele aparecia, e nossos encontros aconteciam. Visualizar a imagem do local pretendido e sentir a emoção e a alegria do reencontro produzia vibrações. A emoção criava uma forma específica de onda, que viajava de mim para Dony.

Às vezes eu dirigia por muitos quilômetros para me encontrar com Dony. Nós inevitavelmente nos encontrávamos, sendo atraídos como ímãs. Parecia que eu estava sendo sugada para esse momento. Eu apenas seguia a direção que sentia que deveria seguir, completamente confiante de que isso me levaria aonde queria. Não sentia medo algum; era como se eu estivesse dançando, acompanhada do meu par.

A presença física de Dony em nossos encontros reforçou minha confiança. Eu não sabia mais dizer se era eu ou ele quem marcava a hora e o local de nossas reuniões.

Nunca me esquecerei do dia anterior a um de meus encontros com ele e um de seus amigos golfinhos, Jean-Floch. Fiz um desejo para as estrelas cadentes e, no dia seguinte, meus dois amigos golfinhos me esperavam no lugar que eu tinha em mente! Mais tarde, quando nadaram para o mar aberto, fui tomada por uma tremenda sensação de tristeza. Eu lhes disse telepaticamente que estava me sentindo um pouco triste e gostaria de me despedir deles novamente. Após cinco minutos, ambos estavam de volta!

Lembro-me também de uma longa viagem nadando no mar: eu estava me sentindo cada vez mais cansada, quando Jean-Floch me parou de repente, mordendo meu pé de pato. Ele, então, nadou bem embaixo de mim e me carregou para que eu pudesse descansar.

Recordo também outra ocasião em que, depois de perceber que fazia algum tempo que não via Dony e Jean-Floch, encontrei-os como que por acaso. Os golfinhos conseguem ler nossas mentes mesmo antes de pensarmos. Mais cedo, em dezembro de 2004, pouco antes do trágico tsunami japonês, Dony havia me enviado uma imagem de humanos de mãos dadas, como em uma dança; esta era uma mensagem que dizia que o tempo que viria seria difícil, e que só a solidariedade e a fraternidade poderiam nos salvar.

Uma vez, no outono de 2010, quando eu estava com Dony, ele se levantou na água como um ser humano e se aconchegou em meus braços como uma criança faria, ficando completamente imóvel. Minha mão esquerda foi atraída para seu coração, como ele fosse um ímã, e fiquei surpresa ao sentir seu batimento cardíaco, muito forte — vou me lembrar desse momento pelo resto da minha vida. Acolhi as batidas de seu coração como uma dádiva sagrada, uma mensagem de convite para sentir essa vibração, um cristal puro selado nas profundezas de nossos corpos; sentindo o amor desta entidade vibrando em sintonia comigo e com toda a vida do mundo.

Quando conheci Ervin Laszlo em uma convenção sobre a física do novo paradigma, na cidade francesa de Reims, achei importante compartilhar com ele minhas diversas experiências com cetáceos. Acho que eles nos mostram que não exploramos o potencial do nosso cérebro: diz-se que usamos apenas 5% ou mais, e isso é ridículo. A inteligência desses mamíferos prova que eles poderiam desenvolver ainda mais o potencial de seu cérebro avançado. Parecem nos incitar a desenvolver nossas próprias capacidades cerebrais, por mais que sejam diferentes das deles.

Um dia, em setembro de 2008, no porto onde passara tantas horas com Dony e Jean-Floch, eu estava olhando o mar, sentindo-me um tanto abatida e nostálgica, meu pedido de bolsa para financiar os projetos do "Institut Dony" havia sido recusado novamente. Eu estava me sentindo tão cansada quanto Sísifo, carregando sua pedra incessantemente. Além disso, eu sabia que, depois de alguns conflitos que Jean-Floch tivera com os pescadores, ele havia se afastado dois meses atrás, e ninguém sabia por onde andava desde então. Soubemos depois que a guarda costeira espanhola o encontrara — as fotos que nos enviaram confirmaram que a barbatana era, de fato, a de Jean-Floch, que nadara até a Galiza. Naquele momento senti que estava vivo e decidi meditar com ele à distância.

Enquanto meditava, imediatamente tive a sensação de ser sugada pelo oceano: senti que a conexão havia acontecido. Então, recebi uma imagem parecida com uma grade, acompanhada desta mensagem: "Para nós no oceano, o tempo é eterno, infinito; a própria ideia de tempo é limitada às percepções humanas, e as ideias de começo e fim assustam vocês. Se a mente das pessoas não está pronta para entender [nossa ideia de tempo], aceite isso e fique em paz."

Nos quinze minutos seguintes, parecia que eu estava sendo levada aos níveis celulares. Nesse exato momento, um cachorro subiu nos degraus à beira do porto e sentou-se na minha frente, me encarando com olhos cheios de gentileza. De repente, percebi Jean-Floch me dizendo: "Frédérique, eu te envio o esplendor da paz." Um segundo depois, o dono do animal subiu os mesmos degraus e o chamou. Mal pude acreditar no que estava ouvindo, ele repetiu várias vezes o nome do cachorro: "Galiza! Galiza!"

Tive a impressão de que os olhos do cão eram os de Jean-Floch. Apesar da distância entre nós — cerca de mil quilômetros — ele conseguira me passar uma mensagem através dos olhos de um cachorro que tinha o nome do lugar onde se refugiara.

Essa comunicação não seria exatamente aquilo que chamamos de esplendor da paz — a consciência de que tudo está conectado, apesar de nossas percepções limitadas e nossa constante inclinação a separar as coisas para analisá-las? Sim. Esta foi a mensagem de Jean-Floch: "Quando você abre sua consciência e liga seu coração a tudo o que a cerca, você encontra a paz e pode desfrutar da beleza. Nós somos o universo, todos nós, juntos, mesmo quando pensamos que estamos sozinhos."

Em outra ocasião, fui procurar golfinhos com minha irmã: queríamos criar um elixir de água tingido de suas vibrações. Segundo minhas anotações, o elixir foi criado no litoral atlântico da França em um dia ensolarado em 29 de agosto de 2008. Foi criado através do nosso esforço conjunto: eu, minha irmã, minha sobrinha e um grupo de golfinhos. Naquele dia, saímos para o mar com a intenção de encontrá-los. E de repente, eles irromperam da arrebentação: um, dois, três, quatro golfinhos! E mais! Vinham de direções diferentes, mas todos convergiam para o centro. Estávamos rodeadas por eles, maravilhadas com a sua energia, a sua leveza e a sua ligação simples e natural com o mar. Eles nos encheram de alegria. A água era tão cristalina que conseguíamos vê-los através dela. Os golfinhos estavam brincando, saltando, seguindo o barco com uma precisão incrível. Então, houve uma mudança repentina de energia: estávamos agora testemunhando uma cena de caça. Os golfinhos estavam indo em direções aparentemente aleatórias, mas, na verdade, seguiam uma estratégia. Seu instinto lhes disse aonde ir e, embora estivessem agindo como indivíduos, uma energia coletiva brotou do grupo. Minha irmã desceu do barco para encontrá-los, então sentiu que a tinham chamado a se aproximar da proa. Dois golfinhos nadaram até ela, perfeitamente sincronizados, totalmente harmonizados com os movimentos do navio um pouco à nossa frente. Um deles virou a cabeça para ela e olhou diretamente em seus olhos — ou, melhor dizendo, *através* dos seus olhos — e instantaneamente lhe enviou esta mensagem: "Viemos até você para que possa participar da criação desta essência. Estamos participando plenamente." O golfinho estava perfeitamente ciente do que procurávamos e desejava conscientemente participar do processo. Minha irmã nadou com os golfinhos no início, mas, de repente, eles a deixaram e nadaram à frente do navio. Esse foi o momento exato em que o elixir foi criado. Foi uma experiência extraordinária. Jamais esquecerei esse contato, essa comunicação e comprometimento totais, e a precisão que comunicou o senso de propósito. Juntos seguimos em frente, sabendo aonde ir sem ter necessidade de qualquer orientação.

"Dolphin Together" é uma essência que atualmente está em desenvolvimento. Esta é a mensagem de hoje: "Chegou a hora de nos reunirmos. Juntos, somos fortes; estamos indo na mesma direção e sabemos muito bem o papel que temos a desempenhar. Estamos agindo com plena consciência, abraçando a vida com leveza, determinação e conhecimento interior. Pertencemos a uma consciência coletiva."

Ervin certa vez escreveu que, no mar, tudo é consciência e, durante as viagens que organizei para encontrar cetáceos em seu habitat, tive inúmeras oportunidades de perceber o quanto isso é verdade.

Todos os tipos de criaturas, cada uma mais magnífica que a outra, passaram a interagir conosco durante esses anos, desde organismos unicelulares incrivelmente pequenos até baleias incrivelmente grandes. Maravilho-me com a ligação entre eles no mar, sobretudo nos Açores, lar de cerca de trinta espécies de cetáceos.

Sempre me lembrarei de um mergulho em que vi uma centena de golfinhos soltando bolhas de luz que lembravam os códigos de uma linguagem. Eram figuras geométricas. Essa imagem ficou marcada em meu cérebro, e depois eu a desenhei no papel. Acordei com a ideia de meditar sobre essas figuras. Comecei a trabalhar como relaxologista, recebendo imagens dos golfinhos e usando-as para ajudar os humanos a se reconectarem. Os golfinhos sabem o que precisamos fazer para evoluir ainda mais. Essa imagem, por exemplo, de bolhas de luz sendo emitidas na água, era a imagem de um diamante que podemos visualizar quando estamos sentados: a borda superior está no topo de nossa cabeça e a borda inferior, abaixo de nossos pés. Nós nos vemos como um cristal, nosso corpo vai sendo preenchido com centenas de bolhas de luz. Compreendi, então, que os golfinhos estavam tentando me orientar, me ajudando na minha conexão com a minha Fonte. O universo quântico que Ervin e outros estudiosos estão descobrindo é parecido com o universo em que os cetáceos vivem.

Guardo com carinho uma frase que ficou gravada em minha mente durante um encontro com Dony: "Só uma coisa nos compete, e é nossa responsabilidade para conosco." Compreendi que, em vez de nos impormos ao mundo com a intenção de unificar tudo, é mais coerente viver com integridade dentro de nós mesmos. Nosso sofrimento humano muitas vezes ocorre devido à ilusão da separação, que gera desejos e sentimentos de abandono.

As experiências com golfinhos muitas vezes curam a dor da separatividade e da separação: eles têm o dom de facilitar nossa reconexão, mas o caminho que trilhamos é nosso. Amor e livre-arbítrio são a mesma coisa. Na maioria das vezes, os golfinhos não podem nos carregar, mas sentem tanto amor e compaixão por nós que alguns deles podem até morrer por nossa causa. Uma das primeiras mensagens telepáticas de Dony foi: "Vou com você, mas não estou te carregando." A morte, para os golfinhos, é uma transição para outro nível de consciência.

Quando Dony falta a um de nossos compromissos, uso o silêncio para sentir minha união com a natureza e permitir que as sementes de nossos encontros amadureçam e floresçam. Essa percepção está profundamente enraizada. Sentir o amor incondicional pelos outros e por nós mesmos é a jornada mais bonita e mais trabalhosa de todas. É possível unir a paz interior resultante disso e a expectativa de vivenciar a paz no mundo.

No entanto, eu diria que há uma pequena limitação nos múltiplos potenciais dos golfinhos quando se trata da cura. O elo de cura que eles desencadeiam é uma ponte, um espelho de nossa alma. O amor do golfinho fortalece o processo de cura dentro de nós. De forma semelhante à música de Mozart, as vibrações emitidas pelos golfinhos são extremamente agudas, e contribuem para nossa transformação.

Hoje, Dony está voltando à vida em mar aberto, e outros golfinhos o substituíram. Originalmente, Dony veio à França para gravar algumas cenas de filmes que passam na TV. Um filme foi para o canal franco--alemão *Arte*, e recebeu o prêmio de biodiversidade. Dusty, um golfinho-fêmea irlandês, aparece no mesmo filme. Ela é uma figura: coleta lixo no mar. Eu a chamo de "embaixadora verde". É dócil e aberta ao contato com humanos, mas permanece intransigente, indomável e livre.

De acordo com o mito indígena do Quinto Sonho, uma baleia sonhou com os humanos, e, assim, eles passaram a existir. Como posso ouvir o sussurro da baleia através de Dony, até hoje permaneço fiel ao que ele me ensinou: sinta o universo dentro de você, com puro amor. Viemos do amor e da unicidade, é neles que estamos e para eles que estamos indo. É o centro que une todos nós. Nossa unicidade sagrada é onipresente: está aqui sempre que respiramos, estejam os golfinhos presentes fisicamente ou não.

Há um ano, conheci Aladin, outro golfinho embaixador que estava nadando pela costa da Bretanha. Ele usou a telepatia para me dizer o seguinte: "Quando você me vê chegando a um dos meus portos, é apenas sua percepção humana que lhe diz que estou sozinho. É verdade que estou sozinho, sim, mas estou ligado a um grupo."

Aladin é muito mais novo que Dony e adora brincar. Eu nunca senti tanta leveza e ternura conectada a uma energia que parece a de um big bang. Entre as várias atividades do Institut Dony, quero que as crianças descubram sua ecologia interior. Durante essas atividades, gosto que o Aladin esteja presente. Ele me lembra nossa criança interior, que permanece conectada com sua essência, e permanece em contato conosco alegremente. Imagine um golfinho imóvel, totalmente presente, totalmente consciente e atento, ouvindo você.

Para concluir este relato, deixe-me repassar a mensagem mais recente que recebi de Aladin: "Cultive sua paz interior", e a mensagem de Dony: "Você, o humano, e eu, o golfinho, viemos da mesma Fonte, A Fonte de beleza e amor."

Pierre Pradervand
Educador, ativista
Tive a sorte de ter uma sólida formação científica, de ter sido agraciado com algumas experiências místicas poderosas, de ter conseguido juntar as duas coisas e de poder fazer isso de uma maneira que elas não apenas não colidam, mas também abram visões encantadas que me enchem diariamente com a mais incrível admiração e gratidão simplesmente por estar vivo neste lugar bastante fora do comum chamado planeta Terra, parte deste acontecimento estupendo chamado universo. E minha crença mais fundamental — aquela que me permite continuar ativo nesse que, em um sentido material, parece ser um universo muitas vezes cruel e totalmente ininteligível — é que tudo é governado pela lei.

Vivemos em um universo incrivelmente amigável, não um lugar regido pelo acaso. Não acredito que o acaso possa existir em um espaço totalmente governado pela lei, e como acredito que essa lei é infinitamente amorosa, ela não poderia tolerar o "acaso", ou seja, algo fora de sua jurisdição. Também foi um privilégio viver uma longa vida com mais de 50 anos de atividade profissional, viajando, morando e estudando em mais de quarenta países dos cinco continentes, vivenciando muitas culturas e modos de vida, fazendo amizade com as pessoas tachadas de santas e pecadoras, bem como presidentes e povos de todas as culturas, raças, credos e estilos de vida, os intelectuais mais ignorantes e os mais sábios, bem como camponeses analfabetos com um conhecimento incrível da vida e da natureza e pessoas de cura de todos os matizes. E a cada dia se aprofunda a minha convicção de que vivemos em um universo infinitamente amigável que deseja o nosso bem mais do que nós mesmos e não nos deixará até que tenhamos alcançado a plenitude e felicidade perfeitas com nossa Fonte.

Essa visão nasceu da experiência mística mais poderosa que tive em minha vida. Muitos anos atrás, eu estava participando da reunião do conselho da Associação 6-S, o maior movimento de camponeses e agricultores de base da África, do qual fui membro fundador, em Ouahigouya, Burkina Faso.

No último dia da reunião, tive disenteria. Como na época eu estava seguindo uma jornada de cura espiritual (sem medicina convencional), lidei com isso espiritualmente. No avião, no dia seguinte, eu ainda estava abordando a questão por meio de meus textos espirituais, afirmações, orações e coisas do gênero. Ao meu lado estava um menino desacompanhado, e a aeromoça que cuidava dele era incrivelmente amorosa, parecia ser sua mãe. Em um momento, ela conversou com ele com tanta gentileza que, de repente, fiquei impressionado com aquela espécie de gratidão cósmica que só consigo descrever dessa forma, que envolveu a aeromoça e todo o resto. Subitamente, fui projetado em direção a um espaço que era atemporal e além do espaço material, onde eu não tinha consciência de nada além do amor infinito. Senti em minha própria essência que o amor incondicional era a única causa, efeito, substância, poder, ser, realidade, identidade, presença no universo, que era literalmente tudo em tudo.

A coisa mais maravilhosa de toda a experiência foi o desaparecimento completo do meu ego. Eu não tinha mais noção de que alguém chamado Pierre Pradervand sequer existia. Por um período indeterminado (já que eu não estava mais inserido no tempo), a consciência divina se tornou *minha* consciência, o que explica essa ter sido a experiência mais gloriosa da minha existência: o amor infinito se manifestou como liberdade total. A mente humana (intelecto, reino mental) havia acabado de desaparecer; tudo estava no nível desse sentimento extraordinário do divino.

E de repente, eu estava de volta ao meu lugar no avião. Senti algo se mexendo em meu intestino e, em questão de segundos, a disenteria desapareceu. Mas mesmo essa cura, por mais bem-vinda que fosse, não era nada comparada à visão, que trazia consigo uma qualidade de conhecimento que as palavras humanas simplesmente não podem descrever — porque estava muito além da experiência humana normal. Agora sinto com muita certeza, muito fundamento espiritual, que o amor é a resposta definitiva para todo e qualquer problema, seja ele pessoal, social ou mundial.

E você e eu estamos integrados a esse amor. Estamos literalmente soldados ao amor, e nada poderá mudar isso, nem mesmo nossas próprias dúvidas e medos. O amor é nosso lar, nosso refúgio, nosso trampolim e nosso lugar de descanso — para sempre.

Porque *neste exato instante,* somos literalmente o amor divino em expressão.

Um dos aspectos mais surpreendentes desse acontecimento foi a qualidade do conhecimento que absorvi. Um alívio tal que nunca havia sentido antes. Este saber foi um *sentimento profundo* que não tinha absolutamente nada a ver com o intelecto, que, como eu disse, não estava envolvido, pois havia desaparecido.

Era um conhecimento além de qualquer categoria de certo ou errado, de dúvidas como "e se", "talvez", "de alguma forma", era uma certeza interior que não nasceu em mim, mas com a qual fui agraciado. Eu poderia ter tido (ou poderia ter até hoje) mil cientistas na minha frente dizendo: "Mas, Dr. Pradervand, você deve ter comido algum cogumelo alucinógeno no restaurante africano na noite anterior sem saber", ou algum argumento intelectual desinformado semelhante, dizendo que ainda não somos capazes de aceitar ou entender fenômenos que estão além da compreensão dos paradigmas usuais e "científicos" — e eu teria apenas sorrido.

Em outra época da minha vida, eu estava morando no Mont Pélerin, um dos lugares mais bonitos da minha terra natal, a Suíça, no lindo apartamento de um artista. Ficava sob o telhado de uma casa antiga, com uma varanda dotada de uma vista com um dos cenários mais espetaculares que conheci na minha vida, uma mercearia ao lado que abria às 6h30, e florestas de pinheiros maravilhosas e perfumadas onde eu fazia minha corrida acompanhado pelo cachorro amigável do vizinho, trotando ao meu lado. Um verdadeiro paraíso.

Depois, mudei-me para o centro de Genebra, para uma das ruas mais movimentadas, barulhentas e poluídas da cidade. Não era exatamente o meu paraíso nas montanhas. Correr ali no inverno, naquelas calçadas escorregadias com neve derretida não era bem o que eu queria para mim, então comprei uma dessas máquinas de exercícios que imitam o esqui cross-country, um dos esportes mais completos que existem. Lancei-me ao exercício diário com o meu entusiasmo e animação habituais. Mas devo ter exagerado, porque logo fui acometido pelos sintomas mais perturbadores da angina pectoris, um desafio hereditário da família, acordando à noite com dores latejantes no peito, sentindo dificuldade para respirar e uma angústia profunda.

Por três dias, eu literalmente me arrastei pelo apartamento, completamente sem energia, um fantasma do que eu era. No terceiro dia, eu estava sentado em uma poltrona em frente à janela da sacada com uma vista fabulosa dos Alpes franceses quando de repente, "algo" em mim me impulsionou a me levantar e, com pernas e braços estendidos, eu disse "SIM" em voz alta por um ou dois minutos. Fui curado instantaneamente. A experiência foi tão incrível que, alguns anos depois, tomei o costume de andar pelas ruas gritando um poderoso *SIM* a cada três passos. Eu até escrevi um livro (em francês) com o título *O Grande SIM à Vida* (*Le Grand OUI à la vie*).

Dr. David R. Hawkins, médico e grande vidente norte-americano do século passado que, após a mais brilhante carreira no campo da psiquiatria, tornou-se, ao final de sua carreira, uma figura importante do meio espiritual americano e um líder reconhecido na área da natureza da consciência, afirma que SIM é a palavra mais poderosa em nossa língua. Tente usá-lo como uma espécie de mantra, sempre que se deparar com um grande desafio. Em vez de xingar a situação, ou sentir raiva, ou cair em depressão, diga um poderoso "SIM" em voz alta, muitas vezes. Ele irá ajudá-lo imensamente a mudar seu estado de espírito. Pessoalmente, a primeira coisa que faço quando saio da cama de manhã é ficar ao lado dela com os braços erguidos, dizendo um "sim, obrigado" muito vigoroso afirmando cada coisa que vai acontecer durante o dia e agradecendo por elas.

Acredito que a razão de esta palavra ser tão poderosa é que talvez, sem o nosso conhecimento, estejamos dizendo "sim" à existência de um universo benevolente e infinitamente amoroso com o qual podemos realmente contar, porque até o mínimo detalhe, planta, inseto ou micromolécula é governado pela lei.

Basta pensar no seu corpo. Pelas últimas contagens, esse amigo inacreditável é composto de cerca de 35.000.000.000.000 de células (para ser sincero, não fui eu que as contei). Você consegue imaginar um conjunto tão incrível de células, que comunica as mensagens mais sensíveis e refinadas vinte e quatro horas por dia, sete dias por semana, um conjunto que é um exemplo impressionante da mais requintada colaboração e apoio mútuo — você consegue sequer imaginar um corpo desses sendo controlado pelo acaso? Qualquer um que ousasse fazer essa afirmação seria ridicularizado por uma sala de aula de estudantes de estatística da primeira série! E nosso corpo é apenas um pequeno elemento dessa "coisa" incrível chamada planeta, ele próprio um pequenino corpo em nosso universo, que parece ser apenas um entre muitos desses universos.

Isso é alucinante.

Ainda em outra ocasião, fui curado de sete anos de ataques muito agressivos de depressão. Na época, eu ainda estava usando uma abordagem puramente espiritual para me curar, que funcionou incrivelmente bem por cerca de 25 anos. Mas desta vez não funcionou, embora eu pedisse a ajuda dos principais curadores do movimento ao qual eu pertencia. Uma noite, bem depois da meia-noite em Genebra, num estado de desespero total, telefonei para uma amiga nos Estados Unidos. Com uma única declaração — um versículo que ela citou do Salmo 23 — sete anos de depressão se dissolveram em cinco minutos. Para mim, este salmo é o texto mais universal e interespiritual que já encontrei, porque é inteiramente feito de metáforas — sem teologia! Eu uso diariamente.

Quando confrontada com as três curas que experimentei anteriormente, a resposta tradicional da medicina moderna é "São bons exemplos de remissão espontânea." Sempre achei divertida esta expressão, porque o que ela está confessando na verdade é: "Não temos a menor ideia do que está acontecendo aqui, mas como não ousamos confessar nossa ignorância do mecanismo de tais curas, chamamos de 'remissões espontâneas'." A cura espiritual ainda não é tendência na versão cientificamente inclinada da medicina moderna. Felizmente, tanto a medicina quanto a ciência tradicional estão mudando rapidamente, como este livro mostra, pelo menos na parte da ciência. No entanto, todos sabemos do número crescente de médicos que estão buscando seriamente outras abordagens para seu ofício.

Um dos pioneiros nessa área é o Dr. Joe Dispenza, um dos palestrantes e instrutores mais requisitados do mundo. Quando tinha 23 anos, Dispenza curou-se de seis fraturas graves da coluna exclusivamente por meio de uma técnica de meditação que ele próprio desenvolveu. Três dos melhores neurocirurgiões do sul da Califórnia previram que ele passaria a vida inteira em uma cadeira de rodas, a menos que usasse hastes de Harrington (que se ligam à coluna quebrada para sustentá-la). No entanto, em menos de dez semanas, ele estava de pé, andando! Desde então, em seus workshops ao redor do mundo, aconteceram as curas mais surpreendentes, até mesmo de cânceres terminais, Alzheimer ou esclerose múltipla. Em um desses casos, uma pessoa que sofria de esclerose múltipla por dez anos levantou-se de sua cadeira de rodas no meio de uma meditação e começou a andar. O poder dos ensinamentos de Dispenza — que literalmente mudou a história científica — é que ele tem provas científicas do impacto da meditação no funcionamento do cérebro, tendo feito mais de dois mil exames cerebrais de pessoas meditando durante seus workshops. (Eu mesmo fui examinado dessa maneira durante um dos que participei em 2017, no Lago de Garda, norte da Itália.) Os dados estão publicados em seu último livro, *Becoming Supernatural*.

Muitos cientistas zombariam dessas histórias. No entanto, essa não é exatamente uma resposta muito científica. Outros, felizmente, estão se abrindo para a visão mais empolgante da "nova" ciência de amanhã, como Ervin Laszlo mostra tão claramente em seus livros.

Estamos vivendo no que certamente é um dos períodos mais emocionantes e desafiadores da história da humanidade. Os modelos tradicionais do mundo e da realidade estão desmoronando em todas as áreas. De sociedades nas quais a estabilidade era a regra e a mudança a exceção, passamos para sociedades em que a mudança é a regra e a estabilidade a exceção. O que isso fará conosco e com o conhecimento humano (incluindo a ciência) em todas as áreas, ninguém sabe. A transição pode não ser suave e até chegar a ser muito áspera, com imensas reviravoltas em muitas áreas. No entanto, como acredito que vivemos em um universo infinitamente amigável, também acredito que, mais cedo ou mais tarde, conseguiremos alcançá-la. Então coloque os cintos de segurança, esteja pronto para a decolagem — vamos partir!

Dean Radin

Parapsicólogo, pesquisador da consciência experimental

No início do ano 2000, eu estava procurando um escritório para abrigar um instituto de pesquisa que eu e meu colega, o Dr. Richard Shoup, estávamos criando. Nós o chamamos de Boundary Institute, porque sua missão era explorar cientificamente os limites entre mente e matéria usando a física, a matemática e a ciência da computação. Nossa organização daria continuidade a um programa de pesquisa psíquica que eu comandava em uma empresa de tecnologia do Vale do Silício chamada Interval Research Corporation, financiada por Paul Allen, cofundador da Microsoft.

A mania das empresas de internet estava no auge na época, surgiam novas startups da área por todo o Vale do Silício. Como resultado, as taxas de aluguel de salas comerciais, já em níveis astronômicos, continuaram a subir. Analisamos quatro locais em potencial e rejeitamos os três primeiros, porque eram muito caros. Só restava uma opção, na cidade de Los Altos, nas proximidades do Vale do Silício. Era um espaço agradável com quatro escritórios, uma área comum e uma sala de conferências, estava localizado em um complexo comercial que abrigava contadores, terapeutas, corretores de imóveis, dentistas e outros empreendimentos do gênero.

Depois de passar alguns dias mudando os móveis para nossa nova sede, fiquei curioso com nossos vizinhos. No complexo, havia uma placa listando as empresas ali sediadas. A maioria eram negócios comuns, mas uma se chamava PsiQuest ["BuscaPsi", em tradução livre], Inc. Vi isso como uma maravilhosa coincidência, porque nosso novo instituto também era uma espécie de "busca psi" (o termo *psi* é jargão parapsicológico para fenômenos psíquicos). Há apenas algumas instalações de pesquisa psi no mundo, e todas elas se conhecem muito bem, então eu tinha certeza de que o "psi" de PsiQuest devia ser uma sigla (em inglês) para "Investigações de Serviço Pessoal", ou algo assim. Esse "psi" certamente era apenas uma coincidência divertida.

Cerca de um mês depois, andei até nosso escritório por um caminho diferente e notei uma pequena placa na sala ao lado da nossa, que eu não tinha visto antes, com os dizeres: "Laboratórios de Pesquisa PsiQuest." De repente, isso passou a ser mais do que apenas uma coincidência interessante, por que o que diabos um lugar chamado Investigações de Serviço de Pessoal teria um laboratório de pesquisa? As minipersianas da janela do PsiQuest Research Labs estavam fechadas, e o pouco que eu pude ver através delas apenas revelava uma recepção bem equipada. Não vi ninguém ali.

Espiei pelas persianas todos os dias pelas próximas duas semanas. Finalmente, notei que alguém estava no escritório. Bati na porta e tentei abri-la. Estava destrancada, então entrei e me preparei para cumprimentar o homem atrás de uma mesa. Ele olhou para cima, seus olhos se arregalaram, e seu queixo caiu como se tivesse visto um fantasma. Eu pensei que talvez ele estivesse tendo um derrame, porque parecia absolutamente atordoado. Lentamente, estendi-lhe minha mão e disse: "Olá, gostaria de me apresentar. Sou seu vizinho aqui do lado. Meu nome é…" Mas antes que eu pudesse terminar, resmungou: "Dean Radin?"

No começo, hesitei. "Sim", respondi cautelosamente, me perguntando como sabia quem eu era e se estava se sentindo bem. O homem não disse nada, apenas continuou a me encarar. Depois de uma pausa desconfortável, repeti: "Sou seu vizinho aqui do lado. Eu só queria me apresentar e saber do trabalho de vocês."

Depois de um momento, o homem respondeu: "Fazemos a mesma coisa que você."

Confuso, indaguei: "O que você acha que eu faço?"

Ele respondeu: "Pesquisa Psi… parapsicologia."

Agora foi a minha vez de encará-lo, estupefato. Sem que eu ou qualquer um dos meus colegas ao redor do mundo soubesse, tínhamos aqui outro grupo envolvido no tipo incomum de pesquisa que estávamos realizando, e eles estavam *ao lado do nosso escritório.*

Descobriu-se que Jon K., presidente da PsiQuest, não só estava completamente familiarizado com a pesquisa psi, mas especificamente envolvido em uma prática mágica para fazer com que *eu me manifestasse!* Jon estava usando uma técnica tibetana de yoga onírico, que envolve períodos alternados de três horas de sono e vigília ao longo de vinte e quatro horas. Durante os períodos de vigília, ele desejava intensamente um sinal de que sua empresa estava no caminho certo, e um dos sinais seria a minha aparição, de alguma forma, para que eu me juntasse à sua diretoria. Mas ele não tinha ideia de onde eu estava e nem de como entrar em contato comigo. Quase ninguém na época sabia que eu morava no Vale do Silício, e menos pessoas ainda sabiam onde ficava nosso novo instituto.

Por isso que Jon perdeu a fala assim que eu abri a porta de seu laboratório. Ele acabara de terminar um de seus exercícios oníricos de manifestação de três horas e não sabia dizer se estava acordado ou sonhando. De sua perspectiva, minha aparição em sua porta foi literalmente um ato mágico baseado em suas afirmações claras e repetidas. Quando ele finalmente conseguiu me contar o que havia acontecido, eu também fiquei bastante desnorteado. Nós dois tivemos que nos sentar.

Até então já era uma série muito estranha de acontecimentos. Mas o que aconteceu a seguir tornou as coisas ainda mais estranhas. Um mês antes de conhecer Jon, eu estava concentrado em visualizar como seriam nossos novos escritórios e espaço de laboratório. Eu ficava desenhando esboços do arranjo ideal do meu laboratório no quadro branco do meu escritório e imaginando um tipo específico de cadeira reclinável de couro, uma sala com blindagem eletromagnética e outros equipamentos que nos seriam úteis. Eu sabia que tudo isso seria caro e que nosso orçamento era limitado, então pensei que não conseguiríamos pagar tudo a curto prazo. Porém, isso não me impediu de passar algumas horas por dia visualizando o que eu queria.

Voltando à nossa história, após se recuperar do choque do nosso encontro, Jon me convidou para visitar o resto de suas instalações.

Enquanto passávamos de um cômodo para o outro, eu mal podia acreditar no que via. Ele tinha a cadeira de couro reclinável, a câmara blindada e todos os outros equipamentos de laboratório que eu estava imaginando ativamente. E tudo isso estava *do outro lado da nossa parede*, a menos de dois metros de onde eu estava esboçando como seria o nosso laboratório. Eu literalmente trouxe meu esboço ao mundo.

Depois de discutir essa série de sincronicidades com os outros membros do nosso instituto, concordamos que não poderia ser um mero golpe de sorte. Foi como se a intenção sustentada por mim e por Jon agisse como uma espécie de força que uniu a PsiQuest e o Boundary Institute, algo análogo à gravidade que une uma lua e um planeta. No conceito relativista geral de gravidade de Einstein, o planeta não emite "feixes de gravidade" para atrair a lua. Em vez disso, o próprio tecido do espaço-tempo é distorcido pela massa da Terra e da Lua, e a geometria distorcida guia naturalmente as duas massas a se aproximarem. Com essa analogia em mente, especulamos que talvez a intenção mental intensa também deforme ou distorça aspectos da realidade. Acontecimentos que, de outra forma, poderiam ser completamente independentes, sem nunca interagir, seriam naturalmente reunidos pela deformação resultante no espaço-tempo.

Essa hipótese tem ampla relevância e aplicabilidade. Se mente e matéria são dois lados da mesma moeda, que é uma maneira de interpretar a confusão de realidades objetivas e subjetivas que vemos com fenômenos psi, então, dado que o espaço-tempo parece ser distorcido pela massa física à la Einstein, também deve ser possível distorcer o espaço-tempo através da "massa mental". Qual é o análogo mental da massa física? Talvez palavras como *amor, significado,* e *intenção focada* capturem sua essência.

Eu relatei no meu livro *Real Magic* que, quando verificamos a saída de nossos geradores de ruído quântico durante a eleição presidencial de 2016 nos EUA, observamos distorções espaciais e temporais nos dados bem no momento em que Trump foi anunciado como vencedor. Nesse caso, a "massa mental" emergiu das centenas de milhões de mentes que se fundiram em um aplauso ou resmungo coletivo. Isso é especulativo, é claro, mas os dados apontam para algo nesse sentido.

Qualquer que seja a explicação suprema para a série de sincronicidades relatadas aqui e para as distorções dos dados aparentemente causadas pelas mentes, essas experiências são um lembrete gritante de que nossa compreensão do papel da consciência no mundo físico ainda está em seus primórdios.

Maria Sági
Profissional de cura natural, psicóloga
Cresci na terra de Bartók e Liszt, na cidade de Budapeste, onde a vida musical é de uma qualidade excepcional. Cresci em uma família de amantes da música. Desde os 6 anos, meus pais me levavam à ópera e a concertos de música clássica. Em casa, ouvíamos constantemente sinfonias, e comecei a ter aulas de piano aos 7 anos. Ouvi boa música mesmo enquanto lavava a louça ou encerava o chão. Meu pai queria ser músico profissional desde a infância, mas depois de se formar no ensino médio, em vez optar pela academia de música, decidiu se matricular na universidade técnica. Ele tinha duas paixões: a música e a fotografia. Esse foi o ambiente intenso e apaixonado em que passei meus primeiros anos de vida.

Experiências Espontâneas de Música e Arte. Na minha adolescência tocar música com meu pai era uma grande alegria para mim. Ele ficava no violino, e eu o acompanhava ao piano. Quando estávamos tocando juntos, eu me fundia a um todo maior. Não era mais um indivíduo separado; meu próprio eu desaparecia.

Aos 14 anos, fui matriculada na Escola Secundária de Música Béla Bartók como aluna de piano. Nunca tive outra intenção senão tornar-me pianista. Mas tudo mudou quando sofri um acidente aos 16 anos, enquanto fazia exercícios de ginástica. A lesão que sofri afetou meus dois braços. Após um ano e meio de tratamento, voltei a tocar piano, mas ficou claro que não tinha mais capacidade física para ser concertista. Assim, ao terminar o ensino médio, em vez de continuar na academia de música, matriculei-me na Universidade Eötvös Loránd e estudei psicologia.

Como estudante universitária de música, e durante meus anos na universidade, assisti regularmente a concertos na academia de música e a apresentações na ópera. Ouvir música, executada em alto nível de excelência, foi e ainda é uma experiência espiritual para mim. Cria uma sensação de estar em imersão, em unidade, de flutuar na harmonia e no amor por tudo ao meu redor.

Uma experiência notável ocorreu quando eu tinha 16 anos. Depois de uma grande apresentação de *Aida,* uma ópera de Verdi, fui para casa e adormeci, revivendo a ópera inteira numa espécie de sonho. Fui capaz de recordar toda a obra, a música, as imagens, outros sons e as sensações que provocavam em mim.

Em outra ocasião, presenciei — ou melhor, de certo modo "participei" — de uma apresentação de *Tristão e Isolda*, ópera de Wagner. A experiência me tirou o fôlego. Fiquei tão comovida que quase morri. Anos depois — quando eu tinha 27 anos — tive um episódio semelhante ao assistir à ópera de Bartók, *O Castelo de Barba Azul.* Quando a quinta porta do castelo se abre, e o príncipe Barba Azul mostra e oferece seu domínio a Judith, seu novo amor, a história épica da ópera atinge seu clímax. Quando penso nesse episódio e na música que o preenche, ainda sinto a felicidade que senti naquele momento. Um intenso fluxo de energia estava fluindo pela minha coluna, penetrando em cada célula do meu corpo.

Ler grandes obras literárias tem um impacto semelhante em mim. Durante toda a minha adolescência, a literatura clássica húngara e mundial me proporcionou um prazer intenso. A catarse desencadeada pelos livros encheu-me com uma afirmação de vida e de amor.

Grandes pinturas me afetaram da mesma forma. Quando eu tinha 16 anos, visitei o museu Zwinger, em Dresden, por uma semana inteira. Voltei dia após dia, sentava no chão e olhava as pinturas. Há alguns anos, fui a Milão para uma conferência e vi a obra *A Última Ceia,* de Leonardo da Vinci. Foi de tirar o fôlego. Sentar e meditar na catedral de Notre Dame em Paris e no Duomo em Milão me encheu de uma sensação de intensa gratidão, paz e amor incondicional. Não importa a forma, para mim, as grandes obras-primas representam manifestações tangíveis da perfeição que certamente está presente no coração do universo.

Durante os meus anos na universidade, continuei os meus estudos de piano, tendo Erzsébet Tusa, uma notável pianista, como professora. Eu a admirava e a amava profundamente. Nos primeiros anos, minha atenção foi ocupada pelas disciplinas da saúde que faziam parte da minha formação. Mas meus olhos se enchiam de lágrimas quando assistia a apresentações musicais à noite... não foi fácil aceitar o novo rumo da minha vida. No quarto ano na universidade tive que escolher o tema da minha monografia. Meu coração guiou minha escolha: decidi estudar o impacto transformador da música, usando testes projetivos de análise de personalidade desenvolvidos em psicologia. (O título era "Estudo Experimental das Emoções Induzidas pela Música.")

Depois de terminar meus estudos, trabalhei como assistente de pesquisa no Cultural Research Institute. Realizei pesquisas na psicologia da música, testando a criatividade musical de pessoas em diversas esferas da vida. Dediquei meus estudos de doutorado a um tema afim: o estudo da manifestação da experiência musical na obra de jovens pintores. Depois, estendi minha pesquisa para outras áreas de interesse, para a psicologia e a sociologia da arte, incluindo dança, literatura, artes visuais e cinema. Após sete anos de pesquisa, recebi meu título de Candidata da Academia de Ciências da Hungria (C.Sc.).

Conhecendo Pater Louis. Trabalhando no Cultural Research Institute, tive a sorte de conhecer o chefe do departamento internacional, Dr.

Gedeon Dienes, filho da Dra. Valéria Dienes, a primeira mulher reconhecida como cientista na Hungria. Gedeon (conhecido pelos mais próximos como "Gee") era uma figura paterna com uma personalidade maravilhosamente calorosa e carinhosa. Ele tinha mais de 60 anos na época, falava onze idiomas e era um crítico renomado de dança clássica.

Um dia, Gee, que me considerava quase parte de sua família, me pediu para ir com sua esposa ver Pater Louis, um renomado profissional da cura natural que morava no campo. As pessoas o chamavam de "padre herbal", pois receitava chás de ervas para seus pacientes. Ele era um agente da cura muito famoso. Sendo um padre católico, celebrava missa às 6h e, a partir das 8h, atendia pacientes de hora em hora, sem pedir nada em troca.

Pater Louis irradiava força, saúde e bondade. Embora tivesse 66 anos na época, parecia jovem. Maya, a esposa de Gee, colocou fotos da família dos pacientes diante dele, depois lhe entregou uma carta manuscrita por um amigo. Pater Louis examinou Maya, depois as fotos, uma a uma, e depois a carta. Ele praticava a cura à distância, usando um pêndulo. Em seguida, tirou uma pequena caixa que continha frascos de vidro com essências herbáceas e vegetais preparadas por ele. Depois de recuperar alguns frascos, ele usou o pêndulo para selecionar a melhor essência para Maya e, em seguida, para cada uma das pessoas que examinou com a ajuda das fotos e da carta.

Eu o observava em silêncio. Nunca vi um especialista em cura natural trabalhar com um pêndulo, mas me pareceu a coisa mais natural do mundo. Só fiquei surpresa quando ele se virou para mim e disse: "Minha filha, você está completamente saudável, mas tem uma dieta pobre. Deve evitar carne, açúcar, pão e leite." Então foi para trás de mim e usou seu pêndulo para me examinar. Depois de um breve silêncio, disse lentamente: "Alho é um veneno para você."

Naquele momento, senti que os céus se abririam: finalmente poderia me livrar da obsessão de consumir alho por pensar que era saudável. Eu era sensível ao leite e ao alho desde a infância, mas as mulheres da minha família, minha mãe, minha tia e minha prima, usavam alho em abundância, apesar da minha reação. Ora, eis alguém que, usando um pêndulo simples, descobriu um problema nutricional com o qual eu lutava desde criança. Naquele exato momento, soube que seguiria o conselho de Pater Louis em todas as situações. Foi isso que fiz e me tornei vegetariana — depois, adotei uma dieta macrobiótica. O mais importante foi que aprendi com ele como usar o pêndulo para o diagnóstico e a terapia de vários problemas de saúde. Fiquei impressionada com sua facilidade, precisão, simplicidade e eficiência. Ser sua discípula me deu uma sensação de bem-estar e realização. Parecia-me que ele estava me transmitindo os dogmas sagrados das grandes religiões. Eu passei alegremente cada minuto que pude com ele, que me carregou de energia — senti que poderia fazer qualquer coisa.

Meu encontro com Pater Louis catalisou em mim um interesse sério pela medicina alternativa. Nos oito anos que seguiram, além de minha pesquisa científica, estudei diversas orientações e técnicas de saúde e cura, incluindo macrobiótica e a antroposofia de Rudolf Steiner.

O próximo marco no meu caminho veio oito anos depois: conheci o cientista austríaco Erich Körbler. Como eu estava sujeita a uma sensibilidade extrema à presença de veias de água, um vienense amigo meu e profissional da cura recomendou que eu comprasse um lençol protetor. Em minha próxima visita a Viena, comprei um lençol assim e o coloquei na cama antes de dormir. Naquela noite, senti como se estivesse flutuando acima da cama, aquecida pelas luzes infravermelhas abaixo de mim. No dia seguinte, entrei em contato com o inventor do lençol protetor, Erich Körbler.

Plantada na frente de sua porta, bati. A porta era de vidro, e através dela, vi Körbler levantar-se de sua mesa, atravessar seu longo laboratório e dirigir-se a ela. Este foi outro momento significativo na minha vida: eu não tinha ideia do que Körbler estava fazendo, mas estava intuitivamente certa de que era o que eu deveria estar fazendo. Nos anos posteriores, aprendi a usar seu método de cura baseado em radiestesia chamado Nova Homeopatia. Três anos e meio depois, após sua morte súbita, herdei a prática da Nova Homeopatia como seu legado. Eu fui ainda mais longe, desenvolvendo sua aplicação proximal para incluir a cura através do tempo e do espaço: a cura remota.

Experiências Espirituais na Cura. Para minha surpresa inicial e deleite constante, recebo uma espécie de orientação espiritual em meu trabalho como agente da cura natural — ela me vem regularmente. A harmonia, a sensação de segurança e a plenitude que sinto na música e na arte estão vindo à tona em minha prática.

Realizo minha cura por meio do uso da homeopatia clássica, da Nova Homeopatia de Körbler, minha própria variação da Nova Homeopatia de Körbler, bem como da homeopatia combinada desenvolvida pelos laboratórios Guna, na Itália. Quando aplico esses métodos, passo por um tipo particular de experiência espiritual. Eu sinto a vareta de radiestesia "puxar" em minha mão — ela se move aparentemente por conta própria: minhas mãos não iniciam conscientemente seu movimento. E quando a cura está ocorrendo, há uma sensação de plenitude e harmonia se espalhando por todo o meu corpo.

Recebo informações espontâneas sobre o estado de saúde dos meus pacientes. Os dados que recebo podem se referir a qualquer período de sua vida, a partir do período de gestação no útero. Concentro-me em vários períodos e observo o movimento da vareta de radiestesia. Procedendo dessa forma posso determinar o período pertinente ao problema de saúde do paciente. Usando a vareta de radiestesia, identifico a natureza do problema e, muitas vezes, até mesmo o evento ou situação que o criou.

Por este método, sou capaz de tratar a causa do problema de saúde do meu paciente, e não seus sintomas. O tratamento dos sintomas exige apenas informações locais sobre o estado real de saúde do paciente. Por outro lado, tratar a causa do problema geralmente exige o uso de informações não locais, estendendo-se além do momento presente. (Essa informação, acredito, origina-se na dimensão akáshica profunda do universo.) Para recebê-las, distancio-me de qualquer envolvimento emocional com meus pacientes e seus problemas de saúde. Minha mente deve estar clara, e devo me concentrar exclusivamente na tarefa de curar. Então, há uma boa chance de que a informação necessária para curar o problema apareça em minha consciência.

Praticar a cura é uma alegria para mim. Dia após dia e ano após ano, fico maravilhada com os resultados e grata por poder alcançá-los. Na minha opinião, isso é evidência de que existe uma conexão sutil, mas real, entre mim e o paciente, a mesma que existe entre todas as pessoas que compartilham a vida em nosso precioso planeta.

Dois Casos de Cura Baseada na Experiência Espiritual. 1. Uma mulher de 30 anos veio me pedir ajuda: seu filho de 7 anos havia nascido com uma deficiência cerebral. Às vezes, seu comportamento era extremamente desgastante: ele gritava a plenos pulmões por horas a fio e mordia as mãos até elas sangrarem. Um dia, depois de anos tratando dele, a mãe me procurou para ajudá-la a lidar com esse problema. Eu estava mudando de casa naquele momento e não tive tempo de atendê-la. Em vez disso, encaminhei-a para um médico homeopata que usava uma máquina de biorressonância para diagnosticar problemas como esse.

Eu estava no banho na noite anterior à consulta com o médico e, de repente, o nome de um remédio homeopático me veio à mente: *estafiságria*. Eu sabia intuitivamente que esse era o remédio de que ela precisava, e que deveria ser tomado na potência "M" (mil). Pensei em lhe dizer que tinha o remédio e que não precisava consultar o médico, mas depois achei melhor não interferir na consulta agendada.

Ela ligou no dia em que foi ao médico: a máquina de biorressonância veio com o nome do remédio de que ela precisava. Era estafiságria na potência M.

2. Sándor tinha 59 anos quando veio me consultar. Ele morava com sua família nas Montanhas Mátra, mesma cidade em que minha família tinha uma casa de campo. Ele tinha um pomar onde cultivava vários tipos de frutas, ouvira falar do meu trabalho de cura com pessoas, e com outros seres vivos, e me pediu para examinar as árvores em seu pomar para descobrir quais minerais ele deveria usar para melhor nutri-las. Enquanto conversávamos, ele me contou sobre seu problema de saúde. Parecia que, nos últimos 18 anos, sofria de uma inflamação crônica nas articulações.

O problema de Sándor se manifestou pela primeira vez quando tinha cerca de 40 anos. Ele desenvolveu poliartrite; isso afetou todas as articulações de seu corpo — tinha dores nos dedos, pulsos, cotovelos, ombros, dedos dos pés, tornozelos e joelhos. As articulações das pernas ficaram tão fracas que ele mal conseguia andar, e a dor nas articulações do quadril tornou-se quase insuportável. Sándor recebeu tratamento médico para isto por mais de um ano, o que surtiu alívio temporário. Mas a artrite ressurgia de novo e de novo e sempre atacava uma articulação de cada vez. Ocasionalmente, ele desenvolvia um caroço duro e vermelho nas articulações do pulso, do tamanho de uma bola de pingue-pongue, acompanhado de dor aguda. A resposta ao tratamento era imprevisível — às vezes, a dor desaparecia e, outras, persistia. Pedi-lhe que me avisasse quando o caroço voltasse a ficar visível.

À 1h da tarde, acompanhei Sándor ao seu pomar. Apesar de ele ter sentido dor no braço esquerdo mais cedo naquela manhã e de seu pulso esquerdo ter ficado tão rígido que até mesmo fazer o curto caminho até o pomar de carro foi difícil para ele, a dor não veio acompanhada do inchaço, e ele não comentou nada.

Estávamos verificando suas árvores quando Sándor de repente deu um grito e apontou para o pulso esquerdo. Um caroço vermelho começou a se formar e, em menos de 10 minutos, ficou do tamanho de uma noz. Enquanto eu assistia a esse curioso acontecimento, o termo *Fósforo*

M surgiu em minha mente. Senti que este remédio homeopático seria o tratamento certo para ele. Como eu não tinha essa substância comigo, enviei mentalmente a energia correspondente para o caroço vermelho em seu pulso. À medida que a energia passava de mim para ele, eu me senti completamente esgotada.

No dia seguinte tive que sair da cidade. Quando vi Sándor alguns meses depois, ele me disse que estava feliz e aliviado: estava completamente curado do problema.

O remédio de fósforo M veio a mim espontaneamente. Como isso aconteceu, e eu introduzi a informação necessária em seu corpo, os 18 anos de sofrimento de Sándor chegaram ao fim. O inchaço não voltou — e isso tem mais de 20 anos.

Minha prática de décadas me convenceu de que essas experiências de cura espontânea não são acidentais. Elas ocorrem em problemas de saúde de jovens e idosos. A informação de que precisamos para nossa saúde está presente em nosso corpo, e pode ser usada quando necessário. Experiências espontâneas como as que acompanham meu trabalho de cura transmitem informações relevantes, que acredito que estejam disponíveis a todos. Só precisamos saber como acessá-las e aplicá-las aos problemas que surgem em nosso caminho.

Masami Saionji
Mística, ativista, líder espiritual
Nasci em Tóquio em junho de 1941, o mesmo ano do início da Segunda Guerra Mundial. Lembro que, quando eu tinha cerca de 3 anos, vivi alguns dos ataques aéreos em Tóquio.

Quando as primeiras bombas atômicas foram lançadas sobre Hiroshima e Nagasaki, não restou nada do que havia antes. Todo o povo do Japão ficou em choque e, por alguns anos, não conseguimos nos recuperar. O dano e a destruição foram além de qualquer coisa que as pessoas pudessem imaginar. Por toda parte, corpos e objetos foram carbonizados, e as pessoas não suportavam nem olhar para eles.

Mas, no espírito japonês, há a capacidade de aceitação, independentemente do que acontecer, e de adaptação, sem guardar rancor. Então, as pessoas trabalharam para reconstruir o país o mais rápido possível. Todos se uniram em um só coração e uma só mente, trabalharam duro e, por fim, encontraram a força necessária para se erguer novamente.

Eu fui para uma escola particular chamada Gakushuin. Originalmente, era uma escola para membros da família imperial e da nobreza do Japão, mas não é mais assim, e quem quiser pode fazer a prova de admissão. Meu marido, o pai do meu marido e minha irmã também foram para Gakushuin. Esse foi o tipo de mundo em que cresci.

Quando fiz 18 anos, meu pai quis me levar para a terra natal de minha família, Okinawa, então, fomos juntos para lá. Meu mentor espiritual, o filósofo Masahisa Goi, não queria que eu fosse, mas decidi ir para agradar meu pai. Enquanto estávamos na cidade, visitamos o monumento Himeyuri, construído em memória das meninas e mulheres que serviram como enfermeiras do exército durante a Batalha de Okinawa.

Essa foi a primeira batalha terrestre do Japão nas terras de Okinawa na Segunda Guerra Mundial, e era esperado que muitas pessoas perdessem suas vidas. Meninos de 17 anos partiram para a batalha, e um grupo de meninas do ensino médio e professores formaram uma unidade de enfermagem. A maioria morreu durante os combates e, quando a guerra terminou, corria um boato de que as meninas de Okinawa seriam estupradas pelas forças conquistadoras. Por causa desse boato, muitas das meninas que sobreviveram à guerra cometeram suicídio para não serem estupradas, pulando do penhasco que ficava próximo ao atual monumento.

Quando visitei esse monumento com meu pai, de repente meus pés, minhas mãos e todo o meu corpo ficaram rígidos, e eu não consegui mover um músculo sequer. Então desmaiei e caí no chão. Meu pai me levou a um centro médico ocidental para um exame, e lá meus sintomas foram diagnosticados como um tumor cerebral. No entanto, posteriormente, eu descobriria que a fonte de minha condição não era física.

Quando passei mal de repente no monumento de Himeyuri, não sabia o que havia me acontecido, mas nos meses seguintes, comecei a entender. Aprendi que naquela região havia um campo denso de energia e pensamento criado pelas emoções angustiadas das muitas pessoas que morreram em Okinawa. Quando cheguei, aquela massa de energia, de repente, correu em minha direção e se reuniu ao meu redor. Fui capturada pela enorme força desse campo de energia, e meu corpo ficou rígido. Mesmo depois que voltei para Tóquio, minha doença persistiu. Não conseguia comer nada e tinha convulsões todos os dias. Aos poucos, perdi a visão e depois a audição. Eu não sabia como aliviar essa condição por conta própria.

Por recomendação dos médicos, meu pai queria que eu fizesse uma cirurgia para remover o tumor cerebral. No entanto, as chances de sucesso desse tipo de cirurgia eram extremamente baixas e eu não estava disposta a isso.

Felizmente, aos 16 anos, conheci Masahisa Goi por meio de minha mãe e de um amigo da família, e eu o respeitava e confiava muito nele. No Japão, as pessoas que orientam os outros são chamadas de *sensei*, que significa "professor", e todos nós o chamávamos de Goi Sensei. Depois de voltar de Okinawa para Tóquio, assim que pude, fui vê-lo, e Goi Sensei explicou que minha doença não se fundava em uma causa física. Disse que não me preocupasse e que ele me ajudaria a melhorar orando pela paz mundial comigo. Graças ao amor curador de Goi Sensei e às orações pela paz mundial, o campo de energia e pensamento angustiante que me constringia foi gradualmente purificado e harmonizado, e com o tempo, transformou-se completamente em um campo de gratidão e luz brilhante.

No auge da minha doença, com a redução de minha visão e audição, minha consciência espiritual estava ficando cada vez mais clara. Embora eu não pudesse ver com meus olhos físicos, podia sentir a presença de coisas em meu quarto, e minha consciência ficava em um vaivém entre os reinos espiritual e físico.

Um dia, enquanto estava deitada na cama, tive a agradável sensação de que a minha energia vital estava se esvaindo suavemente do meu corpo pelos dedos dos pés e pelas pontas dos dedos das mãos. Com alegre expectativa, pensei comigo mesma: *Ah, então é isso que é a morte!*

Sentindo-me feliz e reconfortada, olhei para o sol através da minha janela. Apesar de não enxergar fisicamente, era capaz de perceber espiritualmente onde estava a janela e como a luz do sol inundava o quarto. Encantada pelo brilho do Sol, minha alma gritou, *Olá, Sol! Como você é lindo!* O astro-rei chegou cada vez mais perto até se fundir com o meu corpo, e eu fiquei totalmente sintonizada com ele. Meu coração ficou mais leve, e ascendi naturalmente a uma dimensão mais elevada e espiritual.

Então tive uma reunião calorosa com os seres iluminados que estavam (e ainda estão) constantemente me guiando e protegendo de momento a momento. Pude confirmar que cada ser humano é igualmente guiado e protegido por eles, que nos amam ainda mais do que nossos pais terrenos. Com esses seres divinos, descobri que recebera novas tarefas para realizar na Terra e que voltaria aqui para viver mais um pouco.

Assim, recebi energia renovada da fonte cósmica e retornei ao plano material. Depois disso, gradualmente recuperei minha audição, visão e todas as outras funções físicas. No entanto, ainda retive as percepções espirituais que se desenvolveram durante o tempo em que perdi a visão e a audição.

Superando o Medo da Morte. Com base em minha própria experiência, gostaria que todos soubessem que a morte não é algo a se temer. Tenho observado muitas pessoas fazerem a passagem conhecida como morte, e senti sua felicidade ao ascenderem a uma dimensão mais elevada. Inclusive minha mãe, que faleceu aos 97 anos.

No instante da morte, mesmo que as circunstâncias físicas sejam violentas, a alma não sente dor, porque deixou o corpo físico. As pessoas que permanecem no plano físico podem sentir uma pena tremenda delas, mas aqueles que partiram não sentem dor alguma, porque sua alma não está presente no corpo.

O corpo físico pode ser comparado a uma vestimenta externa que usamos enquanto vivemos na dimensão material. Neste mundo, cuidamos dessa vestimenta, mas quando nosso trabalho aqui termina, a deixamos para trás. Mesmo que a roupa esteja em farrapos, nós mesmos não sentimos nenhuma dor.

Todo mundo, não importa quem seja — mesmo um terrorista ou um condenado no corredor da morte —, é levado para um mundo cheio de luz após a morte. No entanto, se eles se sentirem desconfortáveis em meio a essa luz brilhante, descerão por conta própria para um plano dimensional inferior, onde poderão obter mais experiências.

Quando as pessoas morrem com um forte sentimento de culpa ou insatisfação, quase sempre optam por retornar novamente a um ambiente físico onde podem obter as experiências que desejam. Por outro lado, quando as pessoas morrem com um sentimento de gratidão e contentamento, não acham necessário retornar ao reino físico em outra vida.

A fim de ter uma vida verdadeiramente feliz após a morte, se nos amarmos, respeitarmos e perdoarmos profundamente agora, enquanto ainda vivemos no mundo físico, isso nos será muito útil. Nossa vida de agora é extremamente preciosa e valiosa. Enquanto estamos aqui, cada um de nós tem uma oportunidade e missão únicas de polir nossa existência e espalhar amor e gratidão a todas as pessoas, animais, plantas, minerais e ao nosso planeta e universo como um todo. E para cumprir esta missão será importante que nos libertemos do medo da morte.

Por que começamos a temer a morte? Porque esquecemos nossa identidade e consciência essenciais e começamos a pensar que somos seres materiais separados uns dos outros. Então tentamos obter segurança tirando coisas uns dos outros.

Como ainda temos esse medo da morte, nós, seres humanos, ficamos obcecados com a doença, nos tornamos dependentes de médicos e tomamos medidas extremas tentando prolongar nossa vida física. Mas quando superamos esse medo, realizamos nosso trabalho na Terra com um sentimento alegre e feliz.

Estados da Consciência. Como cada um de nós pode ser feliz de forma profunda e verdadeira? Acredito que isso só pode acontecer quando descobrimos nossa identidade essencial e nossa verdadeira natureza como ser humano.

Como todos os grandes fundadores espirituais sabem, a mente (consciência) do grande universo divino estende-se infinitamente dentro de cada ser humano. Essa consciência cósmica profunda, pura e imutável não é simplesmente uma teoria científica ou um ensinamento espiritual, é a realidade. É algo que cada indivíduo pode conhecer, sentir e experimentar por si mesmo.

Além de nossa vasta e inabalável consciência cósmica, dentro de cada indivíduo existe outro estado consciente que está constantemente mudando. Essa consciência em constante mudança está repleta de várias esperanças, desejos, medos, ansiedades, hábitos e crenças que mantemos em nossa mente no dia a dia. E conforme vivemos nossa rotina, ela vai mudando e evoluindo de acordo com os pensamentos que mentalizamos e as decisões que tomamos de um momento para o outro.

Embora esses dois estados conscientes existam simultaneamente dentro das pessoas, a maioria de nós dá prioridade àquele que continua mudando — que se preocupa com os acontecimentos, coisas e eventos diários. A consciência cósmica profunda de cada indivíduo foi ignorada e negligenciada, e a maioria de nós se convenceu de que ela sequer existe.

Cada um de nós perdeu o contato com a dimensão profunda de nossa consciência cósmica — como isso aconteceu? Como poderíamos ter esquecido a realidade profunda e última que é a essência de nosso ser?

Aprendi intuitivamente que em um passado distante — muito antes de as sociedades humanas aparecerem na Terra — nossas vidas individuais surgiram como parte de um grande ímpeto cósmico para criar e desenvolver o universo. Naquela época, nossos corpos eram compostos de vibrações espirituais sutis que não estavam presas ao tempo e ao espaço. Podíamos nos mover livremente entre os planos material e espiritual e facilmente pular de um lugar para outro simplesmente pensando nisso. Não precisávamos de comida para sobreviver e éramos capazes de criar instantaneamente o que desejássemos. No entanto, à medida que continuávamos a fazer inovações na dimensão material, gradualmente a assimilamos e voltamos toda nossa atenção para desfrutar das coisas materiais.

À medida que nossos pensamentos se tornaram cada vez mais materialistas, nossos corpos adquiriram um caráter mais material, e começamos a sentir fome e outras necessidades físicas. Nosso espírito original de cooperação alegre gradualmente se degenerou, partindo para competitividade e luta. Emoções como raiva e ressentimento tomaram forma, e em vez de deixar que se dissipassem e desaparecessem naturalmente, nos apegamos a elas, as alimentamos com nossa energia e fizemos com que se multiplicassem.

A partir desse momento, o processo criativo começou a se desenvolver em uma direção negativa. À medida que mais e mais poderes negativos se acumularam, começamos a nos prejudicar e até a nos matar. Algumas vozes clamaram por harmonia, mas foram sendo silenciadas e, no fim, quase todo mundo se esqueceu de sua consciência cósmica original. As pessoas passaram a se identificar como seres físicos, nada mais.

Esta tendência ainda persiste atualmente. Quase todo mundo tem uma visão materialista da vida. Indivíduos e grupos lutam ferozmente para derrotar os outros e ganhar mais e mais riquezas, mais e mais terras, mais e mais posses para si mesmos. Na realidade, dentro de nossa consciência cósmica, cada um de nós possui uma fonte de riqueza e poder muito maior do que qualquer coisa na dimensão material. No entanto, continuamos a ignorar esses recursos ilimitados e, em vez disso, procuramos explorar outras pessoas, animais, plantas, minerais e todas as preciosas bênçãos da natureza.

Quando Olhamos para Fora de Nós Mesmos em Busca de Soluções. Como resultado, o mundo de hoje é assolado por segregação e conflitos, fome e epidemias, destruição ambiental e pela questão dos refugiados. As pessoas, não sabendo lidar com isso, sentem-se desconfortáveis e confusas. Nem percebemos que, de momento a momento, estamos forjando nossas moléstias com o poder cocriativo de nossos pensamentos e consciência.

Portanto, quando algo dá errado no mundo, cada um de nós olha para fora de si mesmo para descobrir quem é o culpado. Esta é a mentalidade da mudança de consciência de cada indivíduo. Sempre tem que haver um culpado, um inimigo.

De uma vez por todas, gostaria de afirmar claramente que nenhum dos males que nos afligem, que atingem a terra é criado por outros, nem se origina fora de nós. Pelo contrário, decorre dos sentimentos de insatisfação, intolerância, vaidade, crueldade e ganância que se escondem em cada coração humano. É nosso desejo insaciável de riqueza, poder e supremacia — o desejo sem fim de obter mais e mais — que entorpece nossa consciência e nos cega da realidade sagrada dentro de nós.

Sem saber disso, continuamos a procurar a origem dos problemas do mundo. Dizemos coisas como: "O problema está com esta ou aquela religião, cultura, este ou aquele país ou líder, esta ou aquela organização, este ou aquele movimento." E seguimos: "O problema é a discriminação; o problema é o preconceito; o problema é a opressão", como se essas condições tivessem um poder independente próprio. E, ao mesmo tempo, procuramos alguém ou alguma coisa ao nosso redor que venha nos acudir e libertar o mundo de seus males.

Sempre queremos acreditar que algum poder externo — um líder, um santo, uma ciência, uma religião ou um sistema — pode remediar nossos problemas. Estamos prontos para acreditar em quase todo tipo de poder, exceto um — o de nossa própria consciência cósmica profunda, harmoniosa e sagrada.

No entanto, até que cada ser humano dê um passo à frente e assuma a responsabilidade por sua própria consciência, este mundo nunca melhorará. Se continuarmos confiando o futuro da humanidade a um pequeno número de especialistas e líderes governamentais, um futuro brilhante nunca tomará forma.

Perguntas para nos Fazermos. O que quer que estejamos procurando, a resposta com certeza está dentro de nossa consciência cósmica. Para obter as respostas que procuramos, tudo o que precisamos fazer é continuar batendo fervorosamente à porta de nossa mente interior profunda.

Em primeiro lugar, acho que precisamos nos fazer algumas perguntas fundamentais sobre nós mesmos, tais como:

O que é um ser humano?

Por que estou aqui?

Qual é o meu propósito neste mundo?

O que posso fazer para ajudar?

O que eu deveria estar fazendo agora, neste momento?

Conforme mais e mais pessoas continuam se fazendo perguntas como essas, uma massa de energia positiva ganhará impulso, e mudanças positivas ocorrerão dentro de nós e ao nosso redor.

Preciso ressaltar: é importante que cada indivíduo viva com vitalidade e coragem. Um grande obstáculo é a crença de que as pessoas escrupulosas precisam remoer os erros que cometeram no passado. Por que você acha que egoístas e gananciosos são tão bem-sucedidos em conseguir o que querem? É porque concentram toda a sua energia em seus desejos egocêntricos e correm a toda velocidade para realizar esses objetivos sem desperdiçar energia lamentando seus erros. Enquanto isso, pessoas com escrúpulos consomem uma energia tremenda lamentando seus erros passados e tentando se perdoar por eles.

Não há dúvida de que a autorreflexão é valiosa e necessária. No entanto, se continuarmos nos culpando e nos julgando repetidamente pelos mesmos erros, inibiremos severamente nosso poder de realizar as coisas. Portanto, depois de reconhecerem seus erros uma vez, exorto todas as pessoas que amam a paz a pararem de remoer o passado e a se dedicarem de corpo e alma a aproveitar ao máximo o momento presente.

Neste exato momento, com o poder criativo de nossa consciência, cada ser humano está exercendo uma influência no universo e no futuro da Terra, estamos acumulando a herança que será passada para nossos filhos e para os filhos deles.

A esta altura, deve estar claro para todos que a Terra está em um momento de crise. Não podemos mais nos dar ao luxo de criar mais tragédias, mais guerras, mais desastres e mais destruição ambiental. Em vez disso, um por um, decidamos viver com orgulho e coragem enquanto nos reconectamos com a dimensão profunda de nossa consciência sagrada e cósmica.

Gary Schwartz
Parapsicólogo experimental, educador
Há mais ou menos uma década, aprendi uma lição que transformou radicalmente minha consciência. Ela pode ser resumida simplesmente:

Se anda como a Fonte e fala como a Fonte, provavelmente é a Fonte.

Como aprendi essa lição? Através de uma experiência estatisticamente improvável da vida real, envolvendo patos e várias testemunhas, aparentemente orquestrada pela própria Fonte. *Reconecte-se à Fonte* me dá a oportunidade de honrar esta lição de sabedoria "patológica" que mudou minha vida e compartilhá-la aqui.

Minha educação não favoreceu minha abertura para experiências espirituais. Fui criado em um lar judaico reformista, essencialmente ateu, onde a ciência, a matemática, a música e a busca da verdade eram incentivadas. Tive a sorte de ter a oportunidade de uma forte educação científica na Universidade de Cornell (graduação) e na Universidade de Harvard (pós-graduação). Comecei a faculdade como estudante de engenharia elétrica e fiz a pós em medicina com ênfase em psicologia e em química. Meu mestrado foi em psicologia clínica, meu doutorado, centrado em psicofisiologia e personalidade.

Minha visão da filosofia materialista foi como a natação é para um pato, uma coisa inata para mim. Eu tratava conceitos como Fonte e Espírito como tratava o Papai Noel e o Coelhinho da Páscoa: adoráveis ideias infantis, supersticiosas e falaciosas que não condiziam com uma pessoa educada no século XX.

Quando me ofereceram um cargo de professor titular no Departamento de Psicologia da Universidade de Yale aos 32 anos, aceitei a conclusão da ciência materialista de que o cérebro criava a mente e a consciência, e de que a existência de uma realidade espiritual maior era um mito, caso encerrado.

No entanto, no meio do tempo em que atuei como professor de psicologia e psiquiatria em Yale, e diretor do Centro de Psicofisiologia da universidade, minha mente foi desafiada por uma teoria científica emergente e evidências que questionavam profundamente minhas suposições materialistas e me abalaram muito.

Em meu livro de 2006, *The G.O.D. Experiments: How Science Is Discovering God in Everything, Including Us* [*Sem tradução até o momento*], discuti que as descobertas contemporâneas na física quântica e na astrofísica, quando integradas à teoria geral dos sistemas, desafiam seriamente — e alguns diriam definitivamente — a ideia de que o universo surgiu apenas por acaso. G.O.D. significa processo "Guiding Organizing Designing" ["Orientando, Organizando e Projetando", em tradução livre]; a sigla, que forma a palavra Deus em inglês, implica a existência de uma inteligência/mente/consciência holográfica universal.

É uma curiosidade — e possivelmente uma sincronicidade — que:

1. Foram os escritos sobre sistemas gerais de Erwin Laszlo, em particular, e de alguns de seus colegas ilustres (por exemplo, Ludwig von Bertalanffy e James G. Miller) que inspiraram meu despertar para A Fonte;

2. Laszlo me precedeu em Yale; e

3. eu e Laszlo, de forma aparentemente aleatória (não nos conhecíamos na época), acabamos tendo o mesmo agente literário.

Menciono o conceito de sincronicidade de Jung aqui, porque foi em virtude da minha descoberta pessoal da improbabilidade estatística da presença de muitos "onzes" em minha vida em Yale (literalmente mais de onze deles) no início dos anos 1980, bem como da minha tentativa de dar sentido à presença e a organização desse número à luz dos princípios gerais dos sistemas, que minha mente se abriu para a possibilidade teórica de as pessoas se conectarem conscientemente à Fonte. Voltaremos à sincronicidade e à sua relação com a Fonte posteriormente.

Devo explicar que, como cientista, evidências replicadas são essenciais para que eu tenha uma crença e tire uma conclusão. De acordo com minha experiência, os métodos básicos da ciência podem ser aplicados na prática aos laboratórios de nossas vidas pessoais. No meu livro de 2011, *The Sacred Promise: How Science Is Discovering Spirit's Collaboration with Us in Our Daily Lives* [*Sem tradução até o momento*], chamei esse processo baseado em evidências de "autociência".

Também preciso deixar claro que o "Se" é uma palavra que uso com mais frequência que meu nome.

Tive o seguinte raciocínio:

1. *Se* sistemas gerais existem em todos os níveis do universo, desde níveis subatômicos, micro até supra macro aglomerados de níveis de galáxias, e

2. *Se* tudo está conectado (e, portanto, a informação é compartilhada) intra e interníveis, como prevê a teoria geral dos sistemas, e

3. *Se* existe uma Fonte inteligente universal, então

4. Uma Fonte inteligente universal teria acesso a informações sobre tudo dentro dela, o que nos incluiria. Como os microssistemas podem se comunicar com os macrossistemas, essa ideia prevê que podemos nos comunicar com a Fonte.

No entanto, no meu estudo em psicologia clínica e psiquiatria na década de 1960, fui ensinado que as pessoas que acreditavam estar se comunicando com um reino espiritual maior eram, por definição, delirantes, e que isso era um sintoma de psicose. Apenas recentemente alguns psiquiatras reconheceram que a conexão com uma mente maior não é necessariamente um sinal de patologia, às vezes, pode ser um sinal de saúde.

Um exemplo é Bernard Beitman e seu livro de 2016, *Connecting the Coincidence: The New Science for Using Synchronicity and Serendipity in Your Life*. Como afirmo no *The G.O.D. Experiments* [*Sem tradução até o momento*], um conjunto de eventos altamente improváveis me inspirou a ir fundo e realizar um experimento secreto de "autociência".

Certa noite decidi testar muito brevemente a hipótese da "Conexão com a Fonte" ao "fazer uma pergunta ao universo". *Universo* foi a palavra não religiosa que usei para um poder superior, Grande Espírito, ou Deus. Resolvi "falar com o universo" na minha cabeça e me apresentar (mas provavelmente não era necessária nenhuma apresentação).

Expliquei como a integração da física quântica de campos e da teoria geral dos sistemas me levou à conclusão de que deveria ser possível interagir com a Fonte. No entanto, expliquei que desprezava a palavra *Deus*, porque ela despertava a imagem cultivada em minha infância de um homem branco vingativo com barba e bengala que rogava pragas sobre as pessoas (por exemplo, na história da Páscoa judaica), e essa imagem histórica arcaica estava prejudicando minha capacidade de explorar e potencialmente aceitar a hipótese geral da Fonte dos sistemas.

Então fiz uma pergunta aparentemente tola: "Você poderia me dizer outro nome para Deus?"

Imediatamente, sem um momento de hesitação ou reflexão, ouvi algo inesperado em minha cabeça: *Sam.*

Eu disse a mim mesmo: "Ou isso é minha inconsciência criativa, ou estou em um filme de Woody Allen."

Então, por alguma razão, levantei-me da cama, entrei no meu escritório, abri meu antigo *Webster's Unabridged Dictionary* e procurei o nome Sam. Sam é a abreviação em inglês de Samuel. Quando li a origem da palavra, fiquei de queixo caído.

O dicionário explicava que o nome Samuel vem do hebraico *Shemu'el*. Como eu não sabia hebraico, isso foi uma surpresa para mim.

No entanto, a grande surpresa foi o significado do nome. De acordo com este dicionário, *Shemu'el* significa literalmente "o nome de Deus" (*shem* significa "nome", *el* significa "Deus").

Como o nome "Sam", altamente improvável e extremamente significativo, poderia ter surgido na minha mente naquele exato momento?

Por ser um cientista cético, pensei em mais de nove explicações diferentes. Por exemplo, se o significado de Samuel era de conhecimento comum. Realizei uma pesquisa informal com aproximadamente cinquenta alunos e funcionários de Yale. (Descobri que apenas uma pessoa conhecia o significado — um estudante de pós-graduação no Departamento de Psicologia; ele era bem versado no Talmud, e seu pai era um rabino conhecido em Toronto.)

Refleti sobre a frequência de citações do nome "Sam" se eu pedisse a pessoas que me dissessem espontaneamente outro nome para Deus. (Realizei esta experiência com aproximadamente cinquenta pessoas. Nenhuma disse "Sam".)

Perguntei-me se a razão de ter ouvido "Sam" era porque eu gostava desse nome. (Eu não tinha amigos ou familiares com esse nome, nem personagens favoritos chamados Sam.)

Fiquei pensando se eu tinha alguma música favorita com esse nome. (Conhecia apenas uma música com um verso que o mencionava.)

E considerei cuidadosamente a possibilidade de que talvez a associação altamente improvável entre:

1. A pergunta "Você poderia me dar outro nome para Deus?".

2. O nome que me veio à cabeça ("Sam").

3. O significado da raiz do nome Samuel em hebraico ("o nome de Deus") ocorreu simplesmente por acaso.

No entanto, havia outra possibilidade que francamente me aterrorizava. Essa hipótese era: "Cuidado com o que deseja."

O que eu fiz foi intencionalmente fazer uma pergunta ao universo: (1) em um estado relaxado e meditativo, e (2) do fundo do meu coração — agora eu já diria "alma" — e (3) eu recebi *uma resposta que podia ser testada*. Repito: uma resposta que podia ser testada.

Como você provavelmente está imaginando, questionei seriamente se estava enlouquecendo ou se, em vez disso, estava "encontrando minha alma". Temendo que a última opção pudesse ser verdade (a primeira, eu conseguiria resolver com minha experiência e colegas de profissão), não ousei repetir esse experimento de autociência — ou seja, fazer outra pergunta ao universo — por mais de uma década, e mantive a experiência comprobatória em segredo.

No entanto, depois de me mudar para a Universidade do Arizona, vários eventos me levaram a retomar meus experimentos de autociência de fazer perguntas ao universo e determinar se haveria o recebimento de informações testáveis. Somente depois de completar vários experimentos de autociência, de "fazer perguntas/testar", que fui forçado pela evidência acumulada a aceitar a teoria geral da conexão entre sistemas e fonte. O leitor interessado pode encontrar mais duas instâncias evidenciais iniciais em *The G.O.D. Experiments*.

A lição específica ("Se anda como a Fonte e fala como a Fonte, provavelmente é a Fonte") veio após *The G.O.D. Experiments* ser publicado. Afirmei essa lição de sabedoria "patológica" em meu livro *Super Synchronicity: Where Science and Spirit Meet* [*Sem tradução até o momento*] publicado em 2017. *Supersincronicidade* foi originalmente intitulado *Sincronicidade e a Mente Una*, mas nós (o editor, a editora e eu) sentimos que apresentar a conclusão sobre a Fonte no título podia ser muito controverso para alguns leitores. O termo *Mente Una* foi inspirado no livro seminal de 2013 de Larry Dossey *One Mind: How our Individual Mind is Part of a Greater Consciousness and Why it Matters* [*Sem tradução até o momento*].

Eu defino uma "supersincronicidade" — também chamada de sincronicidade tipo III — como um conjunto de seis ou mais coincidências seriais conectadas que ocorrem em um período de tempo relativamente concentrado. Os cientistas costumam associar o prefixo "super" a conceitos como supercomputadores, supercondutividade e superaglomerados de galáxias. No entanto, as palavras foram mantidas separadas no título do livro para facilitar a compreensão.

As supersincronidades podem ser bastante complexas e perturbadoras. Era tão difícil de acreditar no meu conjunto original de mais de onze sincronicidades envolvendo o número 11 que meu editor e coautor recomendaram que eu não incluísse esse capítulo no *The G.O.D Experiments*. Chegamos a um acordo, e eu o incluí como apêndice C (na edição de capa dura, publicada em 2006). Eu jurei que, algum dia, os onze seriam homenageados adequadamente, e onze anos depois, foram apresentadas no Capítulo 2 do *Super Synchronicity* (coincidentemente publicado em 2017).

Tendo uma propensão para a matemática, esse talento provavelmente me preparou para fazer esse tipo de descoberta pessoal. Para lhe dar uma melhor compreensão do processo, bem como honrar a experiência, listo os seis primeiros exemplos aqui.

1. O número do meu escritório era 1A (A é a primeira letra do alfabeto, portanto, 1A pode ser reescrito como 11).

2. O Departamento de Psicologia de Yale ficava em uma rua com uma placa que dizia "Kirkland Ave" (apenas 11 letras estavam impressas na placa).

3. Eu pegava regularmente a saída 56 (5 + 6 = 11) da Connecticut Turnpike para ir para casa.

4. Connecticut tem 11 letras.

UM BUQUÊ DE EXPERIÊNCIAS ESPIRITUAIS · 175

5. A saída 56 dava na Rota 1A (como o número do meu escritório), um belo trecho de estrada rural.

6. A Rota 1A dava na minha casa, cujo número da rua era 326 (3 + 2 + 6 = 11).

Relendo esta lista, o padrão de supersincronicidade ainda me parece bobo, pelo menos superficialmente (sem trocadilhos). Embora uma estimativa conservadora da probabilidade condicional do conjunto completo de coincidências do número 11 ocorrer por acaso seja menor que $1x10^9$ (ou seja, 1 em um bilhão), é fácil achar que uma lista de números relacionados ao número 11 não tem importância nem sentido, especialmente para quem não é bem versado na história dos números.

Como narrei no *Super Synchronicity,* depois eu soube que o número 11 tem uma conexão histórica profunda com o conceito de mente universal. Por exemplo, nos escritos místicos da Cabala, o 11 é considerado um número "mestre" relacionado às ideias dos cabalistas sobre Deus.

Enquanto isso, descobriu-se que o conjunto completo de mais de onze conexões curiosas com o número 11 da minha vida incluía certas coincidências pessoalmente significativas, incluindo o fato de eu ter nascido em 14 de junho de 1944. Embora possa não ser óbvio, há um procedimento relativamente simples e padronizado (isto é, fixo) para simplificar números e determinar se a soma deles dá onze (ou qualquer outro número).

Junho é o sexto mês do ano: 6 + 1 + 4 = 11. O ano de 1944 é 1 + 9 + 4 + 4 = 18 e 1 + 8 = 9. Portanto, a soma de 14 de junho de 1944 se torna 11 + 9 e 1 + 1 + 9 = 11. Embora, à primeira leitura, esse processo possa parecer arbitrário para você, ele segue um conjunto fixo de regras matemáticas simples.

A maioria dos capítulos de *Super Synchronicity* afirma concisamente uma lição universal ensinada pela supersincronicidade específica. No caso do Capítulo 2, essa lição universal é "siga os dados que estão muito além do acaso". O Capítulo 9 é intitulado "Sincronicidades humorísticas com patos", e sua lição é "Se anda como a Mente Una e fala como a Mente Una, provavelmente é a Mente Una". O capítulo apresenta dezenove sincronicidades de patos que ocorreram durante um período de seis dias. Sim, você leu certo. Aqui está como eu comecei o Capítulo 9:

O universo tem senso de humor?

E se a Mente Una tiver, como descobrir isso?

Sim, as sincronicidades que aconteciam às vezes eram empolgantes e até divertidas, mas na maioria das vezes eram desafiadoras e, às vezes, francamente estressantes.

Quando eu me sentia estressado pelas sincronicidades emergentes, me consolava lembrando da história da física quântica, bem como de outras áreas da matemática e da ciência que revelavam ideias que pareciam além da compreensão. Entre os exemplos reconfortantes em matemática e ciência estavam a quantidade incompreensível de infinito vezes infinito (há um campo da matemática que se concentra no infinito), e a existência incognoscível de matéria física que só pode ser inferida indiretamente (chamada matéria escura).

De repente, percebi que havia uma complexa comédia cósmica em jogo que estava além de qualquer coisa que eu poderia ter adivinhado ou imaginado.

A seguir, uma lista resumida dos dezenove eventos. Eu o encorajo a tentar imaginar como se sentiria se estivesse no meu lugar vivenciando esses dezenove eventos que se aconteceram em um período de seis dias. Para ajudá-lo a apreciar a improbabilidade astronômica combinada dessa sequência de eventos, convido a refletir com que frequência eles aparecem em sua vida.

DATA	EVENTO DO PATO
1. Manhã de domingo, 17 de fevereiro	*Recebi um e-mail sobre um pato de quatro patas do programa de psicologia evolutiva da Universidade do Arizona.* Você já viu um pato de quatro patas?
2. Noite de domingo, 17 de fevereiro	*Soube que o Sr. J. (um homem que acabara de conhecer) tinha um brasão de família com um "pato com uma flecha no coração".* Você conhece alguém que tenha um brasão de família com um pato?
3. Manhã de segunda-feira, 18 de fevereiro	*A frase "Primeiro, você tem que colocar todos os seus patos em fila" apareceu no romance que estava lendo.* Com que frequência você encontra essas palavras em um livro?
4. Noite de segunda-feira, 18 de fevereiro	*O Sr. J. me mostrou dois brasões de família, o segundo com três patos enfileirados.* Você já viu um brasão de família com três patos em fila?
5. Tarde de terça-feira, 19 de fevereiro	*Cheguei ao ponto de minha palestra em que falo sobre o especial* Life Afterlife *da HBO e da Lucky Duck Productions* [Produções Pato Sortudo, em tradução livre], *que o produziu.* Com que frequência você dá uma palestra e menciona patos? (Naquela época, eu fazia isso uma vez por ano, coincidentemente naquela data.)
6. Tarde de terça-feira, 19 de fevereiro	*Uma aluna me entregou um pato de plástico amarelo que tinha no bolso.* Com que frequência você encontra alguém que tem um pato de plástico amarelo no bolso?

7. Tarde de terça-feira, 19 de fevereiro	*Um aluno me disse que sua filha de 4 anos havia enfileirado três patos naquela manhã.* Você já ouviu uma história em que a filha de alguém enfileirou três patos? (E, só para você saber, a menina nunca tinha feito isso antes.)
8. Tarde de terça-feira, 19 de fevereiro	*Uma aluna me contou sobre o apelido de seu filho ser "Pato" e que reencontrou seu bule de pato.* Você tem algum conhecido cujo apelido é "Pato" e com que frequência ouve falar de alguém encontrando um bule de pato que estava desaparecido há anos?
9. Noite de terça-feira, 19 de fevereiro	*Em uma canalização, uma sensitiva disse a frase "Se anda como um pato..."* Você já ouviu (ou já ouviu falar de) um médium ou canalizador dizendo a frase: "Se anda como um pato..."?
10. Noite de terça-feira, 19 de fevereiro	*Martha contou que sonhou com Groucho Marx, e Betty nos disse que estava lendo* Duck Soup [Sopa de Pato, em tradução livre]. Com que frequência você ouve falar de alguém sonhando com Groucho Marx[*], e depois outra pessoa dizer que está lendo o livro *Duck Soup* (ou algum livro com "pato" no título)?

---

[*] Groucho e os demais Irmãos Marx estrelaram a comédia cinematográfica *Duck Soup* (1933). [N. da R.]

11. Noite de terça-feira, 19 de fevereiro	*A sensitiva nos falou sobre sua pata de estimação, Daisy, e naquela noite uma personagem chamada Daisy apareceu no romance que estava lendo.* Com que frequência você ouve falar de um pato de estimação Daisy* e lê sobre Daisy em um livro ou artigo?
12. Noite de terça-feira, 19 de fevereiro	*Rhonda contou a história transformadora em que ela e sua mãe trataram um filhote de pato.* Você conhece alguém, ou já ouviu uma história de alguém curando um patinho?
13. Almoço de quarta-feira, 20 de fevereiro	*O Dr. K. me disse que o Dr. D. mora na "Three Ducks Lane"* [*Rua dos Três Patos*, em tradução livre]. Já lhe disseram que alguém mora na Rua dos três Patos, ou em qualquer rua com "pato" no nome?
14. Noite de quarta-feira, 20 de fevereiro	*Pouco antes da minha palestra, encontrei com Dr. D. por acaso e ele confirmou que sua rua se chamava "Three Ducks Lane".* Você já encontrou por acaso com alguém que mora em uma rua cujo nome tem a palavra *pato*?
15. Noite de quarta-feira, 20 de fevereiro	*Charles e Laurie F. ligaram para Rhonda e lhe contaram sobre* Honk! *(um musical baseado na história do Patinho Feio).* Com que frequência você ouve falar de alguém tocando uma música sobre um pato?

---

* Daisy Duck remete ao nome original da personagem Margarida, namorada do Pato Donald. [N. da R.]

16. Noite de quinta-feira, 21 de fevereiro	*O Dr. K. viu na TV o comercial do mês "Adote um Pato", de Tucson, Arizona.* Com que frequência você vê um comercial de TV do mês "Adote um Pato"?
17. Manhã de sexta-feira, 22 de fevereiro	*Eu estava no programa de rádio SiriusXM, de Mary Occhino, onde ela mencionou uma história envolvendo alguém que "caiu como um pato".* Com que frequência você ouve espontaneamente uma história baseada em alguém que "caiu como um pato"?
18. Manhã de sexta-feira, 22 de fevereiro	*Um ouvinte, PG, ligou e falou sobre o pato de estimação de seu avô.* Quantas pessoas você conhece que têm um pato de estimação? (Esta pode ser a história de pato mais provável nesta lista de eventos improváveis relacionados a patos.)
19. Manhã de sexta-feira, 22 de fevereiro	*O Sr. J. apareceu, ganhou um folheto do "Adote um Pato" e falou o nome de sua cidade, "Susy Duck"* [*Susy Pato*, em tradução livre]. Quantas cidades você conhece que têm "pato" no nome?

No momento em que vivi o evento 8, fiquei completamente confuso. Depois que o evento 9 ocorreu e percebi o possível significado da sugestão da canalizadora, perguntei ao universo se ele estaria disposto a dar mais evidências ou "sinais" de que a Mente Una ou a "Inteligência Superior" estava inserida em um processo não aleatório envolvendo muitas pessoas diferentes. Para a minha surpresa, depois desse pedido aconteceram os eventos 10 a 19. Novamente, um exemplo de "Cuidado com o que você deseja".

Depois de considerar esse superconjunto de eventos em série e seu significado potencial, encerrei o capítulo com estas palavras:

> *Vamos supor, por um momento, que se ele anda e fala como um pato, então provavelmente é um pato.*
>
> *Vamos supor que esse grau de sincronicidade "patológica" tipo III — dezenove eventos em um período de seis dias — esteja tão além do acaso que possamos inferir que algum tipo de inteligência superior seja necessário para orquestrar tal sequência de sincronicidades.*
>
> *Vamos supor, ainda, que a hipótese da Mente Una orquestrando esses eventos pode estar tentando transmitir uma mensagem, que é séria e divertida ao mesmo tempo.*
>
> *Será que essa mensagem é: chegou a hora de simbolicamente "andarmos como patos" em relação às sincronicidades e à realidade da Mente Una?*
>
> *Se podemos aplicar a metáfora de "andar como um pato" à evidência relativa à sobrevivência da consciência, por que não podemos aplicá-la à evidência relativa à existência da Mente Una?*

Desde meus dias em Yale, vi centenas de supersincronicidades do tipo III envolvendo muitas centenas de pessoas. Em algum momento a pessoa "cede" à evidência e conclui que existe uma Fonte consciente, dinâmica e interativa em todas as coisas, inclusive em nós. E que esta Fonte tem um lado lúdico.

Essas experiências pessoais, combinadas com avanços na física quântica, na astrofísica e na metafísica que abrangem a ciência, levaram ao nascimento do que alguns de nós chamam de ciências "pós-materiais". (Encorajo o leitor interessado a visitar www.aapsglobal.com — conteúdo em inglês — para saber mais sobre a nova Academia para o Avanço das Ciências Pós-materialistas e as implicações desta revolução científica emergente para a reconexão da ciência e espiritualidade e a reconexão da humanidade com a Fonte.) Carl Sagan, o distinto astrofísico e cético, chamou esse tipo de transformação de "o coração da ciência":

Quando Kepler descobriu que as crenças pelas quais há muito prezava não eram compatíveis com a observação precisa, ele aceitou esse fato desconfortável. Preferiu a dura verdade às suas ilusões mais caras, e isso é o coração da ciência.

Reconecte-se à Fonte, tanto experimental quanto experimentalmente, pode refletir o mais alto exemplo do coração da ciência e sua integração com a espiritualidade.

Podemos nos perguntar: A Fonte preza pelo coração da ciência? A Fonte seria, possivelmente, o primeiro cientista? A evidência da supersincronicidade sugere que a resposta é sim.

Adendo: Ervin Laszlo
Cientista de sistemas, ex-pianista
Enquanto dava os retoques finais neste livro, ocorreu-me um pensamento que não pude deixar de colocar em prática. Modéstia à parte, eu também tive experiências "espirituais" espontâneas, e elas também devem ser contadas. Essas experiências foram de um tipo especial, relacionadas com o ato de tocar música. Elas começaram em meus vinte e poucos anos e continuaram a se desenrolar por quase uma década.

Foi em 1958 que, com minha jovem esposa, Carita Marjorie, me mudei do campo para a cidade de Munique, em antecipação ao nascimento de nosso primeiro filho, Christopher. Moramos em Munique por alguns anos e tivemos uma experiência marcante quando Christopher estava no segundo ano. Passamos as férias de Ano Novo no resort de Garmisch-Partenkirchen, nos alpes. À meia-noite, quando estávamos olhando para a beleza cintilante dos alpes enluarados, uma decisão veio à minha mente: *Vou levar a sério as perguntas cada vez mais insistentes que tenho feito ultimamente sobre mim, minha vida e o mundo.* Essas questões podem ter sido plantadas em minha mente por meu tio filósofo durante nossas caminhadas regulares no parque da cidade de Budapeste, quando eu tinha 9 ou 10 anos.

Enquanto observávamos a paisagem enluarada e nevada à nossa frente, e ouvíamos os sinos tocando à meia-noite e anunciando o início de um novo ano, essas perguntas surgiram. Resolvi fazer algo a respeito: a partir daquele ano, eu deveria ler sistematicamente, assistir a palestras na universidade e colocar meus pensamentos no papel — apenas para minha própria referência.

Quando embarquei na carreira de pianista de concerto internacional, tais questões foram ofuscadas pelas preocupações práticas de um músico ativo, mas não desapareceram de minha mente. Entre as viagens na Europa e na América, adotei uma rotina diária — depois do café da manhã, eu ia para a bela e antiga casa de shows de Bechstein, que descobri alguns anos antes, e começava a tocar. À minha direita, havia uma pequena escrivaninha onde eu escrevia cartas para meus pais e amigos. Sobre a mesa, havia uma pequena Remington, uma máquina de escrever portátil antiquada. Minha rotina consistia em tocar piano e, depois, ir até a mesa e datilografar o que vinha à mente.

Isso continuou por cerca de 5 anos. Então, em 1966, atendendo ao convite do chefe do departamento de filosofia da Universidade de Yale, fui para New Haven morar no Silliman College de Yale. Eu não tinha piano no meu quarto, nem tempo para tocar. A rotina estabelecida teve que ser descontinuada. Agora percebo que todas as ideias básicas que tive em minha vida nasceram no contexto musical. Não propositalmente — eu não comecei a pesquisar nenhum assunto ou ideia em particular. Não tinha propósito ou aspiração para pensar e escrever. Eu apenas tocava piano e depois datilografava.

Enquanto fazia a primeira atividade, criava associações livres, sonhava acordado. Não sobre pessoas, coisas e eventos, mas sobre ideias que respondeeriam às perguntas que surgiram em minha mente. Preenchia página após página e levava os cadernos nas minhas viagens para poder continuar escrevendo neles. Raramente lia o que escrevi, colocar minhas ideias no papel era suficiente.

Só comecei a ler minhas anotações quando um cavalheiro veio me ver depois de um concerto no salão de concertos da Diligentia, em Haia. Ele conversou comigo sobre as mesmas questões que ocupavam minha mente, depois perguntou se eu tomava notas. Pegou meus cadernos emprestados e apareceu na manhã seguinte, anunciando que iria publicá-los. Descobri que ele era o editor de filosofia da renomada editora holandesa Martinus Nijhoff.

Após cerca de um ano aprimorando e organizando meu material, o editor os publicou, e meu primeiro livro nasceu: *Essential Society: An Ontological Reconstruction* [*Sem tradução até o momento*], de 1963. Quando amigos e colegas perguntaram em que se baseava aquele livro, citei os trabalhos de Alfred North Whitehead e outros filósofos do processo. Seus trabalhos me ajudaram a organizar minhas ideias, mas meu trabalho não foi baseado no deles, nem em nenhum livro ou teoria. Seu conteúdo surgiu enquanto eu estava tocando piano. Eu tinha vergonha de admitir tal falta de erudição verdadeira.

Hoje, cerca de 90 livros publicados e 400 ou mais artigos, matérias e notas de aula mais tarde, reconheço que tudo o que já contemplei seriamente nasceu durante o tempo em que eu fazia associação livre enquanto tocava piano. Minhas ideias e teorias subsequentes são elaborações, expansões — notas de rodapé, se preferir — dessas visões iniciais.

A natureza dos meus pensamentos pode ser descrita; eles não declaram fatos separados — resultantes de pesquisas minhas ou de outras pessoas —, mas, sim, afirmam o resultado de uma busca pela totalidade, completude e harmonia abrangente na ciência e no mundo. De onde veio a motivação para essa busca? Não veio de meu tio, que além de seu amor pela música, era uma pessoa não intuitiva, profundamente cética (seu filósofo favorito era Schopenhauer, um misógino e cético). A visão de mundo de meu tio era pessimista o suficiente para impedi-lo de ter filhos — segundo ele, nenhum filho merecia ser trazido para este mundo miserável.

As perguntas que minhas afirmações abordaram vieram dele, mas as respostas, não. Estas, acredito, vieram de Mozart e Schubert, Bartók e Brahms e dos ragas indianos e cantos tibetanos que explorei com crescente fascínio. A plenitude, a completude e a harmonia na música deixaram uma impressão profunda em minha consciência. Isso motivou minha busca por integridade e harmonia no mundo. Eu não poderia e não teria deixado a vida de pianista se não tivesse encontrado elementos de plenitude e harmonia na natureza e amor nas relações entre as pessoas.

Ainda procuro a plenitude e a harmonia em tudo que encontro. Tudo o que penso, falo e escrevo reflete essa busca. Ao encontrá-las e encontrar o amor e o sentimento de pertencimento que levam a elas, me sinto realizado.

Costumo terminar meus escritos com as mesmas perguntas com que os começo, fechando o círculo, completado e enriquecido pelas ideias que encontrei. Isso vale também para este livro: a última frase das conclusões nos leva de volta à primeira frase da introdução. Isso não foi propósito, nem consciente. Acabou de acontecer.

No "novo paradigma da ciência", a visão quântica do mundo, encontro ordem, integridade e harmonia. Acredito que isso é mais do que simples imaginação: é um reflexo rudimentar, mas significativo, da ordem, da coerência e da harmonia exibidas pelo universo.

AUTORES DOS TESTEMUNHOS ESPIRITUAIS

LAWRENCE BLOOM foi eleito pela revista SALT como um dos 25 líderes globais mais conscientes e, em 2016, recebeu um prêmio na ONU do Fórum de Inovação Humanitária para Liderança Consciente. Bloom é secretário-geral da Be Earth Foundation, uma organização intergovernamental da ONU, presidente da Be Energy, uma empresa de energia verde especializada na conversão de resíduos e madeira de plantação em projetos de energia sustentável, e cofundador e diretor da Dakia Global Enterprise LLC, uma *holding* que está desenvolvendo uma subsidiária hoteleira significativa entre outras iniciativas.

DARLA BOONE é fundadora, produtora executiva e diretora da Boone Media International. Nos últimos nove anos, ela tem produzido programas de televisão na PBS sobre cura e sociedade e sobre o novo paradigma da ciência. Boone entrou nos caminhos da mídia, explorando todas as suas vertentes, assim como marketing, promoção e vendas. Ela está empenhada em explorar e apresentar, por meio da televisão, níveis mais profundos de conhecimento e novas descobertas da ciência em benefício da humanidade.

NICOLYA CHRISTI é uma mística nata, visionária e futurista. Seu primeiro livro, *2012: A Clarion Call: Your Soul's Purpose in Conscious*

Evolution, foi top 10 das resenhas de livros da primavera de 2011 pela Publishers Weekly.

Seu livro mais recente é *Contemporary Spirituality for an Evolving World: A Handbook for Conscious Evolution — From Personal to Global Transformation*. Nicolya é a fundadora do Movimento WorldShift, relançado em maio de 2020 como Worldshift Earth.

JAMES O'DEA contribui com vários trabalhos humanitários globais em vários campos. Ele é ex-presidente do Instituto de Ciências Noéticas, diretor do escritório da Anistia Internacional em Washington e CEO da Fundação Seva. Ensinou mais de mil estudantes em trinta países sobre a construção da paz consciente e conduziu diálogos de cura social em zonas de conflito ao redor do mundo. O'Dea reside em Crestone, Colorado, renomado santuário para as religiões e tradições espirituais do mundo e lar de numerosos visionários e ecologistas.

FEDERICO FAGGIN formou-se em física pela Universidade de Pádua, Itália, em 1965. Emigrou para os EUA em 1968, trabalhando para a Fairchild Semiconductor, onde liderou o desenvolvimento da MOS Silicon Gate Technology, uma tecnologia de processo chave que foi adotada mundialmente, construindo as bases para quase todos os circuitos integrados contemporâneos. Trabalhando para a Intel Corporation de 1970 a 1974, ele projetou muitos produtos, incluindo o primeiro microprocessador do mundo, o Intel 4004; e os microprocessadores Intel 8008, 8080 e 4040. Faggin recebeu muitas honras e prêmios, incluindo o Prêmio Kyoto de 1997, o Lifetime Achievement Award da European Patent Organization, em Bruxelas, e a Medalha Nacional de Tecnologia e Inovação do presidente Barack Obama, em 2010.

ADRIENNE FELLER é naturopata, aromaterapeuta e instrutora de tratamentos de beleza. Vinte anos atrás, ela fundou o Panarom, um instituto de aromaterapia em Budapeste que ensina como curar com o toque humano e óleos essenciais, e habilita parteiras a realizarem partos suaves com a ajuda da aromaterapia. Ela é fundadora e chefe da marca de cosméticos Adrienne Feller e coautora de *Aromarenaissance* e outros livros.

GUIDO FERRARI é formado em economia e ciências sociais pela Universidade de Berna (Suíça). É jornalista, diretor, autor de perfis, documentários históricos e documentários sobre espiritualidade. Suas áreas de interesse são a pesquisa espiritual, em particular o budismo e o xamanismo, a relação entre espiritualidade e ciência, e estudos sobre consciência. Seu último livro é *A Long Journey, a Spiritual Autobiography*.

JANE GOODALL se dedica à conservação da natureza e trabalha para inspirar e capacitar os jovens a tornar este mundo melhor para as pessoas, animais e todas as coisas vivas. Seu estudo sobre o comportamento dos chimpanzés no que hoje é a Tanzânia começou em julho de 1960 e tornou-se um marco. Seu trabalho no Parque Nacional de Gombe Stream tornou-se a base para pesquisas primatológicas e redefiniu a relação entre humanos e animais. Em 1977, ela fundou o Jane Goodall Institute, que continua a pesquisa em Gombe e é líder global na mobilização para proteger os chimpanzés e seus habitats. Em 1991, fundou a Roots & Shoots com um grupo de estudantes da Tanzânia, uma organização que está ativa até hoje em mais de cinquenta países. Seus prêmios incluem a Legião de Honra Francesa, a Medalha da Tanzânia e o Prêmio Kyoto do Japão. Em 2002, ela foi nomeada para servir como Mensageira da Paz das Nações Unidas e, em 2003, foi nomeada Dama do Império Britânico.

JEAN HOUSTON é mística, ativista e humanista. Ela cresceu no *show business*: seu pai era um roteirista de humor para Bob Hope e outros comediantes famosos, e sua mãe, uma atriz shakespeariana. A própria Jean fez teatro *off-Broadway* no final da adolescência e ganhou um prêmio da crítica de Nova York. Ela se tornou professora universitária e cofundou várias universidades, atuando como Chanceler da Meridian University. Atualmente, está explorando os confins do espaço interior com estudos de física quântica. Houston atua como Diretora do United

Palace of Spiritual Arts, criando concertos inovadores, palestras e peças de teatro para "elevar o espírito da raça humana".

BARBARA MARX HUBBARD foi uma das criadoras da visão de mundo da evolução consciente. Nascida em 1929, foi professora de milhares de alunos e autora de nove livros, incluindo duas obras inspiradas no Novo Testamento. Coiniciadora da conferência SYNCON, desenvolveu um processo para a democracia sinérgica nos Estados Unidos e na antiga União Soviética. Em 1984, seu nome foi indicado na nomeação para a vice-presidência dos Estados Unidos, na chapa democrata. Membro honorário do Clube de Budapeste, atuou como copresidente da Fundação para a Evolução Consciente e do Centro para a Sabedoria Integral e cofundou a Evolutionary Leaders, a World Future Society e a Association for New Thought. Ela passou desta vida no verão de 2019.

CHRIS LASZLO é um entusiasta da natureza, maratonista e professor de Comportamento Organizacional na Case Western Reserve University (EUA), onde pesquisa e ensina gestão empresarial florescente. Ele é autor de *Quantum Leadership* (2019), *Flourishing Enterprise* (2014), *Embedded Sustainability* (2011) e *Sustainable Value* (2008), todos pela Stanford University Press. Em 2012, foi eleito um "Top 100 Thought Leader in Trustworthy Business Be havior" pela Trust Across America. Mais tarde, foi eleito Fellow da International Academy of Management e, em 2018, novo presidente do Academy of Management MSR Interest Group.

LYNNE MCTAGGART mora em Londres, é psicóloga experimental e pesquisadora da consciência dedicada à exploração do efeito da intenção consciente no corpo vivo, bem como na consciência. É autora premiada de sete livros, incluindo *O Campo*, *O Poder da Intenção*, *The Bond* e seu último livro, *The Power of Eight*. É cofundadora e diretora editorial de "What Doctors Don't Tell You" e criadora e arquiteta do Intention Experiments, um "laboratório global" baseado na web.

FRÉDÉRIQUE PICHARD é fundadora do Instituto Dony na França, uma organização que trabalha para ajudar na proteção dos mares e oceanos e, especialmente, dos cetáceos e golfinhos embaixadores através da pesquisa e comunicação entre eles, o mundo científico, professores, terapeutas, artistas e crianças com interesse no assunto. Seu histórico inclui as atividades: dançarina, relaxóloga atuando com visualizações criativas guiadas, e instrutora de naturopatia. Em 2010, publicou *Dauphins Ambassadeurs, messagers de la Mer,* que virou documentário, transmitido em julho de 2011 no canal de TV Arte. Ela foi filmada interagindo com o golfinho Dony para o documentário francês chamado *Le plus beau pays du monde, Opus 2.* Este documentário, transmitido pela primeira vez na véspera de Natal em 2016, já foi exibido na TV na França e outros países.

PIERRE PRADERVAND é um cosmopolita dedicado que luta por um mundo de ganho mútuo que dê certo para todos, incluindo a natureza. Cidadão suíço criado na Inglaterra e na Suíça, seus estudos em sociologia o levaram às universidades de Genebra, Berna e Ann Arbor e a um doutorado em sociologia pela Sorbonne, em Paris. Ele retornou ao seu país de origem, onde tem escrito e ministrado workshops sobre desenvolvimento pessoal e espiritualidade. O prêmio que criou para as mulheres que vivem em zonas rurais foi concedido a mais de 420 mulheres em 140 países.

DEAN RADIN é cientista-chefe do Instituto de Ciências Noéticas (IONS) e professor do Instituto de Estudos Integrais da Califórnia. Antes de ingressar na equipe de pesquisa do IONS em 2001, Radin trabalhou no AT&T Bell Labs, na Universidade Princeton, na Universidade de Edimburgo e na SRI International. Ao longo de sua carreira, seus principais interesses de pesquisa se concentraram no papel da consciência no mundo físico e nas percepções não limitadas pelas noções cotidianas de espaço e tempo. É autor ou coautor de centenas de artigos científicos e populares, quatro dúzias de capítulos de livros, dois livros técnicos e quatro livros populares e premiados, traduzidos para quinze línguas estrangeiras.

MARIA SÁGI é uma psicóloga social e especialista em cura natural que aprimorou o método da Medicina da Informação do cientista vienense

Erich Körbler em um meio abrangente para diagnosticar e tratar problemas de saúde humana, sintetizando o efeito da informação de acordo com o sistema de meridianos. Ela tem uma clínica de cura ativa em Budapeste, é autora ou coautora de onze livros e cerca de oitenta artigos e trabalhos de pesquisa sobre psicologia social e da personalidade, psicologia da música e da arte, bem como medicina de cura e informação.

MASAMI SAIONJI é uma líder espiritual e visionária da paz do Japão. A paixão de sua vida é ajudar ao menos mais uma pessoa a aproveitar a vida ao máximo, encontrando o reino ilimitado de sua própria consciência. Ela dirige várias organizações de paz, incluindo a Goi Peace Foundation, a May Peace Prevail on Earth International e a iniciativa mundial Peace Pole. Em 2005, fundou a Symphony of Peace Prayers, internacionalmente conhecida. É membro honorário do Clube de Budapeste, ganhadora do Prêmio da Paz Mundial Filósofo Saint Shree Dnyaneshwara, do Prêmio WON, que homenageia líderes femininas ilustres, do Prêmio da Paz Humanitária Barbara Fields e do Prêmio da Paz de Luxemburgo. Com seu marido, Hiroo Saionji, e Ervin Laszlo, ela coiniciou a Declaração de Fuji, seguida pelo movimento Soul of WoMen.

GARY SCHWARTZ é doutor pela Universidade de Harvard e atuou como professor de psiquiatria e psicologia na Universidade de Yale, tendo sido diretor do Centro de Psicofisiologia e codiretor da Clínica de Medicina Comportamental, todos dentro da universidade. Ele é diretor do Laboratório para Avanços em Consciência e Saúde no Departamento de Psicologia da Universidade do Arizona. Seu interesse inicialmente se concentrou na pesquisa de biofeedback e psicologia da saúde, enquanto sua pesquisa recente está no campo da parapsicologia e da saúde baseada na consciência.

EXPERIÊNCIAS ESPIRITUAIS: A MENSAGEM E O SIGNIFICADO

A Mensagem

APÓS LER o relato de pessoas sérias e dignas de crédito sobre suas experiências espirituais, perguntamos agora: Qual é o significado dessas experiências? O que elas nos dizem sobre nós mesmos e o mundo ao nosso redor? Sobretudo, elas revelam algo sobre nossa conexão com a "in-formação" que é fonte de nossa existência no mundo?

Devemos observar as experiências mais de perto. Veja como os indivíduos descreveram suas principais características:

> *Na minha história não se trata de eu ter me sentido isolado quando criança e ter precisado descobrir a unicidade das coisas, mas, sim, de eu ter me sentido conectado na infância e ter precisado passar pela ilusão da separação e da escassez para recuperar essa conexão. Trata-se de reconhecer que o amor incondicional flui continuamente do coração quando está alinhado com a mente e a alma. Os Vedas nos dizem: "Da Alegria tudo se cria, pela Alegria tudo se sustenta, pela Alegria tudo se move, e na Alegria tudo se une!" Para mim, sentir a verdade dessa afirmação é me inserir na unidade de todas as coisas do universo.*
>
> — Lawrence Bloom

Mal podia esperar para adormecer e deixar meu corpo terreno para trás. Percebi como me sentia muito mais confortável fora do meu corpo do que na minha existência terrena. [...] Por meio dessas aventuras, tomei consciência da sensação de plenitude dentro e fora do corpo humano, e fiquei completamente conectada a esse sentimento pleno [...] Como essa experiência incrível impactou minha vida? Ela me deu uma visão crucial: somos todos viajantes universais com acesso a todo o universo e a todo o Campo Akáshico...

— DARLA BOONE

Enquanto continuo a contemplar as realidades mundanas, terrenas, metafísicas e espirituais e as grandes questões existenciais, sempre retorno ao mesmo entendimento fundamental, à mesma compreensão, à mesma percepção fundamentada: Somos AMOR, Somos do AMOR, e quando saímos deste reino terrestre, é ao AMOR que retornamos.

— NICOLYA CHRISTI

Uma coisa é certa: os Mestres espirituais autênticos ganham acesso a um campo unificador de consciência em que toda a vida, qualquer que seja seu grau de sintonização, recebe amor e compaixão e é acolhida como sagrada no conhecimento de que sua jornada à completude e ao auto-conhecimento é inexorável [...] o universo parece ter todo o tempo do mundo para guiar cada um de nós de volta à Fonte de toda orientação.

— JAMES O'DEA

Quando voltei para a cama, fiquei esperando em silêncio para adormecer novamente e, de repente, senti uma poderosa onda de energia amorosa fluir do meu peito. Foi algo que nunca sentira antes e nem imaginava que fosse possível. O sentimento claramente era amor, mas era tão intenso e tão incrivelmente gratificante que superava qualquer definição concebível. Ainda mais inacreditável foi que eu era a fonte deste amor. O que vi foi um amplo feixe de luz branca cintilante, viva e beatífica jorrando do meu coração com uma força incrível. Então, de repente, aquela luz explodiu, encheu a sala e depois se expandiu para abraçar todo o universo com o mesmo brilho branco. Eu percebi, então, sem sombra de dúvida, que aquela era a "substância" que compunha tudo o que existe. Foi isso que criou o universo a partir dele mesmo. Então, com imensa surpresa, percebi que eu era aquela luz!

A experiência durou menos de um minuto e me mudou para sempre.

— FEDERICO FAGGIN

Aprendi que todas essas experiências visam redescobrir o estado natural de nossa consciência: limpa e brilhante, com manifestações espontâneas de amor, empatia e compaixão. Tornamo-nos presentes e conscientes, vemos a vida como ela, vivendo-a com alegria.

Para mim, a descoberta de que existe um desígnio oculto por trás de nossas dificuldades, até mesmo de experiências confusas que parecem vazias de sentido, é uma coisa tocante e reconfortante. Bem abaixo da superfície encontra-se oculta uma harmonia natural, um abrigo onde gostaríamos de estar. Esse é o nosso verdadeiro lar, que vai além do espaço e do tempo. [...] Uma calma profunda surgiu em mim, um enorme espaço interior, trazendo uma sensação de harmonia. Eu me senti em casa [...] Tive uma sensação de liberdade. [...] Meu coração estava conectado com tudo, eu estava no presente eterno.

— GUIDO FERRARI

O universo se tornou inteiramente vasto. Eu via os planetas na minha frente, estava flutuando. Meu corpo foi dominado por uma sensação de serenidade, estava à deriva, como um peixe nas correntes oceânicas. Então, de repente, meu foco mudou, reconheci o ponto em que havia chegado e percebi o propósito da minha vida. Fiquei me perguntando: Como não tinha pensado nisso até agora? *Senti um amor que nunca havia sentido antes, ele formava o meu ser. [...] Eu amava todos com uma devoção igual, com um amor incondicional. Pensei: "Ah, então é assim que as coisas são. É disso que todos os livros tratam. Que intuitivo." Senti como se eu mesma fosse o próprio amor. Tudo o que eu percebera como um problema antecipado deixou de existir nesse momento. O amor curou, substituiu. Não precisava de mais nada; já estava tudo lá.*

— ADRIENNE FELLER

Enquanto lentamente voltava ao meu eu cotidiano, rabisquei algumas notas, tentando lembrar pelo menos algo do que eu havia experimentado tão brevemente. Eu não fui visitada por anjos ou quaisquer outros seres celestiais, mas foi uma experiência verdadeiramente mística, que me mudou um pouco, me deixou um pouco mais perto de entender a maravilha do mundo natural. Parecia-me que o eu estava totalmente ausente: eu e os chimpanzés, a terra, as árvores e o ar, tudo parecia fundir-se, integrar o Poder Espiritual da vida do universo. [...] Em uma visão muito rápida, tive contato com a atemporalidade e o êxtase silencioso, pressenti uma verdade que até muito recentemente foi ridicularizada pela ciência dominante, e que, até hoje, só é reconhecida por algumas das grandes mentes de nosso tempo.

— JANE GOODALL

E, de repente, tudo aconteceu — o estado de despertar mais importante de toda a minha vida [...] a chave virou de repente, e o portal para o universo se abriu. Nada mudou em minhas percepções externas. [...] O mundo permaneceu como antes. No entanto, tudo ao meu redor, inclusive eu, ganhou significado. [...] Tudo se tornou parte de uma única unidade, uma gloriosa ressonância sinfônica na qual cada parte do universo atuava e iluminava todas as demais, e eu aprendi que, de alguma forma, tudo funcionava em conjunto e era muito bom. [...] Eu estava em um universo de amizade e companheirismo, um universo amigo cheio de uma Presença entrelaçada à dança da vida. [...] Era o conhecimento do funcionamento de tudo...

— JEAN HOUSTON

Senti que a terra era um organismo vivo, lutando para respirar, para se coordenar enquanto corpo. Estava viva! Eu me tornei uma célula naquele corpo. Sua dor estava passando pela mídia de massa, o sistema nervoso do mundo, e a agonia da terra era minha agonia também. Então [...] Um clarão extraordinário, mais radiante que o Sol, brilhou no espaço sideral. Instantaneamente, todos nós, coletivamente, fomos atraídos pela luz. Esquecemos nossa dor por um momento. Juntos, vimos a luz. A empatia começou a percorrer nossos corpos. Onda após onda de amor fluía por todas as pessoas, um campo magnético de amor nos alinhava. NÓS fomos acolhidos, elevados neste campo de luz, e a alegria começou a pulsar em nossos corpos. [...] No centro da evolução espiritual está a atração inteligente [...] uma compreensão da realidade baseada na ciência, evocando o "amor evolutivo", ou eros, como atração na base operacional fundamental da realidade. [...] Isso é mais do que uma revelação, parece uma força superior, a genialidade evolucionária da criação.

— Barbara Marx Hubbard

A experiência... holotrópica mudou tudo [...] senti um tipo de alegria, gratidão e serenidade diferente do que já sentira em todas as outras maratonas que já havia corrido, uma sensação conhecida de unidade com o mundo ao meu redor.

— Christopher Laszlo

[...] Esta foi a mensagem de Jean-Floch: "Quando você abre sua consciência e liga seu coração a tudo o que a cerca, você encontra a paz e pode desfrutar da beleza. Nós somos o universo, todos nós, juntos, mesmo quando pensamos que estamos sozinhos." [...] Compreendi, então, que os golfinhos estavam tentando me orientar, me ajudando na minha conexão com a Fonte. [...] Deixe-me repassar a mensagem mais recente que recebi de Aladin: "Cultive sua paz interior", e a mensagem de Dony: "Você, o humano, e eu, o golfinho, viemos da mesma Fonte, A Fonte de beleza e amor."

— Frédérique Pichard

Subitamente, fui projetado em direção a um espaço que era atemporal e além do espaço material, onde eu não tinha consciência de nada além do amor infinito. Senti em minha própria essência que o amor incondicional era a única causa, efeito, substância, poder, ser, realidade, identidade, presença no universo, que era literalmente tudo em tudo. A coisa mais maravilhosa de toda a experiência foi o desaparecimento completo do meu ego. [...] Por um período indeterminado (já que eu não estava mais no tempo), a consciência divina se tornou minha *consciência, o que explica essa ter sido a experiência mais gloriosa da minha existência: amor infinito se manifestou como liberdade total.*

— Pierre Pradervand

Altruísmo, efeitos de grupo, o poder da intenção, mudanças nas ondas cerebrais — nem juntando tudo isso seria possível explicar completamente os milagres que testemunhei [...] quando as pessoas se reúnem, milagres simplesmente acontecem, que não podem ser reduzidos à soma de certos fatos e dados observáveis, ao funcionamento do nervo vago ou de lobos parietais. Cheguei a acreditar que os milagres não são individuais, mas o resultado de forças coletivas...

— LYNNE MCTAGGART

Acontecimentos que, de outra forma, poderiam ser completamente independentes, sem nunca interagir, seriam naturalmente reunidos pela deformação resultante no espaço-tempo. [...] Dado que o espaço-tempo parece ser distorcido pela massa física à la Einstein, também deve ser possível distorcer o espaço-tempo através da "massa mental". Qual é o análogo mental da massa física? Talvez palavras como amor, significado, e intenção focada capturem sua essência.

— DEAN RADIN

A harmonia, a sensação de segurança e a plenitude que sinto na música e na arte estão vindo à tona em minha prática. [...] Quando aplico esses métodos, passo por um tipo particular de experiência espiritual. Eu sinto a vareta de radiestesia "puxar" em minha mão — ela se move aparentemente por conta própria: minhas mãos não iniciam conscientemente seu movimento. E quando a cura está ocorrendo, há uma sensação de plenitude e harmonia se espalhando por todo o meu corpo. [...] Na minha opinião, isso é evidência de que existe uma conexão sutil, mas real, entre mim e o paciente, a mesma que existe entre todas as pessoas que compartilham a vida em nosso precioso planeta.

— MARIA SÁGI

Apesar de não enxergar fisicamente, era capaz de perceber espiritualmente onde estava a janela e como a luz do sol inundava o quarto. Encantada pelo brilho do Sol, minha alma gritou, Olá, Sol! Como você é lindo! *O astro-rei chegou cada vez mais perto até se fundir com o meu corpo, e eu fiquei totalmente sintonizada com ele. Meu coração ficou mais leve e ascendi naturalmente a uma dimensão mais elevada e espiritual. Então tive uma reunião calorosa com os seres iluminados que estavam (e ainda estão) constantemente me guiando e protegendo de momento a momento. Pude confirmar que cada ser humano é igualmente guiado e protegido por eles, que nos amam ainda mais do que nossos pais terrenos.*

— Masami Saionji

Vi centenas de supersincronicidades do tipo III envolvendo muitas centenas de pessoas. Em algum momento a pessoa "cede" à evidência e conclui que existe uma Fonte consciente, dinâmica e interativa em todas as coisas, inclusive em nós.

— Gary Schwartz[*]

O Significado

Que conclusões podemos tirar dessas experiências; que significado podemos atribuir à mensagem que transmitem?

Primeiro, precisamos perguntar se transmitem informações sobre o mundo real. Elas descrevem estados reais de coisas ou mera imaginação? Podemos elucidar essa questão comparando as informações transmitidas nas mensagens às ideias oferecidas pelo conceito de realidade emergente nas ciências quânticas.

Como mencionamos na Parte I, o novo conceito de mundo, nos diz que *nosso* universo não é uma série aleatória de eventos desconexos, que ele é muito complexo para ser o resultado de interações casuais. Então, a que podemos atribuir a ordem, a complexidade e a coerência que encontramos à nossa volta, senão ao acaso? Se o universo que observamos não é resultado de interações casuais, deve haver "algo" que rege sua evolução. O que seria isso?

---

[*] Esta experiência, relatada por um renomado parapsicólogo experimental, difere das outras por não ser uma sensação direta ou espontânea, mas uma conclusão racional extraída de uma série de eventos observados. Embora baseada no raciocínio e não na experiência, é uma conclusão significativa, pois responde à pergunta que faremos a seguir quanto ao significado de tais experiências.

A hipótese que apresentamos é que esse "algo" é a "informação" do universo manifesto pela ordem implícita: o Cosmos. Essa informação é transmitida pelo conjunto das leis da natureza, atuando como um atrator universal, que chamamos de atrator holotrópico, porque a evolução consistente e persistente, mesmo que fortemente não linear, pela qual sistemas coerentes e complexos surgem do caos que inicialmente reinava no universo, é orientada para a totalidade. Átomos e moléculas são sistemas inteiros, complexos e coerentes, assim como a biosfera, a Terra, o sistema solar, a galáxia e a metagaláxia. Os sistemas biológicos que evoluíram neste planeta são os principais exemplos. Se eles não surgiram por meio de interações casuais, alguma coisa teria que influenciar o conjunto de interações para a formação de sistemas complexos e coerentes. Essa coisa é considerada, pela lógica, um atrator — mais precisamente, um atrator holotrópico.

Sua presença não é um fato observável; só pode ser apreendida por inferências, partindo de observações, mas as que tratam de sua existência não são clara e imediatamente evidentes — são majoritariamente mascaradas por preocupações mais imediatas. Tais inquietações, no entanto, não desempenham um papel dominante nos estados alterados de consciência em que ocorrem as experiências espirituais. Neles — estados de meditação, oração, exultação ou prazer estético —, o holotropismo inerente à informação do universo pode elevar-se à percepção consciente. Como os relatos oferecidos pelas pessoas que passaram pelas experiências anteriormente citadas comprovam, o conteúdo holotrópico das experiências surge de maneira alta e clara.

A forma na qual o conteúdo holotrópico ocorre não é simples, fria e racional, ela tem forte coloração emocional. Experiências espirituais espontâneas inspiram sentimentos de empatia, unidade e pertencimento — e até mesmo amor incondicional —, o que vai ao encontro das evidências. Amor, pertencimento, unicidade e empatia são sensações esperadas quando estamos verdadeiramente reconectados ao mundo. É nas experiências espirituais que essas sensações atingem a consciência.

Já que as conclusões derivadas das experiências vividas coincidem com as decorrentes de uma análise racional da natureza de tais experiências, isso mostra que não estamos enganados. O mundo, o Cosmos, que é o fundamento último do "ser" no mundo, é orientado e orienta para a totalidade, inspirando amor e pertencimento entre todas as coisas.

Essa noção é o núcleo da experiência espiritual. Somos, ou podemos ser, seres amorosos em um mundo orientado para o amor. Se deixarmos de viver de acordo com a nossa natureza e a do mundo, somos os únicos culpados nessa história. É isso que acontece na maioria dos casos, o que é um problema: uma falha grave na textura de nossa existência. Compreender a mensagem das experiências espirituais e viver de acordo com ela é uma boa, e talvez a melhor, maneira de corrigir essa falha existencial.

PARTE IV

LIÇÕES ESSENCIAIS E TAREFAS FUNDAMENTAIS

PASSADOS TRÊS BIG BANGS, VEM O QUARTO: REVER O PASSADO PARA PREVER O FUTURO

A JORNADA diante de nós não será um mar de rosas. Sabemos que uma transformação de dimensões globais já começou e que seu desdobramento não é previsível. Mas é certo que será desafiador: viveremos em meio a mudanças constantes e profundas, nossa própria sobrevivência ficará constantemente em jogo. Alcançaremos o entendimento, a sabedoria, para sobreviver a este desafio? E que diferença a reavaliação e a revaloração da experiência espiritual farão nas nossas chances de sobrevivência?

REVER O PASSADO

Esta não será a primeira vez na história em que um período de transformação em nível global desponta na humanidade. Holmes Rolston, filósofo da ciência, apontou que nossa "grande história" inclui três dessas transformações — verdadeiros "big bangs".* O primeiro foi o big bang físico, que

---

*Holmes Rolston III, *Three Big Bangs: Matter-Energy, Life, Mind* (New York: Columbia University Press, 2010).

muitos acreditam ter ocorrido há cerca de 13,8 bilhões de anos. Ele deu origem ao universo manifesto com suas partículas quânticas, vários tipos de energia e bilhões de galáxias. Isso levou à formação de sistemas solares, com sóis e planetas e fluxos de energia que levam à formação de sistemas cada vez mais complexos em planetas que chamamos de "Cachinhos Dourados" (felizmente situados), associados a sóis ativos.

Outra transformação basilar — o "segundo big bang" — foi o surgimento de organismos vivos entre os sistemas complexos e coerentes que evoluíram na Terra e, presumivelmente, também em outros planetas. Acredita-se que essa transformação tenha ocorrido há cerca de 3,8 bilhões de anos e que ela tenha tido início com o surgimento de procariontes unicelulares na sopa primordial que cobria a superfície do planeta.

O "terceiro big bang" é datado de cerca de 120 mil anos atrás. Ele mudou fundamentalmente — "evoluiu" — a consciência de nossa espécie, o *Homo* teria se tornado *sapiens*. Entre as vantagens evolutivas da consciência evoluída estava uma forma de comunicação mais flexível e rápida que, portanto, não estava mais limitada a respostas semiautomáticas desencadeadas por condições e eventos recorrentes; em vez de se limitar a *sinais*, a comunicação humana passou a se basear em *símbolos* desenvolvidos consensualmente.

A evolução da linguagem simbólica foi um grande salto. Por um lado, deu origem a estruturas sociais baseadas em significados adquiridos coletivamente e, por outro, produziu habilidades manipulativas aprimoradas entre as pessoas. As sociedades foram capazes de evoluir com base em culturas compartilhadas com tecnologias cada vez mais poderosas. O *Homo sapiens* começou a dominar outras espécies e tornou-se um ator-chave na evolução da vida na biosfera.

O terceiro big bang fez a população humana aumentar de forma absurda, mas não produziu a sabedoria que garantiria que a população expandida pudesse manter os equilíbrios essenciais para o florescimento da vida no planeta. A harmonia básica tornou-se cada vez mais prejudicada.

O uso míope da tecnologia e o desrespeito aos freios e contrapesos naturais trouxeram a humanidade para onde está hoje: um "ponto de caos", onde a escolha é dura: ou colapso ou avanço.*

Agora, outra transformação global se tornou inevitável: um quarto big bang.

PREVER O FUTURO

Somos uma das mais de 100 milhões de espécies na biosfera, e cada espécie engloba milhões, em alguns casos, bilhões, de indivíduos. Entre todas essas espécies e indivíduos, estamos em uma posição privilegiada: temos um cérebro altamente desenvolvido e uma consciência associada. Isso nos permite perguntar sobre nossa identidade, a natureza do mundo e estratégias e deveres para se viver nele.

A consciência avançada é um recurso único, mas não estamos fazendo bom uso dele, nem as perguntas certas para buscar as respostas certas, apenas seguimos em frente confiando na sorte. Estamos em maior número, mas não aumentamos os benefícios que nossa mente consciente pode conferir àqueles que trazemos ao mundo. Desenvolvemos tecnologias sofisticadas e as aplicamos para atender às nossas necessidades e desejos, mas prejudicamos ou levamos à extinção a maioria das espécies avançadas. Cinquenta por cento de toda a vida selvagem do planeta desapareceu, e 44 mil populações de espécies vivas estão desaparecendo dia após dia.

Nós nos tornamos um perigo para toda a vida na biosfera. Como isso aconteceu?

A história nos ensina que big bangs e transformações globais não necessariamente levam a um mundo justo e próspero; também podem causar colapsos. Estamos à beira de um quarto big bang e não estamos fazendo o nosso melhor para chegar a uma descoberta fundamental que evite um

---

*   Ervin Laszlo, *The Chaos Point: The World at the Crossroads* (Charlottesville, Virginia: Hampton Roads Publishing, 2006).

colapso. A maior parte da população atual está frustrada, depressiva, está se tornando violenta. As pessoas sofrem com a mudança climática, a poluição e as inúmeras formas de degradação ecológica. Grandes massas vagam pelo planeta em busca de um lugar em que possam sobreviver.

As lições da história estão diante de nós, e poderíamos fazer uso delas, mas até agora, não as aproveitamos. Já deveríamos saber que o caminho para o colapso não está inscrito em nossos genes. A trilha que seguimos agora não é natural e nem boa, a história nos diz que é melhor corrigir o curso e, felizmente, isso é possível. Somos perfeitamente capazes de viver neste planeta sem destruir os equilíbrios e recursos necessários a uma vida saudável para nós e para outras espécies. Nenhuma espécie precisa ser dizimada, subjugada ou extinta para nos manter vivos. Somos capazes de viver de forma sustentável, coexistindo com outras espécies e respeitando os limites da vida na biosfera. Então, por que levamos inúmeras espécies à extinção e danificamos o meio ambiente, de que não apenas nós, mas todas as espécies vivas precisam para existir?

A primeira coisa a perceber é que o que deu errado com nosso comportamento não correu mal para toda a humanidade. A grande maioria das pessoas que habita o planeta não é o criador dos problemas atuais, mas sua vítima. Se tivesse a chance, a maioria das pessoas viveria na Terra sem destruir umas às outras e ao meio ambiente. Como disse Aristóteles, os humanos são animais sociais. Somos codificados para a sobrevivência, e nossos códigos incluem a coexistência com outras espécies. Não somos instintivamente destrutivos e egoístas.

O próprio fato de termos conseguido sobreviver como espécie biológica por 5 milhões de anos e como espécie consciente por cerca de 50 mil é evidência de que nossa natureza básica não é o problema. A maior parte da população não é responsável por a humanidade ter se tornado um flagelo da vida no planeta, apenas uma parcela dela. A questão é: por que essa parcela criou condições insustentáveis (e agora críticas) para as formas superiores de vida na Terra? Podemos mudar isso a tempo de evitar uma grande catástrofe?

Às vezes, suposições teológicas e metafísicas têm sido citadas como a razão de termos nos tornado o que somos, mas atribuir nosso comportamento a causas divinas ou a outras causas transcendentes não é a resposta correta. Não somos anjos nem demônios e, certamente, não somos fundamentalmente maus.

Parece que nos tornamos esse flagelo sem querer. Como outras espécies, somos seres naturalmente holotrópicos e orientados à plenitude em um universo também orientado a ela. Nossos antepassados exploraram e fizeram uso de tudo o que encontraram em seus arredores e, por milênios, sua inclinação instintiva foi criar coisas e fazê-las servir à sua existência. Então, no início do Neolítico, uma parcela da humanidade começou a utilizar as coisas que encontrou, bem como as que criaram, com um foco mais definido: aumentar seu próprio conforto e seu próprio poder. Eles começaram a se colocar acima, além de tudo e de todos. Em um planeta finito e interdependente, esta Revolução Neolítica produziu condições de desequilíbrio. Isso "sub-otimizou" o uso dos espaços e recursos disponíveis, concentrando-os para atender aos interesses percebidos no segmento dominante.

O uso egocêntrico de espaços e recursos prejudicou as redes de relações e a distribuição de recursos dos quais dependia a teia da vida. A parcela dominante da espécie humana tornou-se uma ameaça a toda a vida no planeta e também à sua própria existência. A prosperidade da teia da vida também é um pré-requisito para a prosperidade da vida humana. Esta é uma percepção relativamente recente. Por milênios, pessoas em todas as partes do mundo foram atrás dos objetivos de sua existência sem estarem conscientes de que a busca irrefletida de seus próprios interesses estreitamente concebidos arruína toda a vida ao seu redor.

Como nos tornamos uma ruína para a vida no planeta? A resposta pode estar em uma observação perspicaz de Mark Twain. Segundo ele, para um menino com um martelo novo, o mundo inteiro parece um prego. Martelar o mundo a torto e a direito pode ser algo bem-intencionado a princípio, mas, se não prestarmos atenção em seus efeitos "colaterais" secundários, é arriscado, podendo criar condições altamente destrutivas.

As tecnologias da era moderna nos permitem martelar com grande velocidade e força o que acreditamos que nos trará riqueza e poder. Estamos transformando o mundo em uma loja de brinquedos e, nela, criamos brinquedos que atendem aos nossos próprios interesses. Brincamos com eles, não nos importa se isso realmente serve às nossas necessidades, e nem levamos em conta as necessidades ou até a sobrevivência dos outros. Nós liberamos a energia do átomo e a usamos para alimentar sistemas que satisfaçam nossos desejos. Canalizamos fluxos de elétrons em circuitos integrados e usamos os circuitos para comandar as tecnologias que atendem às nossas necessidades de comunicação e informação. Brincamos na loja global de brinquedos sem levar em conta as consequências que isso tem para os outros, para nós e para toda a loja.

Esta é uma maneira míope e perigosa de se comportar. Energia e informação são elementos fundamentais do mundo. Como dissemos, nós mesmos somos configurações complexas de energia in-formada. Agora acessamos a energia de maneiras que não atendem às nossas necessidades reais, apenas às nossas aspirações egocêntricas de curto prazo. Manipulamos a informação de maneira igualmente míope. A bomba e a usina nucleares de um lado, o computador com sua rede de comunicação global, do outro, são exemplos. São excessos tecnológicos que podem acabar prejudicando toda a vida na biosfera, inclusive a nossa.

Podemos culpar aqueles que operam os novos brinquedos de energia e informação pelo uso indiscriminado? Não podemos, assim como não podemos culpar um menino por martelar com seu novo martelo. As pessoas não são más, apenas egocêntricas e míopes. Porém, isso não pode continuar: o tempo para brincadeiras ingênuas com brinquedos poderosos acabou. Os "efeitos colaterais" imprevistos tornaram-se uma ameaça para toda a vida no planeta.

Chegamos ao limiar do quarto big bang. Aonde vamos agora?

O CAMINHO A SEGUIR

PARA PROSPERAR, e até mesmo sobreviver, neste planeta, a consciência do segmento dominante da humanidade deve mudar — senão, o próximo big bang será o último. A transformação global é um processo arriscado: se ela deve culminar em um avanço em vez de levar a um colapso, precisa ser orientada.

Uma boa maneira de guiar o quarto big bang que desponta no horizonte é motivar as pessoas a ouvirem a mensagem de suas experiências espirituais e a prestarem atenção nelas. Isso as ajuda a se reconectar à Fonte. Quando uma massa crítica se reconecta, o resto pode acompanhá-la. Isso é mais do que esperança piedosa, a crise catalisa a transformação e, na crise de uma transformação, o holotropismo intrínseco de nossa consciência pode vir à tona.

Precisamos iniciar a orientação de nossa evolução seguindo o conselho de Gandhi: não diga aos outros o que fazer; torne-se o que quer que eles se tornem. Sejamos a transformação de que precisamos no mundo. O chamado é para tornar-se a transformação de nosso verdadeiro eu: recuperar nossa sabedoria codificada pela natureza. Precisamos nos tornar uma expressão de vida madura e saudável no universo.

O mito do herói da Grécia antiga precisa ser atualizado. Não queremos heróis solitários projetando um individualismo estridente, esse modelo já exauriu sua utilidade. Chegou a hora do herói coletivo, como, por exemplo, o da mitologia Ubuntu. A "jornada do herói" de Joseph Campbell precisa motivar a evolução da consciência da humanidade.

Então nossa consciência individual poderia se transformar em uma consciência de espécie.

Se uma massa crítica recuperar seu holotropismo natural, o "quarto big bang" não marcará o fim da vida humana, e talvez de toda a vida no planeta. Ainda será uma transformação global disruptiva, mas não destrutiva.

A lição para o *Homo sapiens*, uma espécie com uma consciência altamente evoluída, mas ainda não adequadamente evoluída, é evidente. Precisamos nos reconectar à Fonte e recuperar nossa inclinação natural a viver de acordo com a "in-formação" que molda e orienta o universo. Precisamos nos tornar os seres empáticos e incondicionalmente amorosos que já somos em nosso coração. Esta é mais do que uma opção feliz: é uma pré-condição para nossa existência continuada na terra.

Em linguagem simples: precisamos mudar. Podemos mudar, e da maneira certa, porque precisamos mudar para o que, no fundo, já somos.

O caminho a seguir está aberto. A tarefa é clara. Acorde e torne-se a mudança de que precisamos. O futuro de uma espécie notável em um planeta precioso está em suas mãos.

ANEXO

PERSPECTIVAS ORIENTAIS
(I)

Reconectando-se à Fonte e Espelhando-se na Cultura Chinesa
Frederick Chavalit Tsao

Na perspectiva chinesa, reconhecer a Fonte e conectar-se a ela é um requisito universal, sem limite de tempo ou lugar. Agora, isso é mais necessário do que nunca. Os conceitos e os métodos podem variar, o objetivo, não.

Vejo a espiritualidade, a consciência e o nosso lugar no mundo pelo prisma da cultura chinesa que empregou, de forma ininterrupta, por mais de dois mil anos, meios sofisticados de análise e definição do que Laszlo chama de A Fonte. Ela desenvolveu uma ampla variedade de métodos para se conectar a ela e alimentar seu poder gerador de harmonia, de criatividade e da própria vida.

A situação, como aponta Ervin Laszlo, é grave, mas não desesperadora. Tudo se move de acordo com o ciclo yin-yang, incluindo a civilização humana. No Ocidente, houve a ascensão da consciência à medida que a sociedade passava de uma era dominada pela espiritualidade religiosa, que chamamos de Idade das Trevas, da qual era necessário se libertar. Na Renascença, Deus foi humanizado e, por meio do processo de humanização, o Ocidente passou à Era do Iluminismo — e depois, através da Revolução Industrial, ao existencialismo, ao modernismo e, finalmente, ao consumismo. Há um ciclo aparente aqui, a passagem do espiritualismo extremo ao materialismo extremo. A China tem seu próprio ciclo, mais longo, menos extremo e mais sutil. Se a influência da integração global está sempre presente, a dinâmica continua a mesma.

Hoje, a humanidade é rica. Existem problemas óbvios de distribuição em termos de riqueza e recursos, mas, como raça, já atingimos o requisito básico: o poder de atender às necessidades de todos. Com o excedente de capacidade de produção, significa que não haveria problema para alimentar a todos, mesmo que a população da Terra fosse dobrada. Mas apesar de não estarmos vivendo outra crise de necessidades materiais, estamos testemunhando o colapso dos relacionamentos. As pessoas se sentem estressadas, solitárias e isoladas. Este é um alerta para nós, um alerta urgente. Quando existe algo errado, acordamos para o problema. Hoje, se não acordarmos, a biosfera e a sociedade humana enfrentaráo o perigo da destruição.

De acordo com Einstein, os problemas não podem ser resolvidos usando o mesmo nível de consciência que os criou; devemos mudar para um nível mais alto de consciência. E, ao olharmos para o mundo e sua situação, vários aspectos ficam claros. O primeiro é que todas as coisas são holísticas e interconectadas, e o segundo é que os seres humanos são totalmente criativos e não devem ser subestimados. Estamos lutando pela imortalidade agora e criando máquinas que podem funcionar melhor do que nós. Estamos à iminência de mudanças drásticas idênticas às de todas as ficções científicas de apenas algumas décadas atrás. O que antes era imaginação está se tornando realidade objetiva. Estamos despertando à imagem de Deus e, de fato, temos o potencial de atingir a natureza de Buda, nutrindo a esperança de que um dia seremos como Deus.

O paradigma chinês do yin e yang é um ciclo de opostos que validam a estrutura um do outro. Da mesma forma, a realidade quântica está se movendo para validar o misticismo religioso e oferece uma nova maneira de entender a espiritualidade. Concordo com a visão de Laszlo quanto à necessidade de nos concentrarmos em nos reconectar à Fonte e, de fato, do ponto de vista do paradigma chinês, o que não está aqui sempre dá origem ao que *está*. O senso de urgência é a força motriz e a expressão da criatividade aparente no desenvolvimento humano. Na perspectiva chinesa, essa força criativa é o Tao. Ele cria todas as coisas e é, de fato, a Fonte a que Laszlo está se referindo.

No fim das contas, todo corpo é o mesmo. Somos todos humanos no mesmo espaço, todos consumidos pelo materialismo, mas ansiando pela espiritualidade. Quanto mais materialistas somos, mais desejamos (materialismo).

E quanto mais desejamos (materialismo), mais sofremos de ganância, ódio e ignorância, que às vezes aparecem nos ensinamentos de Buda como os três venenos: ignorância, apego e aversão. No final, é tudo a mesma coisa.

O maior mercado da sociedade consumista é a vaidade. Se você acha que carregar uma bolsa cara de marca o faz melhor que os outros, qual a dimensão de sua ignorância? Existe algum valor para a vaidade na vida? Não. O maior promotor da ignorância no mundo é Hollywood, e o maior promotor da ganância é Wall Street. E, embora eu odeie dizer isso, a religião organizada também desempenha um grande papel na promoção da divisão, do ódio e da guerra. Se estamos bebendo os três venenos mencionados nos ensinamentos de Buda, como isso nos impacta? Independentemente da perspectiva que adotamos para observar esse problema, continua sendo válida a necessidade urgente de, tanto como indivíduos quanto como coletivo, nos reconectarmos à Fonte.

Eu gostaria de compartilhar alguns pensamentos sobre isso, partindo de uma perspectiva chinesa. O que o paradigma quântico fez nos últimos anos foi validar, a partir de uma visão científica, ideias que, de fato, foram dominantes no pensamento do leste asiático por milênios. Pode-se dizer que as culturas tradicionais tentam encontrar a verdade no Supremo, na *enésima* dimensão — isso é certamente verdade na cultura chinesa. Enquanto isso, a ciência tem buscado encontrar a verdade a partir da dimensão zero. De um lado, parte-se do maior e do outro, do menor. O que os cientistas quânticos descobriram ao explorarem a menor unidade possível do mundo físico é que atingiram a *enésima* dimensão e realmente chegaram à metáfora de Deus. Eles encontraram todas as informações do universo espremidas em um pequeno espaço, como um buraco negro, e mostraram que, na realidade, não existe uma relação linear entre zero e "*n*", mas um círculo em que um se une ao outro no ponto de encontro.

A cultura chinesa, em sua base, é a cultura do Tao e, a partir dela, desenvolvemos muitas escolas de pensamento. Interpretamos o Tao em termos de sistemas éticos e sabedoria para aplicá-lo a muitas áreas. Por exemplo, em termos militares, nas áreas dos negócios e da vida em geral. Claro, os chineses também foram influenciados por outra visão de mundo, que vem das tradições budistas na Índia. Mas o conceito do Tao como uma fonte de energia criativa que forma todas as coisas materiais é a pedra fundamental da filosofia e da visão de mundo chinesas. O Tao é a Fonte.

No que diz respeito à conexão com a Fonte, os chineses sempre tiveram uma abordagem própria e singular. Trata-se de mudar a própria consciência.

Na verdade, toda a cultura chinesa diz respeito a uma mudança de consciência. Ela sustenta que não há um Deus, mas que todos nós podemos ser deuses, divindades, seres superiores. Todos nós podemos ser Budas. É uma abordagem e uma estrutura muito diferente do sistema espiritual unitário predominante no Ocidente.

Existe o yin e o yang, que é o símbolo mais conhecido da cultura chinesa. Os dois lados representam *tai chi* e *wu chi*. O tai chi está em um estado dinâmico em eterno de fluxo e representa o materialismo e o mundo físico. Sua origem é o wu chi, que representa a espiritualidade, a base firme e imutável, a Fonte suprema. O cânone da tradição Tao é o *Daodejing,* que pode ser traduzido como "A escritura do Tao e Te", na qual o Tao (Dao) é o abstrato por trás de tudo, e o Te (De) é a concretização do Tao em nosso mundo. Essas são todas as formas filosóficas chinesas de definir a Fonte de Laszlo, e a espiritualidade é fundamental em todas elas.

No mundo da cultura tradicional da China, há muito menos divisão entre os mundos material e espiritual do que no Ocidente. A tendência atual de vincular espiritualidade, consciência e mundo material reflete as crenças e práticas centrais que sustentam o mundo chinês desde a Primeira Era Axial, aquela época mágica de cerca de 2 mil anos atrás, em que pensadores de várias partes do mundo, incluindo Sócrates, Buda, Jesus e Laotzu (o patrono do taoísmo), vislumbraram um novo nível de interconexão, aparentemente sem ter tido contato entre si. Esta continua a ser a visão de mundo central da cultura tradicional chinesa. Os ensinamentos do Tao abordam detalhadamente a relação entre os humanos e a Fonte, que chamam de O Caminho. Hoje, a física quântica está criando um paradigma que essencialmente faz o mesmo — ligando espiritualidade e materialismo no nível mais fundamental.

O paradigma quântico é uma linguagem que aborda o excesso e o fardo da linguagem religiosa e cultural construída nos últimos dois milênios, que criou muito preconceito. A física quântica é um terreno neutro, e o paradigma quântico, a linguagem quântica associada e a apreciação da realidade e da verdade terão um papel importante a desempenhar na criação de um mundo de unidade, colaboração e paz.

Todas as três vertentes da física — física quântica, física einsteiniana e física newtoniana — são úteis. Se você entende de física quântica, entende as outras duas, mas o inverso não é necessariamente verdade. Se você é um físico newtoniano, terá dificuldade em entender a física quântica, porque precisa adicionar o elemento da realidade espiritual. Porém, na China, essas diferentes visões de mundo dançam, há muito tempo, umas com as outras. Físicos quânticos constataram que há uma consciência única, com a qual todos nós podemos nos conectar, da qual todos somos parte. Você pode chamá-lo de Espírito Santo, de Tao, ou de Caminho. Todas significam uma conexão com a Fonte.

Todas as religiões valorizam essa ligação. Para o cristianismo, o fator mais importante é o relacionamento com o Espírito Santo. E, assim como em qualquer outra religião ou sistema de consciência, para nos conectarmos à Fonte, precisamos acalmar nossa mente. Somente por meio da quietude é que nos aproximamos da realidade do campo fundamental, que é inteiramente imóvel. O materialismo é mudança e movimento, e a Fonte é quietude. Como este livro afirma, quando tranquilizamos nossa mente, nos conectamos à Fonte.

Pode haver quem diga que os chineses não têm filosofia, pode até ser verdade, porque a filosofia é um meio de treinar pensamentos, mas eles sempre tiveram muito mais interesse em aspectos práticos de conexão e aplicação do que em treinar lógica e dedução.

Existem várias visões de mundo na cultura chinesa, mas todas apontam para o que chamamos de Caminho do Meio. Podemos pensar nela como uma cultura do Caminho do Meio, cuja aspiração central é a unicidade, que inclui a harmonização, ou congruência, de todos os relacionamentos, incluindo pontos de conexão com a natureza, com outras pessoas e consigo mesmo. Encontrar harmonia dentro de cada um desses pontos de conexão é a aspiração final. Há uma ligação clara entre esse conceito tradicional chinês e a Fonte descrita por Laszlo.

Então, qual é o Caminho do Meio? Esse termo vem do livro confucionista do *Zhong Yong* e significa que nossa natureza é nossa vocação. *Tian ming*: Siga sua natureza. Quando praticamos o Tao, aprendemos uma lição. A chave em termos taoístas é deixar o máximo possível para o Caminho. Em meio ao surgimento de emoções, alegria ou raiva, tristeza ou felicidade, devemos sempre lembrar que há um caminho do meio e que, se estivermos fora dele, precisamos nos corrigir. Alcançar este Caminho do Meio e harmonizar-se com ele é a base que permite que todas as coisas vivas prosperem.

O Caminho do Meio é a linha invisível entre yin e yang, porque ele é yin e yang ao mesmo tempo, mas também não é nem yin, nem yang. É o que chamo de "caminho do fluxo", porque ele se move, e podemos fluir com ele através do sistema de mudanças. Se estivermos nessa linha, podemos lidar com a mudança e fluir com ela, porque estamos automática e dinamicamente sincronizados ao movimento de yin e yang, e estamos sempre em harmonia com o equilíbrio dinâmico que é o Caminho do Meio.

A cultura chinesa acredita na evolução da consciência. Vemos o mundo de forma diferente, dependendo do nosso nível de consciência. Isso determina nossas escolhas, depois, nossos pensamentos e, em seguida, nossa escolha de resposta. Não é necessariamente um debate de lógica, como na filosofia ocidental, mas a tradição chinesa é muito forte na prática da evolução e oferece muitas modalidades práticas. O mundo chinês é fundamentalmente uma cultura não teocêntrica, na qual cada pessoa tem a capacidade e o potencial de alcançar níveis cada vez mais elevados de consciência. Isso oferece uma perspectiva diferente sobre a jornada da própria evolução, a oportunidade de nos esforçarmos para sermos competentes e nos dedicarmos à jornada, porque somos capazes de alcançá-la por conta própria.

Uma possível abordagem acadêmica da cultura chinesa é o cultivo da consciência e de nossa conexão com a Fonte através do uso de música, xadrez, caligrafia e arte, conforme resumido na frase de quatro caracteres *qin qi shu hua*. "Xadrez" neste contexto significa o jogo conhecido no ocidente como go, que proporciona aos jogadores a prática de ver o quadro geral. Precisamos ficar muito quietos até conseguirmos ter uma visão completa do que está acontecendo no jogo. O mesmo acontece com a arte de tocar o *qin,* um instrumento projetado não para apresentações, mas para reflexão e meditação pessoal. Caligrafia e pintura, em termos tradicionais chineses, são igualmente meios de meditação e de conexão com a Fonte. Por centenas de anos, essas práticas foram vistas como os métodos mais sofisticados de se alcançar a quietude. Os praticantes precisam estar centrados, silenciosos e parados para ver o que surge em sua consciência.

Esses métodos tradicionais chineses são boas maneiras de praticar a quietude, porque são combinados com a criatividade. O Ocidente não tem nada que se compare, em termos de sofisticação, aos nossos métodos conscientes de conexão com a Fonte por meio de atividades específicas. Essas são meditações em meio ao movimento, como no exercício físico conhecido como tai chi. Tudo se relaciona com o que Laszlo propõe — são maneiras de se conectar à Fonte, mas se estendem a todas as formas de treinamento para a atingir a quietude através da concentração, incluindo tiro com arco, esportes e novas práticas do Ocidente, como maratonas. Todos eles contribuem para uma vida em que tal quietude é mantida em todos os seus aspectos. Na verdade, podemos aquietar a mente ao nos concentrarmos em qualquer coisa, mesmo ao fazer negócios com foco e intenção.

Estima-se que tenhamos de 40 mil a 80 mil pensamentos por dia, dos quais cerca de 90% são repetições, mas não temos praticamente nenhuma consciência disso. Ao nos tornarmos conscientes, passamos a ter mais noção de nosso objetivo, que é ter uma mente consciente, podando os pensamentos repetidos e preferindo os que têm significado e nos conectam à Fonte. Podemos substituir a repetição por pensamentos afirmativos que nos ajudam a chegar aonde queremos, porque despertamos para o conhecimento de que o caminho da nossa mente também é o nosso. A atenção plena faz nascer a habilidade de ver a realidade da forma e da não forma, bem como de visualizar e vivenciar essa relação. Isso é o que chamamos de "experiência espiritual". Conectar-se à Fonte nos permite mudar nossa consciência e, com isso, começa também a da nossa mente.

A tradição budista tem seu reflexo no mundo chinês, principalmente através das práticas zen, que treinam nossa mente da mesma forma que treinamos nosso corpo nos esportes. Assim como na atividade física, temos que ganhar força, velocidade, resistência e flexibilidade para desenvolver as habilidades básicas. Da mesma forma, a concentração contemplativa requer primeiro o domínio das habilidades básicas por meio do treinamento. E então, essas habilidades são usadas em um jogo real em um campo real — na missão de alcançar a conexão à Fonte.

A concentração é a parte mais importante desse processo, e obtê-la requer prática. É a capacidade de controlar e regular nossa mente, colocando-a em um estado de quietude, no qual nosso ego e nossos pensamentos ou estão ausentes, ou, pelo menos, não interferem em nossa concentração. Nesse estado, podemos praticar a contemplação com plena consciência de nossos músculos mentais e físicos, permitindo que nossa mente pense profundamente e veja a natureza das coisas. É um processo de investigação imparcial, nos vemos em uma piscina de quietude, onde podemos nos observar refletindo. Pensamentos nesse estado podem emergir da mente subconsciente para a consciência e podem ser observados. Este é um processo de contemplação, meditação e investigação, desvinculado do nosso ego.

O estudo é necessário para nos permitir enquadrar e compreender essa experiência. Quando vivenciamos algo, podemos não saber como posicionar essa vivência em nosso processo de pensamento ou como utilizá-la. Logo, ainda temos que traduzi-la em nossa mente consciente. É como provar um vinho. Saboreamos a bebida, mas que gosto é esse? Nomear os vários sabores é o enquadramento que nos permite pensar e comunicar os resultados da meditação ao nos conectarmos a uma Fonte mais profunda. Podemos, então, começar a utilizar as experiências e a comunicá-las. O estudo nos permite progredir mais rápido no enquadramento de nossas experiências meditativas em pensamentos.

Há outra maneira de explicar ou enquadrar a conexão com a Fonte, que ressoa tanto no Ocidente quanto no Oriente. Amor. A conexão com a Fonte é amor, e a criatividade é amor. O amor é ressonância, é a vibração positiva que sentimos ao ressoarmos e nos conectarmos. A ressonância da luz é atração, e a ressonância intensa cria vida. A unicidade, a consciência e as leis da energia postulam que a energia está em toda parte ao mesmo tempo, e uma maneira de explicar e descrever isso é utilizar a palavra "amor".

Assim, por um lado, somos desafiados pelos problemas que enfrentamos, dos quais o mais importante é a sustentabilidade global. Por outro lado, nós humanos somos dotados de imensa criatividade. A conexão e o acesso à Fonte não apenas nos trazem a criatividade de que precisamos, mas, no processo, também mudam nossa consciência e trazem um novo despertar.

Aonde leva esse novo despertar? Ao holismo. Partindo do desafio da sustentabilidade, podemos descobrir nossa verdadeira natureza e florescer. Este é o verdadeiro despertar, que já está acontecendo. Talvez sejamos, de fato, seres espirituais criando nossa realidade física, como afirmam os cientistas quânticos. A consciência está no centro dessa criação; talvez sejamos, de fato, feitos à imagem de Deus. Através dos desafios que enfrentamos, podemos evoluir para um nível mais alto de compreensão, no qual podemos florescer, viver mais perto dos ideais do holismo. E com isso podemos, um dia, entender que dar e receber não são coisas diferentes e que a melhor maneira de receber é dar, e isso é amar, é o que queremos. Somos feitos para florescer. Conectar-se à Fonte, desejando o bem para tudo que ressoa conosco e com nosso ambiente, é a prática do amor.

Os seres humanos são seres de mente, espírito e corpo, somos feitos de trilhões de células e trilhões de bactérias e vírus, todos interagindo e colaborando enquanto sistema, que é bioquímico, estrutural, mecânico e eletromagnético ao mesmo tempo. Temos um corpo "energético" espiritual e um corpo "físico" material, e esses dois interagem por intervenção de um meio chamado mente. Quando ela está quieta, então está mais próxima da Fonte, o wu chi, que também está em quietude. E com a conexão, a energia criativa da Fonte surge para criar vida e curar, criando não apenas a nossa vida, mas a vida em si.

Na prática do Tao, a conectude diz respeito à congruência entre o interno e o externo, à harmonização dos três pontos de contato — consigo mesmo, com outros seres humanos e com a natureza. Esses três pontos precisam ser harmonizados e tornados congruentes. Quando chegam a esse estado, não há mais diferença entre interno e externo, pois nossa forma de ver dita a de pensar e, portanto, a de reagir. A dinâmica entre o interno e o externo é um loop, e alcançar esse fluxo intermediário significa que estamos fluindo pelo Caminho do Meio.

Quando alguma coisa nos absorve, tornando-nos um ponto focal, entramos em um estado de fluxo. Simplesmente acontece; é espontâneo, não existe um "eu penso nisso: A + B = C". Não pensamos, existem pensamentos, mas não um raciocínio elaborado.

A sabedoria oriental apresenta constantemente essa experiência espontânea de conexão. Primeiro, a atenção plena, depois, a investigação e, finalmente, a evolução da consciência. A física quântica pode ser vista como uma confirmação dessas crenças chinesas fundamentais. Esta confirmação é necessária ao nosso despertar para a necessidade de nos conectarmos com a Fonte. Com isto, criamos vida, curamos, expressamos amor e participamos da cura do nosso mundo.

Uma Observação Pessoal. Estou com um bom pressentimento quanto às tendências atuais e às perspectivas para a raça humana no que se refere à reconexão com a Fonte. É um caso de achados e perdidos. Se não a perdermos, não vamos buscá-la, e se não a buscarmos, como podemos achá-la? Minhas próprias experiências ao longo dos anos me ajudaram a me tornar mais otimista. Perdeu? Procure. Procurou? Eleve sua consciência e a encontrará. O que encontrei foi propósito. Percebi que o propósito da vida é a evolução, que é a mudança da consciência, que significa reconectar-se à Fonte. Com a evolução, podemos criar hoje um mundo melhor que o de ontem e, tendo um senso de propósito, todas as nossas necessidades são atendidas. Já somos ricos, mas precisamos de amor, valores, sentido e esperança. O propósito que encontrei na evolução me deu tudo do que preciso nessas áreas. Agora não estou mais perdido, mas foi porque estava que encontrei meu propósito, que reavi porque não sabia aonde o mundo estava indo e porque me isolei. Foi a perda que me permitiu encontrá-lo, e isso ocorre com todos. Estar perdido é o início de um processo de descoberta e reconexão.

A energia não pode ser criada ou destruída, apenas ser transformada e transferida. Assim é dar e receber. Mas a doação tem que ser feita com sabedoria, bem como a recepção, para que se dê e se receba o que é necessário, embora o que se recebe não seja necessariamente o que se quer. Quando percebermos isso, nossos problemas serão resolvidos.

A Primeira Era Axial, há pouco mais de 2 mil anos, marcou um notável despertar humano da espiritualidade. Pode ser que a Segunda Era Axial esteja chegando agora. A cultura do século XXI não será a mesma, tradicional, do passado — será integrada ao paradigma quântico. Precisamos que isso aconteça, e é justo que tenhamos um senso de urgência. Esse sentimento é uma expressão da força criativa em nós e, sem ele, não despertaremos para um novo nível de consciência e nem avançaremos além do materialismo.

Muitas vezes me perguntam se, como empresário, sinto conflito em defender uma mudança para além do materialismo. Minha resposta é: acredito que não. Como empresários, somos desafiados a resolver nossos conflitos internos e, uma vez resolvidos, a buscar a oportunidade de fazer negócios. Sem desafios, não evoluímos. Como disse um sábio, uma vida não analisada é uma vida não vivida. É por isso que sempre digo: "Viva com propósito e com atenção plena."

(II)

A Experiência Tao da Fonte
Zhi-Gang Sha
KONG, KONG, KONG

Eu superei muitos e enormes bloqueios em minha jornada espiritual, saúde, relacionamentos e muitos outros aspectos. Tive muitos momentos de descoberta e de percepções sobre a mais profunda sabedoria espiritual. A revelação que obtive pode ser resumida em uma palavra: *kong* (空), que significa "vazio".

Na cultura chinesa, existem três sistemas de crenças: budismo, taoísmo e confucionismo. Eles têm uma coisa em comum: seu maior ensinamento e realização é descrito como "vazio". No ensinamento budista, a renomada afirmação é *Si da jie kong* (四大皆空). *Si da* significa quatro grandes coisas, incluindo terra, fogo, água e vento; *jie*, "todos" e *kong*, "vazio". *Si da Jie Kong* significa que terra, fogo, água e vento são impermanentes e que sua existência contínua depende de outras coisas — significando, essencialmente, vazio. Alcançar o *kong* é alcançar o estado ou a condição de Buda.

Na doutrina taoísta, a expressão célebre é *chang qing jing* (常清静). *Chang* significa "permanente"; *qing jing*, "completa quietude e paz", que é o estado de vazio, e *chang qing jing* significa estar sempre no estado de vazio.

Nos ensinamentos de Confúcio, há também uma frase conhecida: *Wang wo ru kong* (忘我入空). *Wang* significa "esquecer"; *wo*, "eu mesmo"; *ru*, "entrar" e *kong*, "vazio". *Wang wo ru kong* significa esquecer-se de si mesmo e entrar na condição de vazio.

Milhões de budistas desejam se tornar um Buda, o ser mais iluminado com a mais alta sabedoria e habilidades. Portanto, tornar-se um Buda é o objetivo mais elevado para todos os budistas que buscam sua jornada espiritual.

Da mesma forma, milhões de taoístas desejam chegar ao Tao, ou seja, alcançar a longevidade e tornar-se imortal, que é o objetivo mais elevado de todos os taoístas em sua jornada espiritual, e milhões de praticantes confucionistas desejam se tornar santos. Atingir a condição de *wang wo ru kong* é a maior conquista dos santos confucionistas.

Então, qual é a chave para alcançar Buda, Tao e *wang wo ru kong*? Esses têm sido o sonho de milhões de pessoas desde os tempos antigos até os dias de hoje. Meu entendimento pode ser resumido em uma palavra: *kong* ou vazio.

Na sabedoria antiga, A Fonte criou o Céu e a Terra. O céu é yang. A Mãe Terra é yin. A Fonte, o Céu e a Mãe Terra criaram incontáveis planetas, estrelas, galáxias e universos, incluindo seres humanos. Tornar-se um Buda, alcançar o Tao e tornar-se um santo é retornar à Fonte, é fundir o próprio *shen qi jing* ao *shen qi jing* da Fonte. *Shen* é a alma, o coração e a mente. *Qi* significa "energia" e *jing*, "matéria".

A alma é espírito. Na ciência quântica, alma é informação. Alma, espírito e informação são a mesma coisa. O coração é o núcleo da vida, e a mente inclui a consciência superficial, a consciência profunda, o subconsciente e o superconsciente.

A equação da relatividade de Albert Einstein é $E = mc^2$. A relatividade é a relação entre energia e matéria. A ciência Tao, que eu e o Dr. Rulin Xiu criamos com base na ciência quântica, compartilhou com a humanidade que a equação da grande unificação é $S + E + M = 1$, tal que *S* significa *shen*, incluindo alma, coração e mente, *E* significa energia, *M* significa matéria, e *1* significa o campo da Fonte.

Como um ser espiritual pode se tornar um Buda, alcançar o Tao e se tornar um santo? A chave é entrar em *kong*, que é Buda, Tao e o mais alto estado de santidade. Alcançar o *kong* é transicionar do *shen qi jing* poluído para o da Fonte.

Essa transição envolve modificar os bloqueios de *shen*, que incluem os da alma, do coração e da mente. Os bloqueios de alma são carma negativo, ou seja, a pessoa e seus ancestrais já prejudicaram a vida dos outros. Os bloqueios cardíacos incluem *tan, chen* e *chi* (贪, 嗔, 痴), bem como egoísmo, impurezas e muito mais. *Tan* significa "ganância"; *chen*, "raiva" e *chi*, "falta de sabedoria". Já os mentais incluem mentalidades, crenças e atitudes negativas, ego e apegos.

Qi, ou bloqueios de energia, são os que acontecem entre as células e os órgãos. *Jing,* ou bloqueios de matéria, são os que acontecem dentro das células. Os bloqueios de *shen qi jing* devem ser completamente removidos para se tornar um Buda, o Tao ou tornar-se um santo.

Por que milhões de pessoas estão na jornada espiritual? Apenas alguns se tornaram um Buda, alcançaram o Tao ou a condição mais elevada dos santos. Remover todos os bloqueios de *shen qi jing* é apenas metade do caminho para alcançar *kong,* que é tornar-se um Buda, o Tao, ou tornar-se um santo.

Qual é a outra metade da condição para alcançar o *kong*? No meu entendimento, é possuir as Dez Da, que são a natureza da Fonte, do céu, de Buda, do Tao e dos santos mais elevados.

Os Dez Da são:

Da ai (大愛), o maior amor

Da kuan shu (大寬恕), o maior perdão

Da ci bei (大慈悲), a maior compaixão

Da guang ming (大光明), a maior luz

Da qian bei (大謙卑), a maior humildade

Da he xie (大和諧), a maior harmonia

Da chang sheng (大昌盛), o maior florescimento

Da gan en (大感恩), a maior gratidão

Da fu wu (大服務), o maior serviço

Da yuan man (大圓滿), o maior esclarecimento

"Da ai", o maior amor, o amor incondicional, pode derreter todos os bloqueios, transformar toda a vida e iluminar nossa alma, nosso coração, nossa mente e nosso corpo. Todas as coisas em incontáveis planetas, estrelas, galáxias e universos precisam dele. Como alcançá-lo? Pense no Sol, que brilha em todas as coisas. O Sol pondera se a pessoa é gentil e compassiva antes de brilhar sobre ela? Se você é egoísta ou mesquinho, ele não brilhará sobre você? O Sol tem a natureza do *da ai*, brilha em tudo e todos, o que é amor incondicional. *Da ai* é a primeira qualidade para alcançar o *kong*, que é tornar-se um Buda, o Tao ou tornar-se um santo.

"Da kuan shu", o maior perdão, que vale para uma família, uma organização, para todos os reinos espirituais, todas as nações, todas as coisas vivas e não vivas. A essência do *"Da Kuan Shu"* é: "Eu te perdoo. Você me perdoa. Traga amor, paz e harmonia." Esta é a segunda natureza da Fonte para alcançar o *kong*.

"Da ci bei", a maior compaixão, aumenta a força de vontade, é uma chave importante para o sucesso em todos os aspectos da vida, incluindo saúde, relacionamentos e finanças. Servindo a humanidade, aos demais, você ganhará uma virtude incomensurável. A virtude é o registro do serviço de alguém. Essa é a qualidade *"Da ci bei"*, a terceira natureza da Fonte a alcançar o *kong*.

"Da guang ming", a maior luz. A luz da Fonte é a mais elevada, invisível aos olhos do ser humano normal, mas pode ser vista pelos olhos espirituais avançados. Visível ou não, a luz da Fonte está em incontáveis planetas, estrelas, galáxias e universos, em todos os aspectos da vida, em cada sistema, cada órgão, cada célula, cada DNA e RNA. Acontece que os bloqueios de *shen qi jing* de um ser humano impedem que a luz da Fonte brilhe o suficiente no corpo, da cabeça aos pés, da pele aos ossos, bem como em uma família, uma organização ou um país.

Qual é a jornada espiritual das pessoas? Uma chave para descobrir é permitir que a luz da Fonte brilhe dentro e fora do corpo. Para fazê-la brilhar em cada aspecto de sua vida, permita que ela ilumine seu país, na Mãe Terra e em incontáveis planetas, estrelas, galáxias e universos. Como permitir que a luz da Fonte brilhe mais? Faça práticas espirituais, cânticos para a luz da Fonte, visualize-a, absorva-a, funda-se a ela. *"Da guang ming"* é a quarta natureza da Fonte para alcançar o *kong*.

"Da qian bei", a maior humildade. Nos antigos ensinamentos espirituais, há uma frase célebre: a humildade beneficiará todos os aspectos da vida; o ego prejudicará cada aspecto da vida. Há uma afirmação antiga, *Rou Ruo Sheng*

Gang Qiang 柔弱勝鋼強. *Rou* significa gentil; *Ruo*, suave; *Sheng*, superar; e *Gang Qiang*, duro e forte. *Rou Ruo Sheng Gang Qiang* significa "o gentil e o suave superam o mais difícil e o mais duro".

Pense na água que pinga continuamente, gota a gota, em uma rocha por muito, muito tempo. Ela fará um buraco na pedra. Isto é o suave superando o mais duro. Outro exemplo é pensar nos dentes e na língua de todos os seres humanos quando envelhecem. Os dentes são muito mais duros que a língua, mas qual dura mais? Para o *"Da qian bei"*, as qualidades-chave são a gentileza e a suavidade, não há competição ou luta. Esta é uma das naturezas mais elevadas de um ser iluminado. A maior humildade também aparece quando avançamos com persistência e coragem. Se uma pessoa é humilde, todos os aspectos da vida progridem ainda mais.

O aspecto oposto à humildade é o ego. Há outra declaração renomada de um pai espiritual na China chamado Wang Yang Ming: "O ego é o maior inimigo da vida de alguém." No momento em que se tem ego, todos os aspectos da vida começam a decair, quer percebamos ou não. Ter humildade e prevenir o ego, é uma chave para entrar em *kong*. *"Da qian bei"* é a quinta qualidade da Fonte para alcançá-lo.

"Da he xie", a maior harmonia. No I Ching, um antigo ensinamento sagrado, há uma frase sagrada: *"San Ren Tong Xin, Qi Li Duan Jin* 三人同心·齊力斷金." *San* significa três; *Ren*, ser humano; *Tong*, o mesmo; *Xin*, coração; *Qi Li*, sua força; *Duan*, corte; e *Jin*, barra de ouro. *"San Ren Tong Xin, Qi Li Duan Jin"* significa que, se três pessoas têm o mesmo coração, sua força pode cortar uma barra de ouro.

No mundo moderno, pense em qualquer organização ou família bem-sucedida. *"Da he xie"* é a chave para o sucesso. Em uma família, a maior harmonia é a chave para o sucesso da família em todos os aspectos da vida. Em uma organização ou em um país, essa máxima é a chave para o sucesso. As pessoas entendem o trabalho em equipe, cujo princípio fundamental é *"Da he xie"*. Um ser humano tem muitos sistemas, órgãos e células, cada órgão tem milhões ou bilhões de células, tem todos os tipos de relações, e uma delas é a com a natureza. *"Da he xie"* é a sexta natureza da Fonte para alcançar o *kong*.

"Da cheng sheng", o maior florescimento. De acordo com a sabedoria antiga, "Tao *Bu Yuan Ren, Ren Zi Yuan* 道不遠人·人自遠." *Tao* significa Fonte; *Bu*, não; *Yuan*, longe; *Ren*, ser humano; e *Zi*, si mesmo. *"Tao Bu Yuan Ren, Ren Zi Yuan"* significa que o Tao, que é a Fonte, não está longe de ser um ser humano, mas que o próprio ser humano está longe do Tao, por não

o aplicar à vida. O Tao é como o Sol, serve cada coisa desinteressadamente, abençoa a tudo igualmente, confere sabedoria à Fonte e abençoa a todos para que tenham sucesso n'Ela.

Por que algumas pessoas são bem-sucedidas, e outras, não? Quem é bem-sucedido se conecta à Fonte Tao, aprecia-a e a serve nesta vida e nas anteriores. Servir a Fonte Tao é servir aos outros incondicionalmente, assim como o Sol. Por que uma pessoa não é bem-sucedida? Porque este não está perto da Fonte Tao e não a aprecia o suficiente ou porque não serve nem a ela e nem aos outros incondicionalmente nesta vida e nas anteriores. Faça coisas gentis; fale palavras gentis. A Fonte Tao irá abençoá-lo ainda mais. Então, o sucesso, *"Da cheng sheng"*, virá até você. Esta é a sétima chave para alcançar o *kong*.

"Da gan en", a maior gratidão. A Fonte Tao criou os seres humanos, a Mãe Terra e incontáveis planetas, estrelas, galáxias e universos. *"De* 德*"*, que é a virtude, nutre todo o ser humano e planetas, estrelas, galáxias e universos incontáveis. O *"Shen Kou Yi* 身 口 意*"* do Tao é *"De"*. *"Shen"* significa ação; *Kou*, fala; e *"Yi"*, pensamento. Ação, fala e pensamento da Fonte Tao são a virtude, o nutriente espiritual para todos os aspectos da vida. Ame e aprecie a Fonte Tao. Este é o passo oito para chegar ao *kong*.

"Da fu wu", o maior serviço. Todos servem. Os pais servem a seus filhos; os funcionários à sua empresa; e o ser humano à sociedade. *"Da fu wu"* é servir à humanidade e a todas as almas. Sirva pouco e receba uma bênção menor. Sirva mais e receba mais bênçãos. Sirva incondicionalmente e receba bênçãos ilimitadas. Na minha visão espiritual, o propósito da vida é servir. Dediquei minha vida a ele. Servir é tornar os outros mais felizes e saudáveis. Eu sou um servo universal incondicional. Sirva. Sirva. Sirva. Todo ser precisa servir mais a humanidade e a todas as almas. Este é o passo nove para chegar ao *kong*.

"Da yuan man", o maior esclarecimento. O ser humano é feito de *shen qi jing*, que é alma, coração, mente e corpo. Alcançar a iluminação inclui iluminar o *shen qi jing*. Ilumine a alma, o coração, a mente e o corpo. Existem quatro camadas principais de santos, incluindo *"Ren Xian* 人仙*"*, o Ser Humano santo; *"Di Xian* 地仙*"*, o santo da Mãe Terra; *"Tian Xian* 天仙*"*, o santo do Céu; e *"Tao Xian* 道仙*"*, o santo da Fonte.

Ser um Humano Santo significa alcançar o rejuvenescimento que transforma a velhice na saúde e pureza de um bebê.

Um Santo da Mãe Terra recebe a habilidade e a honra de transformá-la. A Mãe Terra sofre com o aquecimento global, e existem muitos desastres naturais e desequilíbrios entre o Céu e a Mãe Terra. Um santo da Mãe Terra a transforma, incluindo seus desastres naturais.

Um Santo do Céu recebe a habilidade e a honra de transformar o Céu, incluindo o clima e muitos outros aspectos.

Um Santo da Fonte recebe a habilidade e a honra de transformar o Céu e a Mãe Terra, bem como incontáveis planetas, estrelas, galáxias e universos. A Fonte e o Criador são o Tao, e os santos da Fonte têm as habilidades de criação e manifestação. Esta é a décima chave para alcançar o *kong*. Os Dez Da são as qualidades necessárias para alcançá-lo.

Permita-me resumir os pontos-chave da sabedoria atemporal da China como eu os aprendi.

No budismo, no taoísmo, no confucionismo e em todos os reinos espirituais, a mais alta sabedoria e conquista — tornar-se um Buda, alcançar o Tao e alcançar o nível de um santo supremo — podem ser resumidas em uma frase: alcance o *kong*.

Para isso, um ser espiritual deve remover todos os bloqueios no *shen qi jing*, incluindo os de alma, coração, mente e corpo, como ganância, raiva e falta de sabedoria em atividades, ações, comportamentos, fala e pensamento; todos os tipos de apegos e desejos, como fama, poder e egoísmo, e todos os tipos de bloqueios espirituais, mentais, emocionais e físicos.

Possuir os Dez Da é essencial para alcançar o *kong*.

Resumo tudo isso em uma única frase:

O Kong *é tornar-se um Buda, alcançar a imortalidade e tornar-se um santo supremo, bem como purificar, transformar e iluminar o* shen qi jing *e transformar o próprio* shen qi jing *no da Fonte.*

Kong kong kong é a minha realização espiritual. É o caminho para todo ser espiritual que busca se tornar um Buda, alcançar a imortalidade e se tornar o maior santo em todos os reinos. Para alcançar esses objetivos, precisamos nos tornar servos melhores.

> *Amo meu coração e minh'alma*
> *Amo toda a humanidade*
> *Una corações a almas*
> *Amor, paz e harmonia*
> *Amor, paz e harmonia.*

APÊNDICE

EVIDÊNCIA COMPROBATÓRIA DE SINCRONICIDADES COM PATOS (E GANSOS ASSOCIADOS)
por Gary Schwartz

Como mencionei anteriormente, evidências replicadas são essenciais para que eu forme uma crença e chegue a uma conclusão, e aplico intencionalmente métodos científicos básicos ao laboratório da minha vida pessoal. É no espírito da autociência que incluí, para o leitor interessado, este apêndice pós-capítulo, tratando de estranhas sincronicidades adicionais com patos.

Menos de uma hora depois de concluir o primeiro rascunho deste capítulo, um conjunto de seis sincronicidades de pato (ou seja, uma supersincronicidade de patos) me aconteceu em um período de dois dias. Então, alguns dias depois, uma hora depois de concluir o segundo rascunho deste capítulo, um conjunto adicional de onze sincronicidades de patos (e gansos) ocorreu em um período de três dias. A supersincronicidade combinada de patos e gansos termina com o que pode ser chamado de lição de sabedoria "gansológica".

Descreverei esses dezessete eventos tal qual se desenrolaram para que o leitor possa experimentar melhor sua natureza complexa, dinâmica, às vezes boba, muitas vezes misteriosa, inspiradora e significativa.

Evento nº 1: O primeiro rascunho deste capítulo foi concluído às 3h da tarde, horário do Arizona, em 27 de janeiro de 2019. Coincidentemente, eu e Rhonda (minha esposa) tínhamos marcado um "encontro", iríamos jantar cedo em um restaurante perto do Tucson Mall e depois comprar um presente em uma loja do shopping. No caminho para o restaurante, comentei com Rhonda que tinha acabado de terminar o primeiro rascunho do meu capítulo para o livro de Laszlo, mas não lhe disse nada sobre o conteúdo.

Depois do jantar, entramos no shopping e Rhonda me perguntou, aparentemente do nada: "Você teve alguma sincronicidade com patos ultimamente?"

Respondi: "O quê? Por que pergunta?"

Parafraseando Rhonda: "Estamos nos aproximando de uma máquina grua cheia de patos."

Eu não pude acreditar no que via — uma máquina de 1,80m de altura, do tamanho de uma cabine telefônica, com luz amarela brilhante contendo centenas de patinhos de borracha. Vimos talvez duas ou três máquinas desse tipo desde que as primeiras dezenove supersincronicidades de patos ocorreram, há quase uma década. Por um dólar, é possível operar um mecanismo semelhante a uma grua e tentar pegar um pato. Felizmente, Rhonda tinha uma nota de um dólar, e tentei usar a máquina. Embora eu tenha tentado selecionar um patinho de cores vivas, acabei pegando um simples, amarelo.

Para celebrar o evento propício e me lembrar dele no futuro, batizei o patinho de "Dr. Laszlo", em homenagem ao autor desta obra.

Evento nº 2: Antes de dormir naquela noite, eu e Rhonda ligamos a TV. No guia, havia um programa de TV chamado *Duck Tales* [*Duck Tales: Os Caçadores de Aventuras* ou "Contos de Patos", em tradução literal]. Seria outro evento que ia além dos frutos do acaso? Mais uma piada da Fonte?

Inicialmente, nomeei os Eventos 1 e 2 como dois "PS's" ao capítulo e enviei este rascunho por e-mail para Laszlo.

Evento nº 3: No dia seguinte, mandei outro e-mail para Laszlo:

Está sentado?

Eu e Rhonda fomos tomar café da manhã hoje (domingo) em um restaurante que mudou de endereço recentemente.

Devia haver umas trinta mesas lá dentro. A única que estava disponível dava diretamente para duas estátuas de patos, e eu me sentei de frente para eles!

Pelo que pude apurar, não há outras estátuas de patos neste restaurante.

Qual a chance de você sair para comer em um restaurante e sua mesa e cadeira estarem de frente para vários patos (ou mesmo só um pato)? Para mim, a resposta é: praticamente nunca.

Não sei se devo adicionar à minha participação em seu volume seminal uma observação para homenagear a aparente consciência da Fonte.

Evento n° 4: Na manhã seguinte (segunda-feira), enquanto eu e Rhonda estávamos viajando de carro para Los Angeles (ela estava dirigindo no momento), recebi a seguinte resposta de Laszlo ao meu e-mail:

Olá, Gary — tenho outra sincronicidade do lado de cá:

É um poema que colocou uma de nossas escritoras convidadas no caminho da espiritualidade e da nova ciência. O título do poema é "The Duck" ["O Pato", em tradução livre], e a autora é Jane Goodall. Estará neste livro...

Nesse ponto, comecei a me perguntar se uma nova supersincronicidade de pato estava em andamento.

Evento n° 5: Naquela noite, eu e Rhonda jantamos com dois produtores que estavam trabalhando em um documentário sobre nossa pesquisa em andamento sobre o SoulPhone (www.soulphone.org). Um deles, M.H., contou-nos com entusiasmo que, depois de encontrar uma pena, que ele achou relevante na época, em meu laboratório há um ano (eles estavam fazendo filmagens preliminares na época), encontrou outras e, desde então, reuniu aproximadamente cinquenta, que guardou em um envelope. Como os patos têm penas, e ele fez questão de mencioná-las na conversa, perguntei-lhe o seguinte:

"Sei que vai soar estranho, mas minha intuição me diz que eu deveria lhe fazer esta pergunta: você tem alguma relação com patos?"

Para minha surpresa, ele respondeu, e eu vou parafrasear um pouco: "Nesses últimos meses, não. Mas na primavera, dois patos sempre passam algumas semanas curtindo nossa piscina."

Dois (1 + 1 = 11) patos em sua piscina, toda primavera?

Perguntei a M.H.: "Você deve conhecer muita gente que tem piscina. Algum deles recebe essas visitas de patos?"

Ele respondeu: "Nenhum."

Evento nº 6: Inspirado pela história incomum dos patos de M.H., decidi lhes contar sobre o capítulo de Laszlo e as sincronicidades emergentes dos patos. Como eles estavam familiarizados com Canyon Ranch, contei que fiquei sabendo pelo Dr. K. que o Dr. D. morava em "Three Ducks Lane" ["Avenida dos Três Patos", em tradução livre] naquela época e, um pouco mais tarde, eu literalmente esbarrei no Dr. D. e confirmei que ele morava na rua com patos no nome.

Então indaguei a M.H. se ele sabia de alguém que morasse em uma rua com nome de pato. Não sabia. No entanto, seu colega, C. B., contou que conhecia alguém que morava em uma rua com nome de pato! Qual a probabilidade de ocorrer uma coincidência dessas?

Como M.H. se envolveu com a história e gostou das visitas regulares dos dois patos, e como também aparentava ter um gosto por penas, contei que o parceiro do Dr. K. decidiu, durante a supersincronicidade inicial de dezenove patos, que eu merecia um novo título: "Ducktor."* Uma coisa levou à outra, e acabamos criando uma instituição honorária secreta: a "Sociedade Internacional de Ducktores". Em dez anos, empossamos (ou, como dizemos brincando, "empatamos") aproximadamente uma dúzia de ducktores honorários (apenas alguns possuem mestrado ou doutorado).

Em minhas atribuições como primeiro ducktor honorário e presidente fundador da SID, convidei M.H. para se tornar o Ducktor H., e ele aceitou, honrado.

Evento nº 7: Na manhã seguinte, de sábado, finalmente tive tempo de revisar a versão 1.0 deste capítulo e vi que chegara um e-mail surpresa de uma pessoa que eu não conheço (vou chamá-lo de Mike) na minha caixa de entrada. Enquanto o reproduzia aqui, estava sorrindo:

---

* Jogo de palavras com "duck" (pato, em inglês) e "doctor" (doutor). [N. da R.]

Estou lendo seu livro sobre o assunto acima e preciso contar algumas coisas que me aconteceram esta semana.

Na quinta-feira, comentei com minha esposa que, apesar de passar a maior parte do tempo ao ar livre, nunca vejo gansos voando, e isso tem muitos anos.

Então um ex-colega policial me ligou para me falar de uma pequena reunião na próxima semana, dizendo que "O Ganso" estaria lá, esse é o apelido de um cara chamado John Gosling.

Esta manhã eu e minha esposa saímos de casa para alimentar nossos cavalos, e um grande bando de cerca de trinta gansos do Canadá sobrevoou nossas cabeças! Fiquei impressionado, faz muitos anos que isso não acontece.

Demos comida para os cavalos, fomos embora (isso a 1,5km de distância de casa), e outro pequeno bando de gansos passou voando.

Como ex-detetive e cético inveterado, agora entendo completamente sua sensação de espanto!

Aguardo o próximo evento nesta sequência.

Embora gansos e patos, juntamente com cisnes, pertençam à mesma família biológica, *Anatidae,* não são idênticos. Resolvi fazer desse e-mail surpresa o Evento 7, tendo em vista os eventos que se seguiram.

Evento nº 8: Depois de adicionar o e-mail de Mike ao livro, eu e Rhonda tínhamos um compromisso em Scottsdale (a cerca de 160km de Tucson): comprar um *roadster* usado de presente para meu aniversário de 75 anos, que estava chegando. Temos uma tradição; eu normalmente dirijo na primeira metade do caminho, e Rhonda dirige na segunda. Pouco depois de ela assumir o volante, verifiquei meus e-mails no iPhone e não consegui acreditar no que lia.

O título do e-mail era "Eventos 4&5" e dizia o seguinte:

Olá, Gary,

Na sequência do e-mail que enviei hoje cedo:

Tínhamos saído para visitar uns parentes e, quando chegamos em casa, saímos do carro e vimos outro bando de gansos no céu às 17h do mesmo dia.

Leva 5 segundos para sairmos do carro e entrarmos em casa, então poderíamos muito bem ter perdido esse evento.

Então voltei a ler seu livro, direto no capítulo dos patos. A primeira frase dele é: "Eu não acredito na Mamãe Ganso!"

Como você se sentiria se estivesse no meu lugar, se a caminho da região de Phoenix verificasse seu e-mail e, em seguida, recebesse uma mensagem desse tipo, conectando explicitamente sincronicidades de patos e gansos? Será que isso não tinha um significado mais profundo?

Era de se imaginar que eu sentiria vontade de ler esse e-mail em voz alta para Rhonda. Então, literalmente 5 minutos depois de eu compartilhar o e-mail de Mike com minha esposa, ela viu uma placa de carro com os dizeres "MRDUCKS" ["SRPATOS"]. Felizmente, eu tinha meu iPhone à mão e consegui fotografar essa coincidência altamente improvável e significativa.

Inclusive, igualmente surpreendente foi saber que vimos a placa MRDUCKS logo na saída do Wild Horse Pass Resort [Resort Passo do Cavalo Selvagem, em tradução livre], e você deve se lembrar da circunstância em que Mike viu o bando de gansos: foi quando ele e sua esposa foram alimentar seus cavalos. Então, eis que eu estava usando um pingente com um cavalo de origem nativo-americana e um bracelete de cavalo na nossa viagem a Scottsdale e, ainda por cima, nosso compromisso tinha relação indireta com um pingente especial de cavalo que iríamos colocar em nosso roadster. Hum...

A essa altura, ficou óbvio que os eventos novos e significativos relacionados a patos que ocorreram após a redação do primeiro rascunho deste capítulo eram muitos, eu não podia descartá-los como meros eventos fortuitos ou simplesmente como fruto da nossa atenção seletiva.

Eventos nº 8 e nº 9: Embora eu não tenha dito isso a Rhonda, fiquei pensando (e, implicitamente, perguntando ao universo) se teríamos um evento complementar envolvendo gansos em Scottsdale.

Por acaso, eu e Rhonda estávamos dirigindo carros diferentes quando fomos almoçar em um dos nossos restaurantes favoritos em Old Town Scottsdale e depois voltamos para Tucson. Havia uma quantidade razoável de tráfego, e eu estava dirigindo um carro desconhecido, portanto não estava prestando muita atenção aos arredores. No entanto, Rhonda não estava tão distraída e presenciou dois eventos ridiculamente improváveis, o primeiro na ida ao restaurante, e o segundo, na volta para casa.

Como Rhonda me disse quando voltamos para casa, ela literalmente testemunhou dois gansos entre alguns patos em uns lagos artificiais perto do restaurante! Sim, gansos e patos vivos, ao mesmo tempo, em Scottsdale, Arizona.

Algo especialmente estranho: na ida ao restaurante, os dois gansos estavam literalmente andando na grama perto da estrada. Rhonda conseguiu fotografá-los, bem como alguns patos (à distância) na viagem de volta para casa, quando passamos, coincidentemente, por esses lagos a caminho da Rota 101 (poderíamos ter pegado várias ruas saindo de Scottsdale para retornar a Tucson).

Coincidências estranhas ou uma Fonte muito inteligente e persistente? .

Eventos nº 10 e nº 11: Na manhã seguinte (segunda-feira), depois de adicionar as sincronicidades de patos (e gansos) acima ao rascunho, enviei uma segunda versão para Laszlo com cópia para Mike, M.H. e C.B. para receber um feedback. Mike me enviou o seguinte e-mail, supersignificativo:

> Muito obrigado, Gary!
>
> Vi mais gansos ontem à noite e novamente esta manhã. Agora estou tirando fotos e fazendo anotações, como sugerido em seu livro.
>
> Achei engraçada essa situação toda.
>
> Aliás, cheguei a falar que vou visitar meu neto. Você acredita que o nome dele é Sam? 😁

Um detetive estava tendo sincronicidades de gansos, lendo meu capítulo sobre sincronicidade de patos e ainda tinha um neto chamado Sam? Às vezes, é difícil acreditar nas evidências.

Eventos nº 12 a nº 14: Nessa tarde, eu tinha que dar uma breve atualização sobre nossa pesquisa SoulPhone para uma equipe internacional de voluntários que trabalham com o Dr. Mark Pitstick na SoulPhone Foundation. Depois disso, senti-me inspirado a perguntar às doze pessoas na teleconferência se alguma delas teve alguma experiência incomum ou significativa com patos e/ou gansos recentemente. Duas pessoas compartilharam eventos propícios e significativos sobre esse tema. Incluo partes de seus e-mails de acompanhamento a seguir.

O evento 12 diz respeito a fotografias recentes de patos e gansos, feitas com uma nova lente de câmera, e outros eventos síncronos associados:

> Quando você perguntou se alguém em nossa reunião online havia tido alguma experiência relacionada a patos ou gansos nas últimas duas semanas, imediatamente levantei a mão. Recentemente comprei uma nova lente telefoto, grande. Antes, eu estava fotografando com uma lente de zoom 18–200mm, mas queria algo mais poderoso, então comprei outra, de zoom 200–500mm, e uma nova Nikon D500. Essas lentes monstruosas e a câmera nova exigem prática para serem usadas, e ainda não cheguei lá.

> Com a melhora do clima nas últimas semanas, visitei várias reservas nacionais de vida selvagem nos arredores, incluindo algumas que ainda não conhecia, Snag Boat Bend, perto de Corvallis, Oregon, e Talking Water Gardens, em Albany, Oregon. Eu estava procurando por gansos voadores e outras aves aquáticas, bem como outra de minhas predileções fotográficas: reflexos interessantes na água.

> Em 25 de janeiro de 2019, eu estava no Ankeny National Wildlife Refuge, ao sul de minha casa, em Salem, procurando gansos. Encontrei um bando em um campo, mas não estava acontecendo nada que valesse a pena fotografar. Enquanto esperava algo interessante acontecer, fiquei muito surpreso ao ver minha irmã e meu cunhado parando o carro ali perto. Eles moram a cerca de 1h de distância de mim, e não tínhamos ideia de que nos encontraríamos!

> Em 31 de janeiro de 2019, fui ao Talking Water Gardens, onde aves aquáticas passam o inverno até meados de março. É muito mais fácil fotografar patos nadando do que gansos voando e, além disso, havia muito poucos gansos neste local. A vida vegetal transformava a água e fazia parecer que os patos estavam nadando em um tapete verde, o que achei interessante. Tirei algumas fotos e incluí algumas aqui.

Naquele dia, aconteceu outra coisa que achei interessante à luz das suas sincronicidades de pato. Há mais ou menos um ano, com aquela minha lente muito menor, eu estava fotografando alguns gansos que voavam muito longe. Percebi que, por uma fração de segundo, quase parecia que a formação dos gansos traçava um desenho semelhante a um beija-flor. Hoje, eu estava percorrendo minhas fotos de gansos Ankeny, e uma me saltou aos olhos. A metade superior da foto, para mim, parecia um pato. Eu não sei se mais alguém veria um pato nessa formação, mas foi o primeiro pensamento que tive quando vasculhei minhas fotos.

Os eventos 13 e 14 envolvem uma consulta com uma médium conectada a uma fotografia em que aparecia um pato e um avistamento atípico de gansos:

Há duas semanas, fiz uma consulta com uma médium. Na leitura, ela disse que Aymen disse: "Mãe, por que você tem aquela minha foto boba no escritório?" A foto que pendurei está anexada — mostra Aymen segurando um patinho. Nas últimas duas semanas, fiquei olhando para ela, decidindo se eu precisava mudar de foto, porque Aymen a achara boba… 😄

Além disso, caminho todos os dias para ficar na natureza. Alguns dias atrás, eu estava andando e vi uma formação de gansos em V. Contei quantos tinham — dez. Pensei comigo mesma: Gansos logo aqui no Colorado…? Pensei que eles voassem para o sul no inverno.

Eu amo a sincronicidade — obrigada por perguntar.

Evento nº 15: Naquela noite, liguei a TV e descobri que um episódio da série *How the Universe Works* era dedicado à possível evidência de buracos negros. Quando comecei a ver o programa, dentro de dois minutos, um astrofísico apareceu e literalmente usou a expressão "Se anda como um pato…"! Eu não podia acreditar no que estava ouvindo. Graças ao replay instantâneo, e à possibilidade de gravar vídeos com o iPhone, pude registrar suas palavras exatas:

O que quer que estejamos vendo, se cheira como um buraco negro, anda como um buraco negro e grasna como um buraco negro, é um buraco negro.

Esse astrofísico é mais enfático do que eu, já que eu diria: "Provavelmente é um buraco negro." No entanto, a essência da mensagem é a mesma.

Evento nº 16: Imediatamente mudei de canal, e estava passando outro programa, chamado *America's Got Talent: The Champions*. Uma das primeiras concorrentes foi uma cantora de ópera de 18 anos, que apareceu pela primeira vez no programa aos 10. Exibiram vídeos sobre seu início de vida e a mudança radical após seu desempenho sensacional 8 anos antes, e outros vídeos que mostravam ela com 2 gansos e, depois, com 2 patos! Como você pode imaginar, reproduzimos os vídeos e tiramos fotos dela com os gansos e patos.

A probabilidade de um astrofísico usar a metáfora do pato, e logo em seguida, de uma jovem cantora aparecer com gansos e patos são extraordinariamente improváveis.

Evento nº 17: Parece que o universo está reforçando as mensagens primárias deste capítulo:

- Existe uma Fonte.
- Essa Fonte ultrainteligente (e brincalhona) se conecta conosco, e nós, com ela.
- Podemos interagir conscientemente com ela.
- Ela pode nos oferecer evidências na vida real de que está desempenhando um papel significativo em todas as coisas, incluindo nossas vidas.

No entanto, será que essa mensagem contém algo mais? Os gansos dão algum toque adicional?

O seguinte e-mail de Mike sugere que sim. Vejamos:

Eu contei para minha filha sobre os gansos no sábado, quando ela foi trabalhar hoje, viu uma coisa no mural!

Ela estava de folga ontem e não comentou com ninguém.

Pedi mais detalhes e Mike respondeu:

> Minha filha supervisiona uma equipe de assistentes sociais em casos de proteção infantil. Esta é a única vez que algo relacionado a animais foi postado no mural. Um de seus funcionários postou para ilustrar os benefícios do trabalho em equipe.

> Esta foi a mensagem de texto dela quando perguntei se havia comentado sobre a história no escritório:

> *Eles sabiam da história? Bjss*

> *não, eu estava de folga ontem bjs*

> *"só uma história aleatória sobre trabalho em equipe" bj*

As probabilidades da ocorrência dessa sequência de eventos certamente devem ser astronômicas agora!

A história fixada no mural foi chamada simplesmente de "O Conto do Ganso", de um autor desconhecido. Era "apenas uma história aleatória sobre trabalho em equipe" ou será que tinha algo a mais?

Ao pesquisar na internet, descobri que uma história chamada "Lições dos Gansos" teria sido escrita em 1972 pelo Dr. Robert McNeish, de Baltimore, Maryland. Aparentemente, McNeish, um professor de ciências, ficou muitos anos intrigado com gansos. Há uma apresentação em PowerPoint disponível na internet baseada em seu sermão leigo.

Conforme interpretado por Mike Ford em um ensaio que ele escreveu em 2000 para sua igreja, as cinco lições dos gansos são:

- Cooperação
- Unidade
- Liderança
- Encorajamento
- Família

Será possível que essas lições/virtudes de sabedoria se relacionem com o propósito superior de *Reconecte-se à Fonte*? Estaríamos sendo convidados a refletir sobre esse possível lembrete da Fonte?

E a jornada continua.

AGRADECIMENTOS

NÃO É apenas um dever moral, mas também um prazer enorme reconhecer a notável contribuição que muitos indivíduos incríveis fizeram para este livro, tanto amigos quanto colegas. De forma muito clara e muito honesta, eles descreveram experiências de dimensões tão incomuns que normalmente hesitaríamos em abordá-las. Suas descrições não apenas contribuem para uma leitura fascinante, como também confirmam a tese deste livro: descobrir os fundamentos de nossa própria natureza é a chave para garantir nosso bem-estar individual, assim como o futuro de nossa espécie.

Gostaria de poder agradecer a cada colaborador individualmente, mas, por falta de tempo e espaço, espero que aceitem esta expressão coletiva de meus sinceros agradecimentos. Os colaboradores a quem quero agradecer do fundo do meu coração são (em ordem alfabética de sobrenomes):

Lawrence Bloom
Darla Boone
Nicolya Christi
Frederico Faggin
Adrienne Feller
Guido Ferrari

JANE GOODALL

JEAN HOUSTON

BARBARA MARX HUBBARD

CHRISTOPHER LASZLO

LYNNE MCTAGGART

JAMES O'DEA

FRÉDÉRIQUE PICHARD

PIERRE PRADERVAND

DEAN RADIN

MARIA SÁGI

MASAMI SAIONJI

GARY SCHWARTZ

Entre esses colaboradores brilhantes, Nicolya Christi e Maria Sági provaram novamente que são minhas almas gêmeas, oferecendo inspiração e orientação inestimáveis.

Além daqueles que compartilharam suas próprias experiências espirituais, gostaria de agradecer a contribuição de dois de meus estimados amigos, Frederick Chavalit Tsao e Zhi-Gang Sha. Por último, mas não menos importante, sou grato a quatro de meus colaboradores mais próximos: Kingsley Dennis, Alexander Laszlo, Shamik Desai e Mark Gober. Suas percepções e sabedoria documentam e elaboram as ideias que espero ter apresentado neste livro.

Mais uma vez, de muitas outras, sou grato ao meu amigo de longa data Deepak Chopra pelas sábias palavras de seu prefácio. Ele conseguiu situar o objetivo e a aspiração deste volume no contexto de nossas ocupações e preocupações cotidianas, encapsulando em poucas páginas o que o livro pretende comunicar sobre a experiência espiritual e sua capacidade de revelar a natureza e a importância de nossa conexão com a Fonte.

No que diz respeito ao aspecto prático do projeto, de trazer este trabalho ao público, tenho o prazer de reconhecer o papel vital de meu agente literário e amigo de muitos anos, Bill Gladstone, e Gayle, sua maravilhosa parceira e agora esposa, de valorizá-los pelo bom trabalho de direcionamento e amparo que vêm desempenhando ao longo dos anos. Deixo votos de agradecimento particularmente profundos para meu editor Joel Fotinos, auxiliado por Gwen Hawkes e pela equipe editorial e de relações públicas da St. Martin's Press. O incentivo constante e consistente de Joel e sua crença inabalável, juntamente à vasta experiência de sua equipe, foram os principais fatores na apresentação de *Reconecte-se à Fonte* a um público interessado e, esperamos, grande.

Por último, mas não menos importante, gostaria de agradecer à minha esposa, Carita, por, mais uma vez, me fornecer uma base sólida para minha vida durante as aparentemente intermináveis escritas e reescritas do manuscrito. Sem sua presença amorosa, eu não poderia ter escrito este livro, porque não poderia existir na paz e no bem-estar de que precisava para formular os pensamentos que queria expressar.

Tenho a sorte de contar com amigos, colegas e familiares deste calibre. Eles não apenas afirmaram, mas ilustraram brilhantemente a tese ousada de que, no fundo, somos seres holotrópicos orientados para a totalidade e o amor, capazes de coexistir e coflorescer uns com os outros e com todos os habitantes deste precioso planeta.

Ervin Laszlo

Setembro de 2019

ÍNDICE

A

aether 14
Akasha 13
alma 51, 53
armas de destruição em massa 33
arrasto do éter 14
atenção plena 113
atrator holotrópico 22, 35, 37, 199
autociência 170
autoconhecimento 41
autorreflexão 167

B

bem-estar 38
Bhakti Yoga 43
Bíblia 85
Big Bang 95
    primeiro 203
    quarto 205–206
    segundo 204
    terceiro 204
biosfera 205
Bohm, David 4, 15, 19
    in-formação 4
    teoria quântica 6–7
Buda 221
budismo 80

C

Caminho do Meio 215
campo akáshico 60
campo quântico 129
carma 42
ceticismo 73
chakras 65
ciências quânticas 3
comunidades 28
consciência xviii
    avançada 205

convivialidade 40–41
cosmos 15, 199–200
culturas indígenas 37

D

Da ai (o maior amor) 223
Da cheng sheng (o maior florescimento) 224
Da ci bei (a maior compaixão) 223
Da fu wu (o maior serviço) 225
Da gan en (a maior gratidão) 225
Da guang ming (a maior luz) 223
Da he xie (a maior harmonia) 224
Da kuan shu (o maior perdão) 223
Da qian bei (a maior humildade) 223
desenvolvimentos holotrópicos 27
Dez Da 222
Dirac, Paul 8
    hipótese dos grandes números 8
direitos humanos 126
DNA 96
Dolphin Together 136

E

Eddington, Arthur 8
Einfall xxii
Einstein, Albert 221
energia informada 4
enteléquia 18
espiritualismo extremo 212
esplendor da paz 135
estados alterados de consciência 199
evolução espiritual 9, 107
experiências
    espirituais xxiii, 49, 199
    extracorpóreas 67
    metafísicas 67
    pós-morte 80
experimento de intenção 116

F

fé 76
Fresnel, Augustin-Jean 14

G

Gita, Bhagavad 43
    Bhakti Yoga 43
Grof, Stanislav 20

H

hinduísmo 42
holismo 218
holograma 3
    quântico 5
holotrópico 20
    como se tornar 36–40
    desenvolvimento na
        em inovação
        tenológica 28–29
        na economia 31–32
        na educação 30
        na estrutura das
        comunidades 28
        na política 33–34
        na saúde 29–30
        no estilo de vida 31
        nos negócios 32–33
        sociedade 27
    disseminação do
        holotropismo 46
Homo sapiens 204
    lição para o 210
Humano Santo 225

I

Idade das Trevas 211
Iluminação 71
inconsciente 43
in-formação 4

informação viva 75

J

Jeans, James 5
Jnana Yoga 42
jornada do herói 210

K

Karmapa 81
Karma Yoga 42–43
Kong 226
Kosmos 6

L

Laszlo, Alexander 40–41
lição de sabedoria
"gansológica" 227
linguagem simbólica 204

M

materialismo extremo 212
matriz subjacente 15
meditação 60
MEET 74
Mente Una 173
modelo científico xvii
mundo
    conceito de 3
    maneiras de se alinhar
        com o 40–41
    sistema quântico
        in-formado 4

visão quântica 3

N

neoéter 15
neolítico 207
nousym 75

O

ordem
explícita 12, 19
implícita 12, 15, 16
orgone 18

P

parapsicologia 147
pessoas egocêntricas e
míopes 208
Planck, Max xviii, 5, 19
constante de Planck 9
prana 18
práticas zen 217
projeção astral 56

Q

quarks 17

R

Raja Yoga 43
remissões espontâneas 144
Rigpa 82

S

Santo da Fonte 226
Santo da Mãe Terra
225–226
Santo do Céu 226
Seva 125
Shinrin yoku (banho
florestal) 39
SIM 143
símbolos, comunicação
204
sincronicidade 169
sintonia 18
sintropia 18
sistemas biológicos 199
sistemas coerentes 20
sistemas complexos 9
spiritus 14
supersincronicidade
174–175

T

tai chi 214
Tao 212, 221
cultura do 213
telepatia 132
teoria quântica xix

U

Unidades de Consciência
(UCs) 75

universo 5
    participativo xviii

V

vaidade 213
vida após a morte 61
vida selvagem 205

W

wang wo ru kong 221
wu chi 214
Wu-wei taoísta 44

X

xamanismo 84

Y

yin e yang 212, 214–215
    ciclo yin-yang 211
yoga 42

Z

zen budismo 44

Este livro foi impresso nas oficinas gráficas da Editora Vozes Ltda.,
Rua Frei Luís, 100 – Petrópolis, RJ.